DIE RELIGION DER SAMURAI

Eine Studie der Philosophie und Praxis des Zen in China und Japan

von Kaiten Nukariya (1867-1934)

Professor der Keiôgi-Jiku Universität und der
Sôtô-Sekte der buddhistischen Universität Tokio

1913

Aus dem Englischen von Julian Braun

Angkor Verlag

Bibliografische Information der Deutschen Bibliothek:

Die Deutsche Bibliothek verzeichnet diese Publikation in der Deutschen Nationalbibliografie; detaillierte bibliografische Daten sind im Internet über http://dnb.ddb.de abrufbar.

Die Religion der Samurai. Eine Studie der Philosophie und Praxis des Zen in China und Japan. (Originalausgabe: *The Religion of the Samurai*, 1913)/Nukariya, Kaiten. Aus dem Englischen von Julian Braun. – Frankfurt: Angkor Verlag, 2017

Website: www.angkor-verlag.de

Herstellung: Books on Demand GmbH, Norderstedt

ISBN: 978-3-936018-92-9

Das hier übersetzte Werk von Kaiten Nukariya bietet einen weiteren interessanten Einblick in die frühe Phase der Bekanntmachung des Buddhismus im anglo-amerikanischen Raum durch der Tradition selbst entstammende Autoren. Anders als bei den ebenfalls im Angkor Verlag erschienen Übersetzungen von Bunyu Nanjô[1] und Junjirô Takakusu[2] und der – was den Inhalt betrifft – lehrmäßigen Darstellung von William Montgomery McGovern[3] liegt der Fokus im Buch von Nukariya stärker auf einer Auseinandersetzung mit westlichen Ideen sowie der spezifischen Weltsicht des Zen. Was Nukariya nun aber dem Leser als Zen vorstellt, wird überraschen und entspricht vermutlich weder dem, was die gegenwärtige akademische Forschung unter Chan/Zen zu verstehen gewillt ist, noch dem, was der aufgeklärte und (vermeintlich) selbstbestimmte moderne Europäer (oder Amerikaner) unter dem Label Zen größtenteils vorzufinden gewohnt ist. Allein der Titel des Buchs mit seinen drei Begriffen – Zen, Religion, Samurai – macht hellhörig und könnte den versierten Leser vermuten lassen, dass es sich hier um ein frühes Werk im Fahrwasser der damals immer einflussreicher werdenden *bushidô*- oder *kokutai*-Doktrin handelt. Dem ist glücklicherweise nicht so. Das Werk von Nukariya entzieht sich für mein Empfinden einer klaren Zuordnung, ja, es könnte sich sogar in den theosophisch-spiritistischen Strom jener Zeit einfügen. Das eine solche Unbestimmtheit jedoch nicht in der Person Kaiten Nukariyas begründet liegt, sollen die folgenden kurzen Anmerkungen zu seiner Biographie zeigen.[4]

---

[1] Bunju Nanjô, *Eine kurze Geschichte der zwölf japanischen buddhistischen Schulen*, Angkor Verlag 2014 (Original 1886).

[2] Junjirô Takakusu, *Grundzüge buddhistischer Philosophie*, Angkor Verlag 2014 (Original basierend auf Vorträgen der Jahre 1938-39).

[3] William Montgomery McGovern, *Buddhistische Philosophie und Kosmologie*, Angkor Verlag 2016 (Original 1923).

[4] Zu Kaiten Nukariya existiert derzeit weder ein deutschsprachiger noch ein englischer Wikipedia-Artikel. Im *Princeton Dictionary of Buddhism* findet er ebenfalls keine Erwähnung. Bernard Faure (*Chan Insights and Oversights*) erwähnt ihn mit einem Satz (S. 52) im Kapitel *The Rise of Zen Orientalism*. Die von mir angeführten Informationen zu Nukariya entstammen dem japanischen Wikipedia-Artikel.

Nukariya Kaiten (忽滑谷快天) wurde 1867 als vierter Sohn von Enzô Tarôzaemon in Iruma/Musashi (heutiges Kawagoe/Saitama) geboren. Mit zehn Jahren begab er sich als Schüler von Nukariya … (忽滑谷亮童) [die korrekte Umschrift des Vornamens ist unklar] in den Mönchsstand und nahm den Namen Kaiten an. 1887 machte er seinen Abschluss an der Daigakurin (heutige Komazawa-Universität), eine Privatakademie der Sôtô-Sekte. 1891 setzte er seine Studien mit Schwerpunkt Buddhismus und (philosophischer) Positivismus an der Keiô-Universität fort. Während dieser Zeit schrieb er auch sein erstes Buch in englischer Sprache, *Principles of practice and Enlightenment of the Soto Sect*. 1893 graduierte er an der Keiô-Universität. In der Folge entfaltete Nukariya ein reges schriftstellerisches Schaffen. Dabei übersetzte er auch das Werk *Buddhism and Its Christian Critics* von Paul Carus in die japanische Sprache und schrieb selbst über fünfundzwanzig Bücher. Von 1911 bis 1914 war er für die Sôtô-Gemeinschaft in Hawaii und Amerika unterwegs und hielt Vorträge zum Buddhismus. Nach seiner Rückkehr wirkte er als Professor an der Sôtô-Hochschule. Seine Lehrtätigkeit und die Verbreitung durch seine Schüler führte zur Benennung als „Nukariya-Lehre des Buddhismus“ (*Nukariya bukkyô-gaku*). Nukariya starb 1934 infolge einer Hirnblutung.

Im Englischen groß geschriebene Begrifflichkeiten wie *Universal Life* (Universelles Dasein) habe ich ebenfalls groß geschrieben; bei einigen Begriffen ist das englische Original in Klammer beigegeben. Die Schreibweise der chinesischen und japanischen Namen im Originaltext wurde nicht immer beibehalten, sondern zuweilen an die gebräuchliche Form angepasst (z. B. wird Chwang Tsz zu Zhuangzi). Fußnoten von Nukariya sind übernommen worden. Einige besonders lange Fußnoten wurden ans Ende des jeweiligen Kapitels gestellt und sind im Haupttext durch (I), (II) etc. nummeriert. Eigene Ergänzungen in den Fußnoten und der Übersetzung sind durch [ ] gekennzeichnet. Im englischen Original befindet sich im Anhang zum eigentlichen Buch noch die Übersetzung eines kurzen Traktates vom „Ursprung des Menschen“ (*Gen-nin-ron*) von Guifeng Zongmi (780-841). Dieser Text wird in Kürze separat zunächst als E-Book erscheinen.

J. B., Augsburg 2017

Soweit mir bekannt ist, gibt es kein Buch über Zen auf Englisch oder in irgendeiner anderen europäischen Sprache, mit Ausnahme von „Die Predigten eines buddhistischen Abts“ von Shaku Sôyen.[5] Seit seiner Begründung vor etwa vierzehnhundert Jahren hat kein Autor in China oder Japan eine systematische Erklärung dazu unternommen, und zwar aufgrund der Annahme, [Zen] habe eine geheime Bedeutung gänzlich jenseits sprachlichen Ausdrucks. Daneben gibt es Schwierigkeiten, welche jeden Versuch seiner Kommentatoren durchkreuzen. Denn fast alle Lehrtexte der alten Meister sind in Versform oder rätselhaft und nicht nur vage hinsichtlich ihrer Bedeutung, sondern häufig reines Kauderwelsch selbst für professionelle Studenten.

Ich selbst habe mich bemüht, die Lehre – soweit ich sie verstehe – in klarer Sprache darzulegen, und dabei ihre Fachausdrücke vermieden. Ich bedaure, dass es mir nicht möglich war, detaillierte Angaben zu den Werken zu machen, auf denen meine Darlegung basiert. Da ich mich auf Reisen um die Welt befinde, habe ich meine Bücher in Japan gelassen und das meiste aus dem Gedächtnis heraus aufgeschrieben; nichtsdestotrotz habe ich mein Bestes versucht, dem Leser korrekte Informationen zu geben.

Hinsichtlich japanischer Bücher zum Zen, auf die im Text Bezug genommen wird, habe ich die Namen der Herausgeber nicht angegeben. Aber all diese Werke finden sich im Moriye-Buchladen, Azabu, Tokio, oder im Asakura-Buchladen, Asakusa, Tokio.

Mein freimütiger Dank geht an Professor James H. Woods von der Harvard Universität für sein tiefgehendes Interesse an diesem Unterfangen und für seine konstante Hilfe, und an Reverend Kôdô Yamada für seine großzügige Hilfe und Anregungen.

Kaiten Nukariya

Harvard Square, Cambridge
April 1913

[5] Shaku Soyen (Sôen Shaku), 1860-1919, Rinzai-Zen-Priester und erster Zen-Lehrer in Amerika. Neben *Sermons of a Buddhist Abbot* verfasste er auch noch *Zen for Americans*.

INHALTSVERZEICHNIS

Kapitel 5: Die Natur des Menschen

Kapitel 6: Erleuchtung

Der Buddhismus ist geographisch in zwei Schulrichtungen unterteilt:[6] die südliche, d.i. die ältere und einfachere; und die nördliche, der spätere und weiter entwickelte Glaube. Die erstere basiert hauptsächlich auf den Pali-Texten (I) und ist als Hinayana (Kleines Fahrzeug) bekannt;[7] während die letztere, auf den Sanskrit-Texten (II) fußend, als Mahayana (Großes Fahrzeug) oder überlegene Lehre (*superior doctrine*) bezeichnet wird. Die hauptsächlichen Lehren der südlichen Schulrichtung sind den abendländischen Gelehrten so vertraut, dass sie fast immer diese südliche Schule meinen, wenn von Buddhismus die Rede ist. Bezüglich der nördlichen Schulrichtung ist jedoch sehr wenig im Westen bekannt, infolge des Umstands, dass die meisten ihrer ursprünglichen Texte verloren und die darauf basierenden Lehren in Chinesisch, Tibetisch oder Japanisch abgefasst wurden, welche den nicht-buddhistischen Forschern nicht bekannt sind.

Es ist schwerlich zu rechtfertigen, das gesamte System des Buddhismus mit einem einzigen Beiwort wie „pessimistisch" oder „nihilistisch" zu bezeichnen;[8] denn der Buddhismus, der von wilden Stämmen ebenso wie von zivilisierten Nationen angenommen wurde, von stillen und entkräfteten Menschen ebenso wie von kriegerischen und kräftigen Horden, hat sich über fünfundzwanzig Jahrhunderte hinweg in weit auseinander liegende, ja sogar einander widersprechende Glaubensrichtungen entwickelt. Selbst in Japan hat er dreizehn Hauptrichtungen und vierundvierzig Sub-Richtungen ausgebildet (III) und ist immer noch voller Lebenskraft, während in anderen Ländern der Zenit bereits überschritten worden ist. Somit scheint Japan der beste Vertreter der buddhistischen Länder zu sein, wo die Mehrheit der Menschen den Leitprinzipien der nördlichen Schulrichtung folgt. Ihre Religion zu studieren bedeutet daher, in das

[6] Die südliche Schule hat ihre Anhänger in Ceylon, Burma, Siam, Anan etc.; die nördliche findet sich in Nepal, China, Japan, Tibet etc.

[7] Die südlichen Buddhisten bezeichnen ihren Glauben nie als Hinayana, was eine Erfindung der späteren Buddhisten ist, welche ihre Lehre im Gegensatz zur früheren Form des Buddhismus als Mahayana bezeichnen. Wir haben Kenntnis davon, dass der Ausdruck Hinayana häufig in Mahayana-Texten vorkommt, aber nicht in Hinayana-Werken.

[8] Hinayana neigt im Allgemeinen zum Pessimismus, während Mahayana hauptsächlich eine optimistische Weltsicht bewahrt. Nihilismus wird in einigen Mahayana-Sutras vertreten, andere führen einen Idealismus oder Realismus aus.

Mahayana einzudringen, welches noch immer ein unerforschtes Land für den westlichen Geist darstellt. Ihren Glauben zu untersuchen bedeutet nicht, die Überbleibsel buddhistischen Glaubens von vor über zweitausend Jahren auszugraben, sondern das Herz und die Seele des Mahayana zu berühren, welche ihre Anhänger im Hier und Jetzt beleben.

Die Aufgabe dieses Buches ist es, zu zeigen, wie sich die Mahayana-buddhistische Sicht des Lebens und der Welt auffällig von der des Hinayana unterscheiden, welches von Abendländern normalerweise als Buddhismus aufgefasst wird; zu erklären, wie die Religion des Buddha sich an die Umgebungen im fernen Osten angepasst hat; und Licht auf den realen Zustand des geistigen Lebens im modernen Japan zu werfen.

Zu diesem Zweck haben wir von den dreizehn japanischen Schulrichtungen die Zen-Schule ausgewählt[9], nicht nur aufgrund des großen Einflusses, den sie auf die Nation ausgeübt hat, sondern wegen der einzigartigen Position, die sie unter den etablierten religiösen Systemen der Welt innehat. Erstens ist sie so alt wie der Buddhismus selbst, oder sogar älter, denn ihre Methode der Meditation wurde ohne große Veränderungen von den prä-buddhistischen Einsiedlern überliefert; sie vermag dadurch dem Studenten der vergleichenden Religionswissenschaft ein interessantes Thema für seine Forschungen zu bieten.

Zweitens sind trotz ihres hohen Alters die von ihren Vertretern erwogenen Ansichten so modern, dass sie sich in Übereinstimmung mit denen der neuen Buddhisten befinden[10], weswegen die Erkenntnis dieser Ansichten die gegenwärtig von jungen und begabten Reformern des japanischen Buddhismus unternommene Bewegung verständlich machen kann.

Drittens legen buddhistische Konfessionen ebenso wie nicht-buddhistische Wert auf schriftliche Autorität, Zen jedoch denunziert diese Autorität mit der Begründung, dass Wörter oder Buchstaben religiöse Wahrheiten niemals angemessen ausdrücken können, sondern diese nur

---

[9] Das Wort „Zen" ist die sino-japanische Abkürzung von Sanskrit *dhyana* bzw. Meditation. Es impliziert die Gesamtheit der Lehren und Verhaltensregeln der besonders heute allgemein als Zen-Schule bekannten Schulrichtung des Buddhismus.

[10] Es gibt eine Gesellschaft von Menschen, die mit dem alten Glauben des Buddhismus gebrochen haben und sich selbst die „Neuen Buddhisten" nennen; ihr Organ heißt „Der neue Buddhismus" und sie sind eine einflussreiche religiöse Gruppierung in Japan. Wir meinen mit den neuen Buddhisten jedoch zahlreiche gebildete junge Männer, welche noch den buddhistischen Schulrichtungen angehören und sich um eine Reform bemühen.

mit dem Geist zu realisieren seien. Konsequenterweise behauptet Zen, dass die von Shakyamuni während seiner Erleuchtung erlangte religiöse Wahrheit niemals durch Worte oder Schriften überliefert wurde, sondern durch die Übertragungslinie vom Geist des Lehrers zum Geist des Schülers bis zum heutigen Tag. Es ist ein einzigartiger Fall in der Geschichte aller Religionen der Welt, dass die heiligen Schriften von religiösen Menschen selbst für „nicht mehr als eine Verschwendung von Papier" deklariert werden,[11] wie es Zen-Meister getan haben.

Viertens sehen buddhistische wie nicht-buddhistische Religionen ohne Ausnahme ihren Gründer als ein übermenschliches Wesen an, doch für die Adepten des Zen ist der Buddha ihr Vorgänger, dessen spirituelles Niveau sie hoffnungsvoll anstreben. Weiterhin vergleichen sie jemanden, der in der besonderen Verfassung der Buddhaschaft verbleibt, mit einem Menschen, der von einer goldenen Kette gefesselt ist, und bedauern ihn deshalb. Manche von ihnen gehen sogar so weit, Buddhas und Bodhisattvas als ihre Diener zu bezeichnen.[12] Solch eine Haltung religiöser Menschen findet sich schwerlich in irgendeiner anderen Religion.

Fünftens kann, auch wenn Nicht-Buddhisten normalerweise den Buddhismus als Götzendienst bezeichnen, Zen niemals so genannt werden, nein, es hat zuweilen sogar eine bilderstürmerische Haltung angenommen, wie sie Tan Hia verkörpert,[13] der sich an einem kalten Morgen mit einem Feuer aus hölzernen Buddha-Statuen gewärmt hat. Daher wird unsere Darlegung zu diesem Aspekt den wirklichen Zustand des bestehenden Buddhismus aufzeigen und helfen, religiöse Vorurteile abzubauen.

Sechstens gibt es ein weiteres Kennzeichen des Zen, welches sich in keiner anderen Religion findet: seine besondere Methode, tiefgründige religiöse Einsichten durch Handlungen wie das Aufnehmen einer Haarbürste, das Schlagen mit dem Stock auf einen Stuhl, einen lauten Schrei usw. auszudrücken.

---

[11] *Lin Tsi Luh* (*Rinzai-roku*).

[12] „Shakya und Maitreya", sagt Go So, „sind Diener der anderen Person. Wer ist diese andere Person?" (*Zenrin-ruijû*, Vol. I., S. 28).

[13] Ein chinesischer Zen-Lehrer, der für seine Eigenheiten berühmt ist, gestorben 824. Für Einzelheiten dieser Anekdote siehe *Zenrin-ruijû*, Vol. I, S. 39.

Abgesehen von diesen Kennzeichen ist Zen bekannt für sein physisches und geistiges Training. Dass die tägliche Praxis des *Zazen*[14] und die Atemübung die physische Kondition bemerkenswert verbessern ist eine anerkannte Tatsache. Die Geschichte zeigt, dass sich die meisten Zen-Meister trotz ihrer extrem schlichten Lebensweise eines langen Lebens erfreut haben. Seine geistige Disziplin ist jedoch noch viel fruchtbarer und hält den eigenen Geist im Gleichgewicht. Sie macht einen weder leidenschaftlich noch leidenschaftslos, weder gefühlsduselig noch unsensibel, weder nervös noch gefühlskalt. Sie ist wohlbekannt als ein Heilmittel für allerlei Arten durch nervöse Unruhe veranlasster geistiger Krankheiten, als eine Nahrung für das erschöpfte Gehirn und als ein Stimulus gegen Trägheit und Müdigkeit. Sie ist Selbst-Kontrolle, insofern sie die Unterwerfung solch verderblicher Leidenschaften wie Ärger, Neid, Hass und dergleichen ist, und das Erwachen nobler Empfindungen wie Mitgefühl, Barmherzigkeit, Großzügigkeit und so fort. Es handelt sich um einen Modus der Erleuchtung, um die Verbannung von Unwissenheit und Zweifel. Ferner ermöglicht die Zen-Disziplin die Überwindung von Egoismus, die Zerstörung mittelmäßigen Verlangens, die Erhöhung moralischer Ansichten und die Enthüllung angeborener Weisheit.

Die historische Bedeutung des Zen kann kaum überschätzt werden. Nach seiner Einführung in China während des sechsten Jahrhunderts nahm sein Einfluss während der Sui- (598-617) und Tang-Dynastie (618-906) gewaltig zu, und erfreute sich während der Sung- (976-1126) und der Südlichen Sung-Dynastie (1127-1367) größerer Beliebtheit als irgendeine andere Schulrichtung. Während dieser Zeit wurde sein dominierender Einfluss so unwiderstehlich, dass der Konfuzianismus buddhistische Lehren aufnahm, vor allem solche des Zen, und sich grundlegend wandelte und die so genannte spekulative Philosophie hervorbrachte.[15] Während der Ming-Dynastie (1368-1659) wurden die Hauptlehren des Zen von Wang Yang Ming,[16] einem berühmten konfuzianischen Gelehrten, aufgegriffen, der mit ihnen eine Schulrichtung begründete, durch

[14] Das Sitzen-in-Meditation, welches in Kapitel 8 vollständig erläutert wird.

[15] Siehe *A History of Chinese Philosophy* von Ryûkichi Endô und *A History of Chinese Philosophy* von Giichi Nakauchi.

[16] Für das Leben dieses ausgezeichneten Gelehrten und Soldaten (1472-1529) siehe *A Detailed Life of Ô Yô Mei* von Takejiroô Takase, sowie *Ô Yô Mei shutsu shin seiran-roku.*

welche Zen einen großen Einfluss auf chinesische und japanische Gelehrte, Staatsmänner und Militärs ausübte.

In Japan wurde Zen erstmals als Glaube für die Samurai bzw. militärische Klasse eingeführt und hat den Charakter vieler berühmter Kämpfer geformt, deren Leben die Seiten der Geschichtsschreibung schmücken. Später fand es durch Literatur und Kunst allmählich seinen Weg in die Paläste ebenso wie in einfache Behausungen, bis es schließlich jede Faser des nationalen Daseins durchdrungen hatte. Es ist Zen, welches das moderne Japan, insbesondere nach dem Russisch-Japanischen Krieg, als ideale Lehre für seine aufstrebende Nation anerkannt hat.

(I)
Die Pali-Texte sind vor allem die vier *nikaya*: (1) *Digha-nikaya* (*Dirghagama*, chinesische Übersetzung von Buddhayaca, 412-413); (2) *Majjhima-nikaya* (*Madhyamagama*, chinesische Übersetzung von Gautama Sanghadeva, 397-398); (3) *Sanyutta-nikaya* (*Samyuktagama*, chinesische Übersetzung von Gunabhadra während der früheren Song-Zeit, 420-479); (4) *Anguttara-nikaya* (*Ekottaragama*, chinesische Übersetzung von Dharmanandi, 384-385). Von diesen Hinayana-Texten findet sich eine englische Übersetzung von dreiundzwanzig *sutta* durch Rhys Davids in *Sacred Books of Buddhist*, Vol. 2-3, und von sieben *sutta* in *Sacred Books of the East*, Vol. 9.

(II)
Ein Katalog des buddhistischen Kanons, *K'-yuen-luh*, führt die Namen von 897 Mahayana-Sutras an, jedoch machen die wichtigsten und von nördlichen Buddhisten am meisten zitierten Bücher nur etwas mehr als zwanzig aus. Es gibt englische Übersetzungen vom *Größeren Sukhavativyuha-Sutra, Kleineren Sukhavativyuha-Sutra*, *Vajracchedika-Sutra*, *Größerem Prajnaparamita-hrdaya-Sutra* und vom *Kleinerem Prajnaparamita-hrdaya-Sutra* von Max Müller sowie vom *Amitayurdhyana-Sutra* von J. Takakusu in *Sacred Books of the East*, Vol. 49. Eine englische Übersetzung des *Saddharma-pundaraika-Sutra* von Kern findet sich in *Sacred Books of the East*, Vol. 21. Man vergleiche diese Bücher mit *Outlines of Mahayana Buddhism* von D. Suzuki.

(III)

(1) Die Tendai-Sekte mit ihren drei Unterschulen;[17] (2) die Shingon-Sekte mit ihren sieben Unterschulen; (3) die Ritsu-Sekte; (4) die Rinzai-Sekte mit ihren vierzehn Unterschulen; (4) die Sôtô-Sekte; (6) die Ôbaku-Sekte; (7) die Jôdo-Sekte; (8) die Shin-Sekte mit ihren zehn Unterschulen; (9) die Nichiren-Sekte mit ihren neun Unterschulen; (10) die Yûzûnenbutsu-Sekte; (11) die Hossô-Sekte; (12) die Kegon-Sekte; (13) die Ji-Sekte. Von diesen dreizehn Schulen gehören Rinzai, Sôtô und Ôbaku zum Zen. Für weitere Informationen siehe *A Short History of the Twelve Japanese Buddhist Sects* von Dr. B. Nanjô.[18]

---

[17] Wenn hier oder an anderer Stelle von „Sekte" als Übersetzung von Englisch „*sect*" gesprochen wird, hat dies nicht die pejorative Bedeutung, mit der dieser Begriff von den großen christlichen Glaubensorganisationen gegenüber kleineren und andersgläubigen Gruppierungen verwendet wird. *[Anm. des Übers.]*

[18] Siehe „Vorwort zur deutschen Übersetzung". *[Anm. des Übers.]*

1.1 DER URSPRUNG DES ZEN IN INDIEN

Heutzutage findet man Zen als lebendigen Glauben in seiner reinen Form nur unter den japanischen Buddhisten. Man findet im so genannten Evangelium des Buddha nicht mehr davon als man Unitarismus (*Unitarianism*)[19] im Pentateuch finden kann; noch findet man in China und Indien mehr davon als man Leben in Fossilien vergangener Zeitalter findet. Ohne jeden Zweifel kann Zen bis zu Shakyamuni selbst zurückverfolgt werden, nein, sogar bis in vorbuddhistische Zeiten, denn die brahmanischen Lehrer praktizierten *dhyana* oder Meditation seit frühester Zeit (I). Aber das Zen der Brahmanen wurde von den frühen Buddhisten sorgfältig als heterodoxes Zen von dem Zen unterschieden, welches der Buddha gelehrt hat (II). Unser Zen entstammt der Erleuchtung von Shakyamuni, welche er während seines dreißigsten Lebensjahres hatte, als er tief versunken in Meditation unter dem Bodhibaum saß. Es heißt, dass er dann zur vollkommenen Wahrheit erwachte und verkündete: „Alle beseelten und unbeseelten Wesen sind gleichermaßen erleuchtet." Gemäß der Tradition (III) dieser Schule übermittelte Shakyamuni seine geheimnisvolle Lehre von Geist zu Geist an seinen ältesten Schüler Mahakashyapa bei der auf dem Geierberg abgehaltenen Versammlung. Dieser wurde später als erster Patriarch anerkannt, der seinerseits die Lehre an Ananda weitergab, den zweiten Patriarchen, und so weiter bis zu Bodhidharma, dem 28ten Patriarchen (IV). Wir können wenig zum historischen Wert dieser Tradierung sagen, aber es lohnt sich festzustellen, dass die Liste der achtundzwanzig Patriarchen viele berühmte Gelehrte des Mahayana enthält, d.i. des späteren Buddhismus, wie Ashvaghosha (V), Nagarjuna (VI), Kanadeva (VII) und Vasubandhu (VIII).

[19] Eine theologische Auffassung, welche die Trinität und Göttlichkeit Jesu ablehnt, sowie die daraus erwachsene religiöse Bewegung. *[Anm. des Übers.]*

(I)[20]

Den Leib dreifach gerichtet, ebenmäßig,
Manas und Sinne im Herzen eingeschlossen,
So mag der Weise auf dem Brahmanschiffe
Die fürchterlichen Fluten überfahren.

Den Odem hemmend, die Bewegung zügelnd,
Bei Schwund des Hauchs ausatmend durch die Nase,
Wie jenen Wagen mit den schlechten Rossen.
So fesselt ohne Lässigkeit das Manas!

Rein sei der Ort und eben, von Geröll und Sand,
Von Feuer, von Geräusch und Wasserlachen frei;
Hier, wo den Geist nichts stört, das Auge nichts verletzt,
In windgeschützter Höhlung schicke man sich an.

Erscheinungen von Nebel, Rauch und Sonnen,
Von Wind und Feuer, von Leuchtkäfern, Blitzen,
Von Bergkristall und Mondglanz, sind beim Yoga
In Brahman Offenbarung vorbereitend.

Aus Erde, Wasser, Feuer, Luft und Äther dann
Fünffach entwickelt sich die Yoga-Tugend;
Der weiß nichts mehr von Krankheit, Alter, Leiden,
Der einen Leib erlangt aus Yogafeuer.

Behendigkeit, Gesundheit, Unbegehren,
Ein klares Antlitz, Lieblichkeit der Stimme,
Schöner Geruch, der Ausscheidungen wenig,
Darin betätigt sieh zuerst der Yoga.
(*Svetasvatara-Upanisad*, II. 8-13)

---

[20] Im englischen Original werden hier die *Svetasvatara-Upanischade* (II. 8-13), die *Katha-Upanischade* (II. 10,11) sowie die *Maitrayana-Upanischade* (VI. 18, 20) in der Übersetzung von Max Müller (*Sacred Books of the East*) zitiert. Ich gebe die angeführten Stellen in der Übersetzung von Paul Deussen, *Upanishaden – Die Geheimlehre der Inder*, herausgegeben und eingeleitet von Peter Michel (Marix Verlag, Wiesbaden 2006) wieder. *[Anm. des Übers.]*

Erst wenn gelangt zum Stillstande
Mit den fünf Sinnen Manas ist,
Und unbeweglich steht Buddhi,
Das nennen sie den höchsten Gang.

Das ist es, was man nennt Yoga,
Der Sinne starke Fesselung,
Doch ist man nicht dabei lässig:
Yoga ist Schöpfung und Vorgang.
(*Katha-Upanisad*, VI. 10-11)

Folgendes ist die Ordnung zur Bewerkstelligung derselben (Einheit): Anhalten des Atems, Zurückzehen der Sinnesorgane, Meditation, Fixierung des Denkens, Kontrollierung derselben und Versenkung; dieses wird der sechsgliedrige Yoga genannt. Hierdurch geschieht es, dass: „Wenn ihn der Seher schaut, wie Goldschmuck strahlend, den Schöpfer, Herrn und Geist, die Brahmanwiege, dann gibt der Weise Gutes auf und Böses, einsmachend alles in dem Ew'gen, Höchsten."

Und an einem anderen Orte heißt es: „Noch eine höhere Fixierung (*dharana*) besteht darin, dass man, indem man die Zungenspitze gegen den Gaumen presst und Rede, Manas und Atem unterdrückt, das Brahman mittels der Kontrollierung (dieser Übung) schaut. Wer so durch sein Selbst das Selbst, feiner als Feine erglänzend, unter Schwinden des Manas sieht, der, indem er durch sein Selbst das Selbst gesehen, wird selbstlos, und vermöge der Selbstlosigkeit ist er als unmessbar und grundlos zu denken. Dieses ist das, Erlösung bedeutende, höchste Geheimnis.
(*Maitrayana-Upanishad*, VI. 18, 20)

Die *Amritabindu-Upanischade* zählt drei Arten des Sitzens auf: Lotos-Sitz (*padmasana*), das Sitzen mit untereinander geschlagenen Beinen, den „mystischen-Zeichen-Sitz" (*svastika*) und den „glückverheißenden Sitz" (*bhadrasana*), wobei *Yogasikha* den Lotos-Sitz bevorzugt, bei dem die Konzentration auf die Nasenspitze, Hände und eng geschlossenen Füße gerichtet wird.

(II)

Der anonyme Autor des *Lankavatara-Sutra* unterscheidet das Hinayana-Zen vom Mahayana-Zen und bezeichnet Letzteres als heiliges Zen des Buddha. Dieses Sutra gilt vielen Buddhisten, nicht ohne Grund, als Erklärung derjenigen Mahayana-Lehren, welche Ashvaghosha in seinem *Sraddhotpada-Sastra* erneut formuliert hat. Das Sutra wurde erstmals 443 von Gunabhadra ins Chinesische übersetzt, ein zweites Mal 513 von Bodhiruci und ein drittes Mal 700-704 von Siksananda. Das Werk ist berühmt für seine Prophezeiung Nagarjuna betreffend, welche (entsprechend der Übersetzung von Dr. Nanjô) so lautet:

> „Nach dem Nirwana des Tathagata,
> Wird in der Zukunft ein Mann erscheinen,
> Höre aufmerksam auf meine Worte, o Mahamati,
> Ein Mann der meine Lehre bewahrt.
> In dem großen Land des Südens,
> Wird ein ehrwürdiger *bhiksu* sein,
> Der Bodhisattva mit dem Namen Nagarjuna,
> Der die Ansichten der *astika* und *nastika* zerschlägt,
> Der den Menschen mein Fahrzeug verkündet,
> Das höchste Gesetz des Mahayana,
> Und der die *pramudita-bhumi* erlangt."

(III)

Der Vorfall wird wie folgt berichtet: Als sich der Buddha bei der Versammlung auf dem Gipfel des heiligen Geierberges befand, kam ein Brahmaraja, bot dem Lehrer eine goldene Blume dar und bat ihn, den Dharma darzulegen. Der Buddha nahm die Blume, hielt sie mit einer Hand hoch und sah auf sie in völliger Stille. Niemand in der Versammlung verstand, was er damit zum Ausdruck bringen wollte, außer dem ehrwürdigen Mahakashyapa, der dem Lehrer zulächelte. Daraufhin sagte der Buddha: „Ich habe das Auge und den Schatz des guten Dharma, Nirwana, den wunderbaren Geist, welchen ich nun an Mahakashyapa übergebe." Das Werk, in dem dieses Ereignis geschildert wird, trägt den Titel *Sutra on the Great Brahman King's Questioning Buddha to Dispel a Doubt*; jedoch gibt es keinen originalen Text oder eine chinesische Übersetzung im *tripitaka*. Es ist sehr wahrscheinlich, dass einige frühe chinesische Zen-Gelehrten der Sung-Dynastie (960-1126) die Tradition geschaffen haben, denn von Wang Ngan Shih (Ô-an-seki), einem einflussreichen Minister unter dem Kaiser Shan Tsung (1068-1085), heißt es, dass er das Buch in der Kaiserlichen Bibliothek gesehen habe. Es gibt jedoch, soweit wir wissen, keinen Beweis für die Existenz des Sutras in China. In Japan kennt man zwei unterschiedliche, handschriftliche Versionen des Textes, welche von manchen Zen-Meistern in geheimer Verehrung gehalten werden, in meinen Augen nach gründlicher Untersuchung ihrer Inhalte jedoch als erfunden gelten müssen. Siehe hierzu den Anhang zu meinem Buch *Zengaku-hihan-ron*.

(IV)

Dies sind die Namen der achtundzwanzig Patriarchen:

1. Mahakashyapa	2. Ananda	3. Sanavasu
4. Upagupta	5. Dhrtaka	6. Micchaka
7. Vasumitra	8. Buddhanandi	9. Buddhamitra
10. Parsva	11. Punyayasas	12. Ashvaghosha
13. Kapimala	14. Nagarjuna	15. Kanadeva
16. Rahulata	17. Samghanandi	18. Samghayacas
19. Kumarata	20. Jayata	21. Vasubandhu
22. Manura	23. Haklanayasas	24. Simha
25. Vasasuta	26. Punyamitra	27. Prajnatara
28. Bodhidharma		

Die ersten dreiundzwanzig Patriarchen sind genau dieselben, welche im „Sutra über die Glieder (*nidana*) der Weitergabe des Dharma“ angeführt werden (übersetzt 472). Das *King Teh Chwen Tang Iuh* (*Keitoku-dentô-roku*), eine berühmte Historie des Zen in China, führt zwei ausführliche Berichte über die Weitergabe der rechten Lehre vom Lehrer an den Schüler durch diese achtundzwanzig Patriarchen an, denen ohne Zweifel vertraut werden kann. Es wäre für keinen verständigen Gelehrten schwierig zu erkennen, dass diese Äußerungen aus derselben Motivation heraus erfolgt sind wie diejenigen des anonymen Autors, der im *Dirghagama-Sutra* einen kurzen Bericht vom Leben der sechs Buddhas gibt, den Vorgängern von Shakyamuni, wenn er die obige Liste sorgfältig mit der Liste der Patriarchen der Sarvastivada-Schule vergleicht, welche San Yiu (Sôyû, gest. 518) in seinem *Chuh San Tsung Ki* (*Shutsusan-zôki*) gibt.

(V)
[Ashvaghosha] Einer der Begründer des Mahayana-Buddhismus, der während des ersten Jahrhunderts in Indien blühte. Es gibt eine ins Chinesische übersetzte Beschreibung seines Lebens von Kumarajiva aus den Jahren 401-409. Zu seinen wichtigsten Werken gehören: *Mahayana-sraddhotpada-sastra*, *Mahalankara-sutra-sastra* und *Buddha-carita-kavya*.

(VI)
[Nagarjuna] Der Begründer der Madhyamika-Schule des Mahayana-Buddhismus, der im 2. Jh. n. Chr. lebte. Eine Beschreibung seines Lebens wurde während der Jahre 401-409 von Kumarajiva ins Chinesische übersetzt. Ihm werden vierundzwanzig Bücher zugeschrieben, darunter bekannten Werke wie *Mahaprajnaparamita-sastra*, *Madhyamika-sastra*, *Prajnadipa-sastra*, *Dvadasanikaya-sastra* und *Astadasakasa-sastra*.

(VII)
[Kanadeva] Auch Aryadeva genannt, der Nachfolger von Nagarjuna. Eine Beschreibung seines Lebens wurde während der Jahre 401-409 von Kumarajiva ins Chinesische übersetzt. Seine wichtigsten Werke sind: „Sastra des Bodhisattva Deva von der Widerlegung der vier häretischen, im *Lankavatara-Sutra* erwähnten Hinayana-Schulen"; „Sastra des Bodhisattva Deva von der Erläuterung des Nirwana der zwanzig im *Lankavatara-Sutra* erwähnten Hinayana-Lehrer".

(VIII)
[Vasubandhu] Ein berühmter Mahayana-Buddhist des 5. Jh.s und jüngerer Bruder von Asanga. Ihm werden sechsunddreißig Werke zugeschrieben, darunter bekannte Abhandlungen wie *Dasabhumika-sastra*, *Aparimitayus-sutra-sastra*, *Mahaparinirvana-sutra-sastra*, *Mahayanasata-dharma-vidyadvara-sastra*, *Vidya-matrasiddhi-tridasa-sastra*, *Bodhicittopadana-sastra*, *Buddha-gotra-sastra*, *Vidyamatrasiddhivinsatigatha-sastra*, *Madhyantavibhaga-sastra*, *Abhidharma-kosa-sastra*, *Tarka-sastra* u. a.

1.2 DIE EINFÜHRUNG DES ZEN IN CHINA DURCH BODHIDHARMA

Die Ankunft von Bodhidharma aus dem südlichen Indien in China um das Jahr 520 markiert ein epochales Ereignis in der Geschichte des Buddhismus dieses Landes.[21] Es bedeutet die Einführung nicht von toten Schriften, welche es bereits mehrmals vor ihm gab, sondern eines lebendigen Glaubens, nicht einer theoretischen Lehre, sondern praktischer Erleuchtung, nicht der Relikte des Buddha, sondern des Geistes von Shakyamuni, so dass Bodhidharmas Stellung als Repräsentant des Zen einzigartig ist. Er war jedoch kein Botschafter, der von der Öffentlichkeit günstig aufgenommen wurde. Er scheint sich in einer gänzlich gegensätzlichen Weise verhalten zu haben, wie es moderne Pastoren ihrer Herde gegenüber tun. Wir stellen ihn uns als einen religiösen Lehrer vor, der sich in praktisch allen Punkten von einem beliebten christlichen Missionar unserer Zeit unterscheidet. Letzterer würde gegenüber jedem Menschen, dem er begegnet, lächeln oder versuchen zu lächeln, und sich gesellig unterhalten; während Ersterer niemanden anlächeln, sondern ihn mit stechenden Augen, die ihn bis ins Innerste seiner Seele durchdringen, anstarren würde. Letzterer würde sich peinlich sauber halten, rasieren, kämmen, bürsten, eincremen, parfümieren; während Ersterem, stets in eine zerschlissene gelbe Robe gekleidet, sein Aussehen völlig gleichgültig wäre. Letzterer würde seine Predigt mit großer Mühe vorbereiten, dabei rhetorische Künste nutzen, sowie kräftig und elegant reden; während Ersterer absolut still säße wie ein Bär, und jeden, der sich ihm mit eitlen Fragen nähert, mit einem Tritt davonjagte.

[21] Buddhistische Historiker haben unterschiedliche Ansichten bezüglich des Datums des Erscheinens von Bodhidharma in China. Man vergleiche *Chwen Fah Chan Tsung Lun* (*Denbô-shôjû-ron*) und *Hwui Yuen* (*E-gen*).

Eben erst hatte Bodhidharma in Kwang Cheu in Südchina angelegt, als er auch schon von Kaiser Wu,[22] einem begeisterten Buddhisten und Gelehrten, eingeladen wurde in seine Hauptstadt Chin Liang [Jiankang]. Als seine Audienz begann, fragte ihn seine Majestät: „Wir haben Tempel errichtet, heilige Schriften kopiert, Mönche und Nonnen ordiniert. Welches Verdienst haben Wir uns damit erworben?“ Der königliche Gastgeber erwartete höchstwahrscheinlich eine gefällige, schmeichelhafte Antwort aus dem Mund seines neuen Gastes, seine Tugenden preisend und himmlische Belohnungen versprechend; aber der blauäugige Brahmane antwortete unverblümt: „Gar kein Verdienst.“

Diese unerwartete Antwort muss den Kaiser, der nur die Lehren der orthodoxen buddhistischen Schulen kannte, in nicht geringem Maße beschämt und in Zweifel versetzt haben. Still wird er sich gefragt haben: „Warum nicht, warum war all dies nutzlos? Mit welchem Recht erklärt er all dies als vergeblich? Welcher heilige Text kann diese Behauptung rechtfertigen? Was ist seine Sichtweise bezüglich der anderslautenden, von Shakyamuni verkündeten Lehren? Was sieht er als das oberste Prinzip des Buddhismus an?“ So denkend, erkundigte er sich: „Was ist die heilige Wahrheit, das erste Prinzip?“ Die Antwort war nicht weniger erstaunlich: „Das alles transzendierende Prinzip: Keine Heiligkeit weit und breit.“ Die gekrönte Kreatur hatte keinen blassen Schimmer, was der Lehrer meinte. Vielleicht hat er sich gefragt: „Warum ist nichts heilig? Ist in den Schriften nicht die Rede von heiligen Männern [*arhat*], edlen Wahrheiten, dem heiligen [achtfachen] Pfad? Ist er nicht selbst einer der heiligen Männer?“ Der Monarch fragte weiter: „Wer ist es dann, der Uns gegenübersteht?“ „Ich weiß es nicht, Eure Majestät“, war die lakonische Antwort von Bodhidharma, als er erkannte, dass der neue Glaube das Verständnis des Kaisers überstieg.

Der Elefant kann nicht in Gemeinschaft mit Hasen leben. Die kleinliche Orthodoxie kann in keiner Weise Schritt halten mit der Elefantenspur des Zen. Kein Wunder, dass Bodhidharma nicht nur den Palast des Kaisers Wu verließ, sondern auch den Staat Liang, und sich ins nördliche Wei-

[22] Kaiser Wu (Bu-Tei) der Liang-Dynastie, Regierungszeit 502-549.

Reich begab.[23] Hier verbrachte er neun Jahre im Shaolin-Kloster,[24] die meiste Zeit in stiller Meditation mit dem Gesicht zur Wand sitzend, und erwarb sich die Bezeichnung „an die Wand starrender Brahmane". Der Name zeigt, dass die Bedeutung seiner Mission von seinen Zeitgenossen nicht erkannt wurde. Dies kann jedoch weder ihm noch ihnen zum Vorwurf gemacht werden, denn die Bedeutung eines Löwen versteht nur ein Löwe. Eine große Persönlichkeit wird nicht geringer aufgrund ihrer Unbeliebtheit bei ihren Mitmenschen, so wie der große Pang nicht weniger groß ist aufgrund seiner Unbekanntheit bei den geflügelten Kreaturen.[25] Bodhidharma war bekannt genug, den Neid zeitgenössischer Buddhisten zu erwecken, welche, wie uns seine Biographen berichten, drei Mal versuchten, ihn zu vergiften,[26] wenn auch ohne Erfolg.

1.4 BODHIDHARMA UND SEIN NACHFOLGER, DER ZWEITE PATRIARCH

China war jedoch kein unkultiviertes Land für den Samen des Zen – nein, es gab schon vor Bodhidharma viele Zen-Praktiker (I). Alles, was er tun musste, war, auf jemanden zu warten, der ernsthaft auf der Suche nach dem Geist von Shakyamuni war. Also wartete er, und nicht vergeblich, denn schließlich kam ein gelehrter Konfuzianer namens Shang Kwang (Shin-kô)[27] mit der Absicht herbei, die endgültige Lösung für ein Problem zu finden, welches ihn so beschäftigte, dass er mit dem Konfuzianismus unzufrieden geworden war, da er keine geeignete Nahrung für seinen neuen spirituellen Hunger anzubieten hatte. Shang Kwang war demnach alles andere als einer jener halbherzigen Besucher, welche nur aus Neugier an die Tür von Bodhidharma klopften. Aber der schweigsa-

---

[23] Nördliche Gi-Dynastie (386-534).

[24] Shôrinji, errichtet von Kaiser Hiao Ming der nördlichen Wei im Jahr 497.

[25] Zhuangzi vergleicht in seiner berühmten Parabel einen großen Heiligen mit Pang, einem fantastischen Vogel von enormer Größe, dessen Flügel-Spannbreite 90.000 Meilen beträgt. Der Vogel wird von Sperlingen und Zaunkönigen wegen seiner übermäßigen Größe verspottet.

[26] Das erinnert an Nan Yoh Hwui Sz (Nangaku Eshi, gest. 527), von dem es heißt, dass er bei Bodhidharma lernte. Er sagte einmal in einem Gelübde, dass er drei Mal von Neidern vergiftet worden war.

[27] Die Rede ist von Shen-kuang bzw. Shenguang, alias Daizu Huike, dem zweiten Patriarchen.

me Meister war vorsichtig genug, um die Ernsthaftigkeit eines neuen Besuchers zu testen, bevor er ihn in die Meditationshalle einließ. Seiner Biographie zufolge wurde es Shang Kwang nicht gestattet, den Tempel zu betreten, sondern er musste im tief verschneiten Hof stehen.[28] Sein fester Entschluss und sein aufrichtiges Verlangen verhalfen ihm jedoch dazu, sieben Tage und Nächte auf der Stelle stehenzubleiben, wobei seine Tränen auf der Brust gefroren. Zuletzt schnitt er sich den linken Arm mit einem Messer ab und zeigte ihn dem unbeugsamen Lehrer als Zeichen seiner Entschlossenheit, ihm unter Hingabe seines Lebens zu folgen. Daraufhin nahm ihn Bodhidharma als voll qualifizierten Adepten auf, bereit, die höchste Lehre des Mahayana zu empfangen.

Die Methode der Unterweisung durch unseren Meister war gänzlich verschieden von derjenigen gewöhnlicher Lehrer. Er erläutert dem Schüler keine Probleme, sondern hilft ihm durch abrupte, aber aufschlussreiche Fragen selbst zu verstehen. Shang Kwang zum Beispiel sprach zu Bodhidharma mit einem Seufzen: „Ich habe keinen geistigen Frieden. Darf ich Euch, Erhabener, bitten, meinen Geist zu befrieden?“ – „Zeige mir den Geist, der dir soviel Unruhe bereitet!“, forderte der Meister. „Ich werde ihn zur Ruhe bringen.“ – „Es ist mir nicht möglich“, sagte der Schüler, nachdem er kurz überlegt hatte, „den Geist vorzuweisen, der mir so viel Unruhe bereitet.“ „Dann“, erklärte Bodhidharma, „habe ich ihn zur Ruhe gebracht.“ Daraufhin erfuhr Shang Kwang Erleuchtung. Dieses Ereignis verdient unsere Aufmerksamkeit, da eine solche Art der Unterweisung von allen Zen-Lehrern nach dem ersten Patriarchen aufgenommen wurde und sie eines der Kennzeichen des Zen ist.

(I)

Die Übersetzung der Hinayana-Sutras bereitete erstmals den Weg für unseren Glauben. Vierzehn Zen-Sutras, einschließlich so wichtiger Texte wie *Mahanapanadhyana-Sutra*, *Dhyanacarya-dharmasanjna-Sutra* und *Dhyanacarya-saptatrimsadvarga-Sutra*, wurden von Ngan Shi Kao (Ansei-kô) bereits in den Jahren 148-170 übersetzt. Das *Cullamargabhumi-Sutra* wurde von K'Yao (Shi-yô) im Jahr 185 übersetzt; das *Dharmatara-*

[28] *King Teh Chwen Tang Luh* (*Keitoku dentô roku*), herausgegeben von Tao Yuen (Dôgen) im Jahr 1004, gibt einen detaillierten Bericht dieses Vorfalls; doch frühere Chronisten erzählen andere Versionen über die Verstümmelung von Shang Kwangs Arm. Vergleiche hierzu *Shu Kas San Chwen* (*Zoku kôsôden*) und Hwui Yuen (E-gen).

dhyana-Sutra von Buddhabhadra in den Jahren 398-421; das *Dhyananisthitasamadhi-dharma-paryaya-Sutra* von Kumarajiva im Jahr 402; „Die kurze Lehre über die Bedeutung der Meditation“ von Kumarajiva im Jahr 405; *Pancadvara-dhyanasutra-maharthadharma* von Dharmamitra in den Jahren 424-441. Darüber hinaus waren dem Zen nahe stehende Texte des Mahayana-Buddhismus auch vor Bodhidharma in China nicht unbekannt. Das *Pratyutpanna-buddhasammukhavasthita-samadhi* wurde von K'Leu Cia Chan (Shi-ru-ga-sen) in den Jahren 164-186 übersetzt; das *Vimalakirtti-nirdesa-Sutra*, welches im Zen viel Verwendung findet, von Kumarajiva in den Jahren 384-412; das *Lankavatara-Sutra*, von dem es heißt, dass Bodhidharma es als die beste Erklärung des Zen bezeichnet hat, von Gunabhadra im Jahr 433; das *Saddharma-pundarika-Sutra*, in seiner vollständigen Fassung, von Kumarajiva im Jahr 406; das *Avatamsaka-Sutra* von Buddhabhadra im Jahr 418; das *Mahaparinirvana-Sutra* von Dharmaraksha im Jahr 423.

Wenn wir richtig liegen, hat Kumarajiva, der im Jahr 384 nach China kam, einen großen Beitrag zur Etablierung des Zen in diesem Land nicht nur durch seine oben erwähnten Übersetzungen von Zen-Sutras geliefert, sondern auch durch die Bildung seiner Schüler wie Sang Chao (Sôjô, gest. 414) oder Sang Shang (Sô-shô), deren Schriften zweifellos spätere Zen-Lehrer beeinflusst haben. Eine noch bedeutendere Persönlichkeit in der Geschichte des Zen vor dem blauäugigen Brahmanen ist Buddhabhadra, ein berühmter Zen-Meister, der im Jahr 406 nach China kam. Seine Übersetzungen des *Dharmatara-dhyana-Sutra* (von dem es heißt, dass es von Bodhidharma selbst während seiner Zeit in Indien verkündet wurde) und des *Avatamsaka-Sutra* können ohne Übertreibung als Grundsteinlegung des Zen bezeichnet werden. Er gab erstmals eine Vorlesung in China zu den Zen-Sutras im Jahr 413, und es ist eine Folge seiner Unterweisung, dass viele einheimische Adepten des Zen erstanden, von denen Chi Yen (Chi-gon) und Hüen Kao (Gen-kô) wohlbekannt sind. In diesen Tagen soll sich Zen in Indien im Aufstieg befunden haben, da fast alle indischen Gelehrten – zumindest die uns bekannten – als Zen-Lehrer bezeichnet werden, z. B. Buddhabhadra, Buddhasena, Dharmadhi und andere.

Chinesische buddhistische Gelehrte trugen nicht weniger zum Aufstieg des Zen bei als indische Lehrer. Der prominenteste unter ihnen ist Hwui

Yuen (Eon, gest. 414), der Zen unter der Anweisung von Buddhabhadra übte. Er gründete die Gesellschaft des Weißen Lotos, welche achtzehn der bedeutendsten Gelehrten ihrer Zeit zu ihren Mitgliedern zählte, mit der Aufgabe zu meditieren und Buddha Amitabha zu verehren. Wir dürfen nicht vergessen, dass während der westlichen und östlichen Tsin-Dynastie (265-420) sowohl der Taoismus als auch der Buddhismus nicht unerheblich Zulauf hatten. China brachte einerseits so exzentrische Taoisten wie die sieben Weisen des Bambushains hervor, und andererseits zugleich Einsiedler-gleiche Gelehrte wie Tao Yuen Ming (To Yenmei, gest. 427) und andere. Zusätzlich gab es Gelehrte, welche Buddhismus in Verbindung mit Taoismus und Konfuzianismus studierten und ein zurückgezogenes Leben führten.

Zu letzterer Gruppe von Gelehrten gehörte Chwen Hih (Hu Daishi), bekannt als Chwen der Große. Es heißt, dass er beschuldigt wurde, eine konfuzianische Mütze, eine buddhistische Robe und taoistische Schuhe getragen zu haben. Im Jahr 534 präsentierte er Kaiser Wu eine Denkschrift, in welcher er die drei Grade der Göttlichkeit erläuterte. Er erklärte: „Die höchste Göttlichkeit besteht in der Leerheit des Geistes und im Nicht-Anhaften. Transzendenz ist ihre Ursache und Nirwana ihr Ergebnis. Die mittlere Göttlichkeit besteht in Moral und guter Verwaltung. Ihre Ergebnisse sind ein friedvolles und glückliches Leben im Himmel und auf Erden. Die niedrigste Göttlichkeit besteht aus Liebe und Schutz der Lebewesen." Man erkennt, dass seine Idee der Göttlichkeit ein Kompromiss zwischen Buddhismus und Taoismus darstellt. *Sin Wang Ming* (*Sin-ô-mei*, „Über den Geist-König"), eines seiner Meisterstücke, wird zusammen mit einigen Gedichten noch immer als Textbuch des Zen verwendet. Dieser Umstand beweist zweifelsfrei, dass taoistische Elemente von Beginn an ihren Weg in die Bestandteile des Zen in China gefunden haben.

1.5 BODHIDHARMAS SCHÜLER UND DIE WEITERGABE DER LEHRE[29]

Bodhidharmas neunjährige Tätigkeit in China resultierte in der Einweihung einer Anzahl von Schülern, an die er sich einige Zeit vor seinem Tod wie folgt wandte: „Die Zeit ist nahe, dass ich diese Welt verlasse. Sagt, einer nach dem anderen, wie versteht ihr meine Lehre?“ Tao Fu (Dôfuku) sagte daraufhin: „Die Lehre liegt meiner Meinung nach nicht in den Schriften verborgen, ist aber auch nicht davon verschieden; doch sie funktioniert.“ Der Meister sagte: „Du hast meine Haut erfasst.“ Als nächstes antwortete Tsung Chi (Sôji), eine Nonne: „So wie Ananda[30] das Königreich von Aksobhya[31] nur ein Mal, nicht aber zwei Mal erblickte, so verstehe ich die Lehre.“ Der Meister sagte: „Du hast mein Fleisch erlangt.“ Dann erwiderte Tao Yuh (Dôiku): „Die vier Elemente[32] sind von Anfang an unwirklich, noch existieren die fünf Aggregate[33] tatsächlich. Meinem Verständnis nach ist alles Leerheit.“ Der Meister sagte: „Du hast meine Knochen.“ Als letztes kam Hwui Ko (Eka) an die Reihe, der von Bodhidharma den buddhistischen Namen Shang Kwang erhalten hatte. Er verbeugte sich vor dem Lehrer und blieb still an seinem Platz stehen. Bodhidharma sprach: „Du hast mein Mark erlangt!“ und überreichte die heilige Robe (*kachaya*)[34], welche er von Indien mitgebracht hatte, Hwui Ko als Symbol der Weitergabe der Lehre und setzte ihn als zweiten Patriarchen ein.

---

[29] Für Einzelheiten siehe *Chwen Tang Luh* und *Denkô-roku* von Keizan. Für das Leben von Bodhidharma ist dem Leser *A Life of Bodhidharma* von Dr. B. Matsumoto zu empfehlen.

[30] Ein Lieblingsschüler von Shakyamuni und dritter Patriarch des Zen.

[31] Der Name bedeutet „unbeweglich“, und steht für die Unerschütterlichkeit des Geistes.

[32] Erde, Wasser, Feuer, Luft.

[33] (1) *rupa* oder Form; (2) *vedana* oder Empfindung; (3) *samjna* oder Bewusstsein; (4) *karman* (oder *samskara*) oder Handlung; (5) *vijnana* oder Wissen.

[34] Die klerikale Robe, von der es heißt, sie sei dunkelgrün gewesen; sie wurde ein Objekt großer Verehrung nach dem sechsten Patriarchen, der das patriarchale System verbot und das Symbol an keinen Nachfolger weitergab.

Nach dem Tod des ersten Patriarchen im Jahr 528 gab Hwui Ko über sechzig Jahre lang sein Bestes, um den Glauben zu verkünden. Bei einer Gelegenheit ließ ein Mann nach ihm rufen, der an einer chronischen Krankheit litt, und bat ihn aufrichtig: „Bitte, Herr Priester, seid mein Beichtvater und gewährt mir Vergebung, denn ich leide schon lange an einer unheilbaren Krankheit!“ Der zweite Patriarch erwiderte: „Lege deine Sünde (wenn es denn so etwas wie Sünde gibt) hier vor mich hin. Ich werde dir Vergebung gewähren.“ „Es ist unmöglich“, sagte der Mann nach kurzem Überlegen, „die Sünde ausfindig zu machen“. „Dann habe ich dich von ihr freigesprochen. Richte dein Leben fortan an Buddha, *dharma* und *samgha* aus.“[35] – „Ich weiß, Euer Gnaden“, sagte der Mann, „dass Ihr zum *samgha* gehört; aber was bedeuten Buddha und *dharma*?“ – „Buddha ist der Geist selbst. Der Geist selbst ist *dharma*. Buddha ist identisch mit *dharma*. Ebenso verhält es sich mit *samgha*.“ – „Dann verstehe ich“, antwortete der Mann. „Es gibt nicht so etwas wie Sünde innerhalb meines Körpers oder außerhalb davon, noch irgendwo sonst. Der Geist ist über und jenseits von Sünde. Er ist nichts anderes als Buddha und *dharma*.“ Daraufhin sah der zweite Patriarch, dass der Mann ausreichend qualifiziert war, um im neuen Glauben unterwiesen zu werden; er bekehrte ihn und gab ihm den Namen Sang Tsung (Sôsan). Nach zwei Jahren Unterweisung und Befolgung der Regeln übergab er an Sang Tsung die Robe (*kachaya*), welche er von Bodhidharma erhalten hatte, und erklärte ihn zum dritten Patriarchen. Es war Sang Tsung, der die Lehre durch Abfassung des *Sin Sin Ming* (*Sinzinmei*, „Über Geist und Glaube“) erstmals in schriftliche Form verkürzte,[36] eine Erklärung des Glaubens in Versform.

[35] Die so genannten „drei Schätze“, d.i. der Buddha, die Lehre und die Gemeinschaft.

[36] Es wurde eine Vielzahl von Kommentaren zu diesem Text verfasst, und er gilt als eine der besten Schriften das Zen betreffend.

1.7 DER VIERTE PATRIARCH UND KAISER TAI TSUNG (TAISÔ)

Auf den dritten Patriarchen[37] folgte Tao Sin (Dôshin), der im Alter von vierzehn Jahren initiiert wurde und nach neun Jahren des Studiums und der Befolgung der Lehre zum vierten Patriarchen ernannt wurde. Es heißt, Tao Sin sei während seiner über vierzigjährigen Karriere als Patriarch nie zu Bett gegangen.[38] Im Jahr 643 sandte ihm Kaiser Tai Tsung (627-649), der um seine Qualitäten wusste, einen besonderen Boten mit der Bitte, im Palast bei seiner Majestät vorzusprechen. Tao Sin lehnte die Einladung jedoch mit einer Denkschrift und dem Hinweis ab, dass er zu alt und gebrechlich sei, um die kaiserliche Persönlichkeit aufzusuchen. Der Kaiser, der darauf brannte, den berühmten Patriarchen zu sehen, ließ drei Mal nach ihm schicken, aber vergeblich. Daraufhin befahl der erzürnte Monarch seinem Boten, den unbeugsamen Mönch zu enthaupten und den Kopf vor seinen Thron zu bringen, falls er seine Bitte ein viertes Mal ausschlagen sollte. Als Tao Sin die Anweisung des Kaisers vernahm, reckte er seinen Hals hervor, um sich enthaupten zu lassen. Der Kaiser, der vom Boten über die Geschehnisse informiert wurde, bewunderte den unerschütterlichen Mönch nur noch mehr und beschenkte ihn reichlich. Diesem Beispiel folgten auch spätere Zen-Meister, die ihr Knie nicht vor der kaiserlichen Macht beugen wollten. Es wurde ein Kennzeichen der Zen-Mönche, dass sie niemals Herrscher oder Staatsmänner zum Zwecke des Ruhms oder Profits aufsuchten – Dinge, die sie für nichtig erachteten.

1.8 DER FÜNFTE UND SECHSTE PATRIARCH

Tao Sin übermittelte die Lehre an Hung Jan (Kônin), der sich, von Kindheit an unterrichtet, als Abt des Hwang Mei-Klosters in Ki Cheu auszeichnete. Der fünfte Patriarch versammelte seinen Biographen zufolge siebenhundert Schüler um sich, aus allen Teilen des Landes. Unter diesen zeichnete sich der ehrwürdige Shang Siu (Jinshû) besonders durch seine Gelehrsamkeit und Tugendhaftigkeit aus, und er wäre wohl der legitime Nachfolger von Hung Jan geworden, wäre die Robe des Bodhidharma

[37] Er starb 606 nach seinen dreizehnjährigen Bemühungen als Lehrer.

[38] Er starb 651, d.i. fünfundvierzig Jahre nach dem Tod des dritten Patriarchen.

nicht von einem einfachen Bauernsohn aus Sin Cheu mitgenommen worden.

Hwui Neng, der sechste Patriarch, scheint ein geborener Zen-Lehrer gewesen zu sein. Das spirituelle Licht des Buddha erhellte seinen Geist erstmals, als er einen Mönch ein Sutra rezitieren hörte. Als er sich bei dem Mönch erkundigte, erfuhr er, dass es sich um das *Vajracchedika-prajna-paramita-Sutra* handelte[39], und dass Hung Jan, der Abt des Hwan Mei-Klosters, seine Schüler dieses Sutra häufig rezitieren ließ, damit es ihnen bei ihrer spirituellen Übung helfe. Daraufhin fasste er den Entschluss, Zen zu praktizieren, und wandte sich an Hung Jan im Kloster. „Wer bist du", fragte der fünfte Patriarch, „und von wo bist du gekommen?" – „Ich bin der Sohn eines Bauern", antwortete der Mann, „aus Sin Cheu im Süden von Ta Yü Ling." – „Was hat dich hierher geführt?", fragte der Meister wiederum. „Ich habe keine andere Aufgabe, als Buddhaschaft zu erlangen", antwortete der Mann. „O, ihr Menschen des Südens", rief der Patriarch aus, „ihr verfügt nicht über das Wesen eines Buddha." – „Es mag Unterschiede zwischen den Menschen im Süden und im Norden geben", entgegnete der Mann, „doch wie könnt Ihr die einen von den anderen hinsichtlich der Buddha-Natur unterscheiden?" Der Lehrer erkannte einen begabten Geist, erlaubte dem Neuankömmling jedoch nicht, dem Orden beizutreten; so musste Hwui Neng im Kloster acht Monate lang Reis stampfen, um sich als Zen-Lehrer zu qualifizieren.

1.9 DIE SPIRITUELLE VERWIRKLICHUNG DES SECHSTEN PATRIARCHEN

Einige Zeit vor seinem Tod (im Jahr 675) verkündete der fünfte Patriarch allen seinen Schülern, dass der Geist von Shakyamuni schwer zu verwirklichen sei und dass sie ihre eigenen Ansichten darüber ausdrücken sollen, unter der Bedingung, dass, falls einer seine rechte Verwirklichung beweisen könne, er die Robe erhalten und als sechster Patriarch eingesetzt werden solle. Dann verfasste der ehrwürdige Shang Siu, Kopf von sieben-

[39] Zwischen 384 und 417 von Kumarajiva ins Chinesische übersetzt; auch 509 von Bodhiruci und 592 von Paramartha; dann 648 noch einmal von Hiuen Tsang. Viele berühmte buddhistische Gelehrte in China und Japan haben Kommentare dazu verfasst.

hundert Schülern und von seinen Mitbrüdern als derjenige ausersehen, dem diese Ehre zuteilwerden sollte, folgende Verse:

> „Der Körper ist der Bodhi-Baum.[40]
> Der Geist ist wie ein daran angebrachter Spiegel.
> Poliere und wische ihn von Zeit zu Zeit,
> damit er nicht von Schmutz und Staub getrübt ist."

Alle, die diese Zeilen lasen, waren der Ansicht, dass der Verfasser würdig wäre, die Belohnung zu empfangen; und der fünfte Patriarch, die Zeilen ebenfalls wertschätzend, sagte: „Wenn die Menschen in der Zukunft gemäß dieser Sichtweise praktizieren, werden sie ausgezeichnete Resultate erzielen." Hwui Neng, der Reis-Stampfer, hörte davon, befand die Zeilen als zwar hübsch, doch kaum den Geist von Shakyamuni treffend. Er verfasste eine anonyme Erwiderung, seine eigene Sichtweise ausdrückend, und zwar wie folgt:

> „Weder gibt es einen Bodhi-Baum,[41]
> noch einen daran befestigten Spiegel.
> Von Anbeginn an existiert nichts;
> was sollte da durch Schmutz und Staub befleckt werden?"

Vermutlich hätte sich selbst im Traum niemand vorstellen können, dass eine so unbedeutende Person wie der Reis-Stampfer den ehrwürdigen Gelehrten in seiner religiösen Einsicht übertreffen könnte; aber der fünfte Patriarch erkannte sofort den erleuchteten Geist, der sich in diesen Versen

---

[40] Die in diesen Zeilen ausgedrückte Idee ist klar erkennbar. Der Körper wird mit dem Bodhi-Baum verknüpft, unter dem Shakyamuni zur höchsten Erleuchtung gelangte; denn es ist nicht ein anderer Körper in einer zukünftigen Existenz, sondern der gegenwärtige Körper, in dem man Erleuchtung finden muss. Der Geist ist seinem Wesen nach rein und strahlend wie ein Spiegel, aber Staub und Schmutz der Leidenschaften und niederen Begierden verschmutzen und trüben ihn häufig. Darum sollte man ihn regelmäßig wischen und säubern, um ihn strahlend zu erhalten.

[41] Diese Verse wurden häufig so missverstanden, dass sie eine nihilistische Sichtweise ausdrücken würden; ihre tatsächliche Bedeutung ist alles andere als nihilistisch. Der Geist ist seinem Wesen nach rein und strahlend. Er ist immer frei von Leidenschaften und gewöhnlichem Verlangen; so wie die Sonne immer strahlt, egal ob Wolken oder Nebel sie verbergen. Daher muss man eine Einsicht in diese essentielle Natur des Geistes erlangen und erkennen, dass man ursprünglich keinerlei Begierden und Leidenschaften hat; und auch, dass es keinen Bodhi-Baum oder Spiegel der Erleuchtung ohne ihn gibt, sondern dass sie sich in ihm befinden.

ausdrückte. Er beschloss, die Robe an den Verfasser weiterzugeben, in dem er einen großen geistigen Führer für die nachfolgenden Generationen fand. Er tat es jedoch heimlich um Mitternacht, da zumindest einige Schüler aus Neid bereit gewesen wären, dagegen Gewalt anzuwenden. Er war außerdem vorausschauend genug, seinen Nachfolger anzuweisen, das Kloster sofort zu verlassen und in den Süden zurückzukehren und seine Erleuchtung so lange zu verbergen, bis die rechte Zeit für missionarische Aktivitäten gekommen sei.

1.10 DIE FLUCHT DES SECHSTEN PATRIARCHEN

Am nächsten Morgen verbreitete sich die Nachricht davon, was während der Nacht passiert war, in Windeseile; einige der aufgebrachten Brüder unternahmen es, den ehrwürdigen Flüchtigen zu verfolgen. An vorderster Stelle war Hwui Ming (Emyô), der den sechsten Patriarchen an einem Gebirgspass nicht weit vom Kloster einholte. Hwui Neng legte die Robe auf einem Felsen neben der Straße nieder und wandte sich an den Verfolger: „Dies ist lediglich ein Symbol der patriarchalen Autorität und nichts, was mit Gewalt erlangt werden könnte. Nimm sie mit, wenn dir der Sinn danach steht!“ Daraufhin versuchte Hwui Ming, der sich für sein niederträchtiges Handeln zu schämen begann, die Robe aufzuheben, aber vergeblich, da sie so schwer war wie der Felsen selbst. Schließlich sprach er zum sechsten Patriarchen: „Ich bin hierher gekommen, mein Bruder, nicht der Robe wegen, sondern um der Lehre willen. Gewähre mir meinen Herzenswunsch nach Erleuchtung.“ – „Wenn du der Lehre wegen gekommen bist“, antwortete Hwui Neng, „musst du all deine Bemühungen und Sehnsüchte beenden. Denke weder an Gut noch Böse (mache deinen Geist frei von allen eitlen Gedanken), und dann, Hwui Ming, schaue dein ursprüngliches Gesicht!“ Damit konfrontiert, erkannte Ming augenblicklich das göttliche Licht des Buddha in sich selbst und wurde ein Schüler des sechsten Patriarchen.

1.11 DIE ENTWICKLUNG DER SÜDLICHEN UND NÖRDLICHEN SCHULE

Nach dem Tod des fünften Patriarchen war Shang Siu, obwohl er nicht der legitime Nachfolger seines Meisters geworden war, in der Verkündigung des Glaubens nicht untätig und versammelte eine Anzahl begeisterter Anhänger um sich. Dies führte zur Gründung der Nördlichen Schule des Zen, im Gegensatz zur vom sechsten Patriarchen geführten Südlichen Schule. Die Kaiserin Tseh Tien Wu Heu,[42] die wahre Herrscherin über China zu dieser Zeit, bewunderte Shang Siu und förderte seine Schule, welche sich dennoch nicht weiterentwickelte.

In der Zwischenzeit erreichte der sechste Patriarch, der nach Süden aufgebrochen war, das Fah Sing-Kloster in Kwang Cheu, wo der Abt Yin Tsung (In Shû) einer Gruppe von Studenten Lesungen über die Mahayana-Sutras hielt. Es war gegen Abend, als er zwei Mönche des Klosters über eine im Wind flatternde Fahne diskutieren hörte. Einer der beiden sagte: „Es ist der Wind, der sich in Wahrheit bewegt, nicht die Fahne.“ „Nein“, entgegnete der andere, „die Fahne bewegt sich in Wirklichkeit, nicht der Wind.“ So bestand jeder der beiden auf seiner einseitigen Sichtweise, und sie kamen zu keiner Lösung. Dann stellte sich der sechste Patriarch vor und sprach zu ihnen: „Weder ist es der Wind, der sich bewegt, noch die Fahne; sondern es ist euer Geist, der sich in Wahrheit bewegt.“ Yin Tsung, der von diesen Worten des Fremden hörte, war sehr erstaunt und dachte, dass es sich dabei um eine außergewöhnliche Persönlichkeit handeln müsse. Und als er erfuhr, dass es sich um den sechsten Patriarchen des Zen handelte, entschieden er und alle seine Schüler, dem Zen unter diesem Meister zu folgen. Hwui Neng, der noch wie ein Laie gekleidet war, wechselte konsequenterweise seine Kleidung und begann seine Karriere als Patriarch in diesem Kloster. Das ist der Ausgangspunkt der großen Entwicklung des Zen.

[42] Kaiser Chung Tsung (Chûsô, 684-704) war nominell Herrscher, und die Kaiserin regierte von 684 bis 705.

1.12 DIE MISSIONARISCHE TÄTIGKEIT DES SECHSTEN PATRIARCHEN

Wie wir oben gesehen haben, war der sechste Patriarch ein großer Geist und kann zurecht als geborener Zen-Lehrer bezeichnet werden. Er war ein Mann ohne Gelehrsamkeit, ein armer Bauer, der unter dem fünften Patriarchen nur acht Monate als Reis-Stampfer diente; aber er vermochte in den buddhistischen Begriffen eine neue Bedeutung zu entdecken und zeigte, wie sie im praktischen Leben anwendbar sind. Bei einer Gelegenheit zum Beispiel besuchte ihn Fah Tah (Hôtatsu) – ein Mönch, der das *Saddharma-pundarika-sutra*[43] mehr als dreitausend Mal gelesen hatte –, um im Zen unterwiesen zu werden. „Selbst wenn du das Sutra zehntausend mal liest", sagte der Patriarch, der den Text nie würde lesen können, „wird es dir nicht weiterhelfen, so lange du den Geist des Sutras nicht erfassen kannst." – „Ich habe das Buch nur so gelesen", gestand der Mönch, „wie es niedergeschrieben ist. Wie könnte ein so stumpfer Bursche wie ich dessen Geist erfassen?" – „Dann lies es einmal vor", antwortete der Meister, „ich werde dir den Geist erklären." Daraufhin begann Fah Tah das Sutra zu rezitieren, und als er beim Ende des zweiten Kapitels angekommen war, unterbrach ihn der Lehrer und sagte: „Du kannst hier aufhören. Ich habe jetzt verstanden, dass das Sutra verkündet wurde, um den so genannten größten Zweck von Shakyamunis Erscheinen auf der Erde zu demonstrieren. Dieser größte Zweck besteht darin, alle Wesen ebenso zu erleuchten, wie er es selbst ist." Auf diese Weise erfasste der Patriarch die Essenz der Mahayana-Sutras und machte von ihnen freien Gebrauch, um die praktischen Fragen des Zen zu erklären.

[43] Eines der bekanntesten Mahayana-Sutras, übersetzt von Dharmaraksa (286) und Kumarajiva (406). Der Leser möge bemerken, dass der Verfasser die wesentliche Lehre im zweiten Kapitel festmacht. Siehe *Sacred Books of the East*, Vol. XXI, S.30-59.

Einige Zeit später ließ sich der sechste Patriarch beim Pao Lin-Kloster in Shao Cheu nieder, besser bekannt als Tsao Ki Shan (Sôkeizan); es entwickelte sich zu einem großen Zen-Zentrum der südlichen Gebiete. Unter seiner Leitung qualifizierten sich viele bedeutende Zen-Meister zu Lehrern der Drei Welten. Er gab das Symbol der Patriarchen, die Robe, nicht an einen Nachfolger weiter, da es nur unnötige Querelen unter den Brüdern schaffen würde, wie er es selbst erlebt hatte. Er gab nur solchen Schülern eine Genehmigung, welche die Erleuchtung erreicht hatten, und erlaubte ihnen, Zen in einer Weise zu lehren, die zu ihrer Persönlichkeit passte. Zum Beispiel erhielt Hüen Kioh (Genkaku), ein Gelehrter der Tien-Tai-Lehre,[44] wohlbekannt als Lehrer von Yung Kia (Yôka),[45] eine Bestätigung für seine spirituelle Verwirklichung, nachdem er ein paar Worte mit dem Meister bei seiner ersten Begegnung ausgetauscht hatte, und wurde sofort als Zen-Lehrer anerkannt. Auf dem Höhepunkt seines Ruhms wurde er von der Kaiserin Tseh Tien mit einer Kristallkugel und reichlich Geschenken bedacht; im Jahr 705 lud ihn Kaiser Chung Tsung in den Palast ein, doch vergeblich, da Hüen Kioh dem Beispiel des vierten Patriarchen folgte.

Nach dem Tod des sechsten Patriarchen (713) teilte sich das südliche Zen in zwei Schulen, von denen die eine durch Tsing Yuen (Seigen) vertreten wurde, die andere durch Nan Yoh (Nangaku) (I). Aus diesen beiden Hauptrichtungen entwickelten sich die fünf Zweige des Zen (II), und der Glaube machte gewaltige Fortschritte. Nach Tsing Yuen und Nan Yoh hatte Hwui Chung (Echû), einer der jüngeren Schüler des sechsten Patriarchen, sechzehn Jahre lang eine ehrenwerte Position als spiritueller Berater der Kaiser Suh Tsung (765-762) und Tai Tsung (763-779) inne. Diese beiden Kaiser waren enthusiastische Bewunderer des Zen und forderten mehrmals, dass die Robe Bodhidharmas vom Paolin-Kloster zum Palast gebracht werden solle, um dort angemessen verehrt werden zu

---

[44] Der Lehrer von Tien Tai (Tendai, 538-597), dem Begründer der gleichnamigen buddhistischen Schulrichtung, war ein großer und origineller Gelehrter. Seine Lehre und Kritik den *Tripitaka* betreffend hatte großen Einfluss auf den gesamten späteren Buddhismus. Sie wird im zweiten Kapitel kurz dargestellt.

[45] Sein *Ching Tao Ko* (*Shôdôka*), eine wunderbare Darlegung des Zen in Versform, wird noch immer von so gut wie allen Zen-Adepten gelesen.

können. Ca. 130 Jahre nach dem Tod des sechsten Patriarchen erlangte Zen so großen Einfluss unter den höheren Klassen der Gesellschaft, dass zur Zeit von Kaiser Süen Tsung (847-859) sowohl der Kaiser als auch sein Premierminister Pei Hiu als Adepten des Zen bekannt waren. Man kann sagen, dass das goldene Zeitalter des Zen mit Kaiser Suh Tsung der Tang-Dynastie begann und bis zur Herrschaft von Kaiser Hiao Tsung (1163-1189) währte, dem größten Patron des Buddhismus während der südlichen Sung-Dynastie. In diesen Zeitraum gehören praktisch alle der größten Zen-Gelehrten Chinas (III) und fast alle herausragenden Literaten (IV), Staatsmänner, Krieger und Künstler, die als Anhänger des Zen bekannt sind. In diese Zeit fällt fast die gesamte Schöpfung der Zen-Werke (V) dogmatischen wie historischen Inhalts.

(I)
Es existiert das *Luh Tsu Fah Pao Tan King* (*Rokuso hôbô dan-kyô*), eine Sammlung seiner Verkündigungen. Es ist voller kühner Zen-Aussagen in ihrer reinsten Form, und gänzlich frei von zweideutigen und rätselhaften Aussprüchen wie spätere Zen-Texte. Als Folge davon wird es auch von nicht-buddhistischen Gelehrten in China und Japan häufig gelesen. Sowohl Hwui Chung (Echû), ein berühmter Schüler des sechsten Patriarchen, als auch Dôgen, der Begründer des Sôtô-Zen in Japan, leugnen die Autorität des Werks und erklären es als in die Irre führend, aufgrund von Fehlern und Vorurteilen der Kompilatoren. Wir halten es dennoch für eine Sammlung authentischer Verkündigungen des sechsten Patriarchen, auch wenn die historischen Erzählungen ein paar Fehler aufweisen.

(II)
(1) Die Tsao Tung-Schule (Sôtô), begründet von Tsing Yuen (gestorben 740) und seinen Nachfolgern; (2) die Lin Tsi-Schule (Rinzai), begründet von Nan Yoh (gestorben 744) und seinen Nachfolgern; (3) die Wei Yan-Schule (Yigyô), begründet von Wei Shan (Yisan, gestorben 853) und seinem Schüler Yan Shan (Kyôzan, gestorben 890); (4) die Yun Man-Schule (Unmon), begründet von Yun Man (gestorben 949); (5) die Pao Yen-Schule (Hôgen), begründet von Pao Yen (gestorben 958).

(III)

Während der Tang-Dynastie (618-906) brachte China, abgesehen vom sechsten Patriarchen und seinen berühmten Schülern, auch so große Zen-Lehrer hervor wie Ma Tsu (Baso, gest. 788), der vermutlich der Urheber der Zen-Aktivitäten war; Shih Teu (Sekitô, gest. 790), den berühmten Verfasser des *Tsan Tung Ki* (*Sandôkai*), eine Dichtung zum Zen in Versform; Poh Chang (Hyakujô, gest. 814), der als erster Regularien für Zen-Klöster schrieb; Wei Shan (Yisan) und Yang Shan (Kyôzan), die Begründer der Wei Yang-Schulrichtung; Hwang Pah (Ôbaku, gest. 850), einen der Begründer der Lin Tsi-Schulrichtung und Autor des *Chwen Sin Pao Yao* (*Denshin-hôyô*), eines der besten Werke zum Zen; Lin Tsi (Rinzai, gest. 866), den eigentlichen Begründer der Lin Tsi-Schule; Tüng Shan (Tôzan, gest. 869), den eigentlichen Begründer der Tsao Tüng-Schule; Tsao Shan (Sôzan, gest. 901), einen berühmten Schüler von Tüng Shan; Teh Shan (Tokusan, gest. 865), der die Eigenheit hatte, jeden Fragesteller mit seinem Stock zu schlagen; Chang Sha (Chôsha, gest. 823); Chao Cheu (Jôshû, gest. 897); Nan Tsüen (Nansen, gest. 834); Wu Yeh (Mugô, gest. 823), von dem es heißt, dass er jedem Fragesteller „Hinfort mit deinen eitlen Gedanken“ geantwortet habe; Yun Yen (Ungan, gest. 829); Yoh Shan (Yakusan, gest. 834); Ta Mei (Taibai, gest. 839), einen bekannten Einsiedler; Ta Tsz (Daiji, gest. 862); Kwei Fung (Keihô, gest. 841), den Verfasser des „Ursprung des Menschen“ (*Genninron*) und zahlreicher weiterer Schriften; und Yun Kü (Ungo, gest. 902).

Zur Periode der Fünf Dynastien (907-959) gehören solche Lehrer wie Süeh Fung (Seppô, gest. 908); Hüen Sha (Gensha, gest. 908); Yun Man (Unmon, gest. 949), der Gründer der Yun Man-Schule; Shen Yueh (Zengetsu, gest. 912), ein berühmter Zen-Poet; Pu Tai (Hotei, gest. 916), bekannt für seine Eigenheiten; Chang King (Chôkei, gest. 932); Nan Yuen (Nanin, gest. 952); Pao Yen (Hôgen, gest. 958), Begründer der Pao Yen-Schule.

Während der Sung-Dynastie (960-1126) traten Lehrer auf wie Yang Ki (Yôgi, gest. 1049), Begründer der Yang Ki-Schule; Süeh Teu (Setchô, gest. 1052), bekannt für seine dichterischen Arbeiten; Hwang Lung (Ôryû, gest. 1069), Begründer der Hwang Lung-Schule; Hiang Lin (Kôrin, gest. 987); Tsz Ming (Jimyô, gest. 1040); Teu Tsy (Tôshi, gest. 1083); Fu Yun (Fuyô, gest. 1118); Wu Tsu (Goso, gest. 1104); Yung

Ming (Yômyô, gest. 975), Autor des *Tsung King Luh* (*Shukyôroku*); Ki Sung (Kaisû, gest. 1071), ein großer Zen-Historiker und Schriftsteller.

Während der Südlichen Sung-Dynastie (1127-1279) florierten solche Meister wie Yuen Wu (Engo, gest. 1135), Autor des *Pik Yen Tsih* (*Hekiganshû*); Chan Hieh (Shinketsu, Blütezeit 1151); Hung Chi (Wanshi, gest. 1157), berühmt für seine Gedichte; Ta Hwui (Daie, gest. 1163), ein bekannter Schüler von Yuen Wu; Wan Sung (Banshô, Blütezeit 1193-1197), Autor des *Tsung Yun Luh* (*Shôyôroku*); Jü Tsing (*Nyojô*, gest. 1228), der Lehrer von Dôgen, dem Begründer der Sôtô-Schule in Japan.

(IV)

Unter der großen Zahl von Zen-Anhängern sind folgende besonders bedeutsam: Pang Yun (Hôon, Blütezeit 785-804), dessen ganze Familie im Zen bewandert war; Tsui Kiün (Saigun, Blütezeit 806-824); Luh Kang (Rikkô), ein Laienanhänger von Nan Tsün; Poh Loh Tien (Hakurakuten, gest. 847), einer der bedeutendsten chinesischen Literaten; Pei Hiu (Haikyu, Blütezeit 827-856), der Premierminister unter Kaiser Süen Tsung und Laienanhänger von Hwang Pah; Li Ngao (Rikô, um 806), ein Autor und Gelehrter, der Zen unter Yoh Shan praktizierte; Yü Chuh (Uteki, Blütezeit 785-804), ein lokaler Gouverneur und Freund von Pang Yun; Yang Yih (Yôoku, Blütezeit um 976), einer der größten Schriftsteller seiner Zeit; Fan Chung Ngan (Hanchûan, Blütezeit 1008-1052), ein fähiger Staatsmann und Gelehrter; Fu Pih (Fushitsu, Blütezeit 1041-1083), ein Minister unter Kaiser Jan Tsung; Chang Shang Ying (Chôshôyei, 1086-1122), ein buddhistischer Gelehrter und Staatsmann; Hwang Ting Kien (Kôteiken, 1064-1094), ein großer Dichter; Su Shih (Soshoku, gest. 1101), ein bedeutender Literat, bekannt als Sotôba; Su Cheh (Sotetsu, gest. 1112), ein jüngerer Bruder von Sotôba, Gelehrter und Minister unter Kaiser Cheh Tsung; Chang Kiu Ching (Chôkyûsei, Blütezeit um 1131), ein Gelehrter und Laienanhänger von Ta Hwui; Yang Kieh (Yôketsu, Blütezeit 1078-1086), ein Gelehrter und Staatsmann.

(V)

Unter den Texten zur Lehre des Zen sind, neben dem *Sin Sin Ming* des dritten Patriarchen und dem *Fah Pao Tan King* des sechsten Patriarchen, die folgenden besonders wichtig:

1) *Ching Tao Ko* (*Shôdoka*) von Hüen Kioh (Genkaku)
2) *Tsan Tung Ki* (*Sandôkai*) von Shih Teu (Sekitô)
3) *Pao King San Mei* (*Hôkyo-sanmai*) von Tüng Shan (Tôzan)
4) *Chwen Sin Pao Yao* (*Denshin-hôyô*) von Hwang Pah (Obaku)
5) *Pih Yen Tsih* (*Hekigan-roku*) von Yuen Wu (Engo)
6) *Lin Tsi Luh* (*Rinzai-roku*) von Lin Tsi (Rinzai)
7) *Tsung Yun Luh* (*Shôyô-roku*) von Wang Sun (Banshô)

Unter den Büchern zur Historie des Zen sind besonders wichtig:

1) *King Teh Chwen Tang Luh* (*Keitoku-dentô-roku*),
veröffentlicht 1004 durch Tao Yuen (Dôgen)
2) *Kwan Tang Luh* (*Kôtô-roku*),
veröffentlicht 1036 durch Li Tsun Süh (Rijunkyoku)
3) *Suh Tang Luh* (*Zokutô-roku*),
veröffentlicht 1101 durch Wie Poh (Ihaku)
4) *Lien Tang Luh* (*Rentô-roku*),
veröffentlicht 1183 durch Hwui Wang (Maiô)
5) *Ching Tsung Ki* (*Shôjûki*),
veröffentlicht 1058 durch Ki Sung (Kwaisû)
6) *Pu Tang Luh* (*Futô-roku*),
veröffentlicht 1201 durch Ching Sheu (Shôju)
7) *Hwui Yuen* (*Egen*),
veröffentlicht 1252 durch Ta Chwen (Daisen)
8) *Sin Tang Luh* (*Shintô-roku*),
veröffentlicht 1280-1294 durch Sui (Zui)
9) *Suh Chwen Tang Luh* (*Zoku-dentô-roku*),
veröffentlicht von Wang Siu (Bunshû)
10) *Hwui Yuen Suh Lioh* (*Egen-zoku-ryaku*) von Tsing Chu (Jôchû)
11) *Ki Tang Luh* (*Keitô-roku*), von Yung Kioh (Yôkaku)

Um zu verstehen, wie sich Zen während der Jahrhunderte nach dem sechsten Patriarchen entwickelte, müssen wir drei wichtige Elemente des Zen kennen. Das erste davon wird technisch als „Zen-Masche" („*Zen Number*") bezeichnet – die Methode, mit gekreuzten Beinen zu meditieren, welche später behandelt wird.[46] Diese Methode war von indischen Lehrern bereits vor der Einführung des Zen durch Bodhidharma in China voll entwickelt, darum unterlag sie während dieser Zeit nur wenigen Veränderungen. Das zweite Element ist die Zen-Lehre, welche hauptsächlich aus den idealistischen und pantheistischen Anschauungen des Mahayana-Buddhismus gebildet ist, die aber zweifellos einige Lehren des Taoismus aufgenommen hat. Daher ist Zen kein rein indischer Glaube, sondern eher chinesischen Ursprungs. Das dritte Element ist die Zen-Aktivität, oder die Art, Zen im Handeln auszudrücken, welche in anderen Glaubensrichtungen gänzlich fehlt. Es war wegen diese Zen-Aktivität, das Hwang Pah dem Kaiser Süen Tsung drei Mal einen Klaps verpasste; dass Lin Tsi so häufig einen lautes „Hoh!" (*katsu*) ausrief; das Nan Tsüen eine Katze mit einem einzigen Streich seines Messers in der Gegenwart seiner Schüler tötete; und dass Teh Shan Fragesteller so häufig mit seinem Stock schlug.[47] Die Zen-Aktivität wurde von den chinesischen Lehrern durch den Gebrauch diverser Objekte dargestellt, wie den Stab, den Pinsel aus langem Haar,[48] einen Spiegel, einen Rosenkranz, eine Tasse, einen Krug, eine Flagge, den Mond, eine Sichel, einen Pflug, Pfeil und Bogen, einen Ball, eine Glocke, eine Trommel, eine Katze, einen Hund, eine Ente, einen Regenwurm – kurzum: durch alles und jedes, das zur Verfügung stand und geeignet erschien. Somit ist diese Zen-Aktivität rein chinesischen Ursprungs und wurde nach dem sechsten Patriarchen entwickelt (I). Aus diesem Grund kann die Periode vor dem sechsten Patriarchen als Zeitalter der Zen-Lehre bezeichnet werden, und die Zeit nach ihm als Zeitalter der Zen-Aktivität.

---

[46] Siehe Kapitel VII.

[47] Ein langer offizieller Stab (*shujô*), wie der vom Abt eines Klosters getragene Bischofsstab.

[48] Ein verzierter Pinsel (*hossu*), den Zen-Lehrer häufig mit sich führten.

(I)
Das Verabreichen eines Schlags wurde erstmals vom sechsten Patriarchen bemüht, der einen seiner Schüler mit Namen Ho Tseh (Kataku) schlug, und es wurde häufig von späteren Meistern angewendet. Das Hochheben eines Pinsels wurde zuerst von Tsing Yuen in einem Gespräch mit seinem ältesten Schüler, Shih Teu, angewandt, und es wurde eine Art von Mode bei anderen Lehrern. Der laute Hoh-Schrei ist erstmals von Ma Tsu verzeichnet, dem Nachfolger von Nan Yoh. Auf diese Weise lässt sich der Ursprung der Zen-Aktivität gut zum sechsten Patriarchen und seinen Schülern zurückverfolgen. Nach der Sung-Dynastie scheinen die chinesischen Zen-Meister übermäßig Wert auf diese Zen-Aktivität gelegt zu haben und vernachlässigten das gewissenhafte Studium der Lehre. Dies führte zu einer degenerierten Generation, welche einige japanischen Zen-Lehrer heftig kritisiert haben.

1.15 NIEDERGANG DES ZEN

Der blühende Wohlstand des Zen war mit dem Ende der Sung-Dynastie (1127-1279) vorüber, sein Schwinden nicht eine Folge äußeren Widerstands, sondern innerer Korrumpiertheit. Bereits während der Sung-Dynastie hielt die Verehrung von Buddha Amitabha (I) schleichend Einzug bei den Zen-Gläubigen, welche den Geist von Shakyamuni nicht gänzlich verwirklichen konnten; um diese Leute zu befriedigen, bemühten sich einige Zen-Meister um eine Verschmelzung der beiden Lehren (II). Diese Tendenz nahm stetig zu und führte schließlich zur Periode der Verschmelzung, welche sich über die Dynastien Yuen (1280-1367) und Ming (1368-1659) erstreckt, während der das Gebet an Amitabha sich im Munde eines jeden Zen-Mönchs befand, der in stiller Meditation saß. Es gab keinen Mangel an Förderern des Zen während der Yuen-Dynastie, denn ein so kriegerischer Monarch wie Kaiser Shih Tsu (Seisô, 1280-1294) ist bekannt dafür, Zen unter der Anleitung von Miao Kao praktiziert zu haben; sein Nachfolger Chin Tsung (1295-1307) vertraute Yih Shan[49], einem Zen-Lehrer mit großem Ruf. Weiterhin war Lin Ping

[49] Der Kaiser sandte ihn 1299 mit geheimen Anweisungen nach Japan; er wurde jedoch nicht politisch aktiv und blieb bis zu seinem Tod Zen-Lehrer.

Chung (Rinhei Chû, gest. 1274) – ein einflussreicher Minister unter Shih Tsu, der viel für die Etablierung des Verwaltungssystems während dieser Dynastie geleistet hat – ein Zen-Mönch und ließ keine Gelegenheit aus, diesen Glauben zu fördern. Während der Ming-Dynastie protegierte der erste Kaiser Tai Tsu (1368-1398), ein ehemaliger Zen-Mönch, eifrig diese Schule. Seinem Beispiel folgte Tai Tsung (1403-1424), dessen spirituеller und politischer Berater Tao Yen war, ein ausgezeichneter Zen-Mönch. Auf diese Weise übte Zen einen unvergleichlichen Einfluss während dieser Zeit aus. Die Lebendigkeit und Energie des Zen verschwand jedoch durch die unwürdige Vermengung [mit anderen Lehren]; und selbst so große Gelehrte wie Chung Fung,[50] Yung Si[51] und Yung Kioh[52] waren nicht frei von den überwältigenden Einflüssen ihrer Zeit. Wir werden der Tendenz zur Vermengung während dieser Zeit jedoch nicht gerecht, wenn wir sie nur wegen ihrer widerlichen Ergebnisse verurteilen; denn ohne Zweifel brachte sie auch heilsame Früchte für die chinesische Literatur und Philosophie hervor. Wer könnte leugnen, dass diese Tendenz die spekulative Philosophie der Sung-Dynastie (III) durch die Verschmelzung mit dem Konfuzianismus und Buddhismus, und hierbei insbesondere dem Zen, zu ihrer Vollendung brachte, was ihr ermöglichte, lang anhaltenden Einfluss auf die Gesellschaft auszuüben? Diese Tendenz brachte sogar Wang Yang Ming hervor,[53] einen der größten Gelehrten und Heerführer, den die Welt je gesehen hat, und dessen Philosophie des Gewissens[54] noch immer eine einzigartige Stellung in der Geschichte menschlichen Denkens innehat. Und wer könnte darüber hinaus leugnen, dass die Philosophie von Wang ein Zen in konfuzianischer Terminologie ist?

---

[50] Ein sehr angesehener Zen-Meister der Yuen-Dynastie, den der Kaiser Jan Tsung zu sich in den Palast einlud – jedoch vergeblich.

[51] Ein für seine Gelehrsamkeit und Tugend bekannter Autor, der eher ein Verehrer von Amitabha war denn Zen-Mönch.

[52] Verfasser voluminöser Bücher, von denen das *Tüng Shang Ku Cheh* (*Tôjô-kotetsu*) wohlbekannt ist.

[53] 1472-1529; seine Lehre übte fruchtbaren Einfluss auf viele große japanische Geister aus und hat zweifellos viel zum Fortschritt des Neuen Japan beigetragen.

[54] Siehe *Denshû-roku* und *Ôyômei-zensho*.

(I)

Der Glaube basiert auf dem *Größeren Sukhavati-vyuha-Sutra*, dem *Kleineren Sukhavati-vyuha-Sutra* und dem *Amitayur-dhyana-Sutra*. Er wurde in Indien von Ashvaghosha, Nagarjuna und Vasubandhu verkündet. In China lehrten ihn vor allem Hwui Yuen (Eon, gest. 416), Tan Lwan (Donran, gest. 542), Tao Choh (Dôshaku) und Shen Tao (Zendô, beide etwa um 600-650). Er machte einen gewaltigen Fortschritt in Japan und teilte sich in zahlreiche Schulrichtungen auf, von denen die *Jôdô-shû* und die *Shin-shû* die größten sind.

(II)

Es steht außer Frage, dass Poh Loh Tien (Hakurakuten) Zen praktizierte, aber gleichzeitig an Amitabha glaubte, ebenso wie Su Shih (Soshoku), ein sehr bekannter Zen-Meister, diesen Buddha verehrte. Yang Kieh (Yôketsu), der ein Bildnis von Amitabha überall hin mitnahm und verehrte, schien keine Unvereinbarkeit zwischen Zen und diesem Glauben gesehen zu haben. Der führende Zen-Meister der Sung-Dynastie, welcher sich um eine solche Verschmelzung bemühte, war Yung Ming (Yômyô, gest. 975); er versöhnte Zen mit der Verehrung von Amitabha in seinen Werken *Wan Shen Tung Kwei Tsih* (*Manzen-doki-shû*) und *Si Ngan Yan Shan Fu* (*Seian-yôsin-fu*). Ihm folgten Tsing Tsz (Jôji) und Chan Hieh (Shinketsu, um 1151). Ersterer verfasste das *Kwei Yuen Chih Chi* (*Kigen-jiki-shi*), letzterer das *Tsung Tu Sin Yao* (*Jôdo-shinyô*), um die Richtung weiter voranzutreiben.

Während der Yuen-Dynastie ermutigte Chung Fung (Chûhô, gest. 1323) die Verehrung von Amitabha zusammen mit der Praxis des Zen in seinen poetischen Werken (*Kwanshu-jôgô*). Während der Ming-Dynastie führte Yun Si (Unsei, gest. 1615), Autor des *Shen Kwan Tseh Tsin* (*Zenkan-sakushin*) und zahlreicher anderer Werke, mit einem Kommentar zum *Sukhavati-vyuha-Sutra* die Verschmelzung zu einem Höhepunkt. Ku Shan (Kuzan, gest. 1657), ein Zen-Historiker und Schriftsteller, sowie sein Schüler Wei Lin (Erin) sind bekannt als Vertreter einer Zusammenführung beider Lehren.

Yung Ming erklärte, dass diejenigen welche Zen praktizieren, aber nicht an Amitabha glauben, in neun von zehn Fällen in die Irre gehen; dass diejenigen, welche kein Zen praktizieren, aber an Amitabha glauben, allesamt erlöst werden; dass diejenigen, welche Zen praktizieren und an

Amitabha glauben, wie ein Tiger mit Flügeln sind; und dass für diejenigen, welche weder Zen praktizieren noch an Amitabha glauben, der eiserne Flur und die kupfernen Säulen in der Hölle gedacht sind. Ku Shan sagte, dass einige Zen praktizieren, um Erleuchtung zu erlangen, während andere zu Amitabha um Erlösung beten, und dass, wenn sie aufrichtig und fleißig sind, beide die höchste Glückseligkeit erlangen. Wei Lin bemerkte auch: „Theoretisch befolge ich innig Zen, praktisch verehre ich Amitabha." Echû, der Autor des *Zen to nenbutsu* („Zen und die Verehrung von Amitabha"), betont, dass einer der unmittelbaren Schüler des sechsten Patriarchen den Glauben an Amitabha bevorzugte. Es gibt jedoch, soweit wir es wissen, keinen zuverlässigen Beweis für die Verschmelzung beider Lehren schon während der Tang-Dynastie.

(III)
Diese bekannte Philosophie wurde zuerst von Cheu Meu Shuh (Shûmoshiku, gest. 1073) in ihrer klaren bestimmten Form gelehrt. Es heißt, er sei durch die Unterweisungen von Hwui Tang zur Erleuchtung gelangt, einen zeitgenössischen Zen-Meister. Ihm folgten Chang Ming Tao (Teimei-dô, gest. 1085) und Chang I Chwen (Tei-i-sen, gest. 1107), zwei Brüder, welche die Philosophie erheblich weiterentwickelten. Vervollständigt wurde sie durch Chu Tsz (Shushi, gest. 1200), einen gefeierten Kommentator der konfuzianischen Klassiker. Es ist bemerkenswert, dass diese Gelehrten Zen-Meditation wie Zen-Mönche praktizierten. Siehe *History of Chinese Philosophy* (S. 215-269) von G. Nakauchi, und *History of Development of Chinese Thought* von R. Endô.

KAPITEL 2: GESCHICHTE DES ZEN IN JAPAN

2.1 DIE ETABLIERUNG DER RINZAI-SCHULE DES ZEN IN JAPAN[55]

Die Einführung des Zen auf das Inselreich geht bis ins siebte Jahrhundert zurück (I). Aber es war 1191, als es erstmals durch Eisai etabliert wurde, einen Mann von kühnem und energischem Charakter. Er überquerte das Meer 1168 im Alter von achtundzwanzig Jahren, um nach China zu gelangen, nach einem gründlichen, achtjährigen Studium des gesamten Tripitaka[56] im Hiei-Kloster,[57] dem Zentrum des japanischen Buddhismus. Nachdem er heilige Orte und große Klöster besucht hatte, kehrte er nach Hause zurück und brachte dabei mehr als dreißig verschiedene Bücher über die Tendai-Schule (II) mit. Anstatt ihn jedoch abzukühlen, waren sie nur mehr zusätzlicher Antrieb in seinem brennenden Verlangen für abenteuerliche Reisen. So überquerte er 1187 das Meer erneut, dieses Mal mit dem Vorhaben einer Pilgerreise nach Indien; niemand kann sagen, was sich ereignet hätte, wenn die chinesischen Autoritäten ihm nicht verboten hätten, die Grenze zu passieren. Daraufhin wandte er seine Aufmerksamkeit dem Studium des Zen zu, und nach fünf Jahren der Einhaltung der Regeln erhielt er die Anerkennung seiner spirituellen Verwirklichung von Hü Ngan (Kioan), einem bekannten Meister der Rinzai-Schule, zu dieser Zeit Abt des Klosters Tien Tung Shan (Tendôsan). Mit der aktiven Verkündigung der Lehre begann er kurz nach seiner Rückkehr im Jahr 1191 mit großem Erfolg und bei einem neu errichteten Tempel[58] in der Provinz Chikuzen. Im Jahr 1202 ließ Yoriie, der Shogun und de-facto-Herrscher des Reichs zu dieser Zeit, in Kioto das Kenninji-Kloster errichten und lud Eisai ein, in der Metropole weiterzuwirken. Damit einverstanden, ließ er

[55] Die Lin Tsi-Schule hat ihren Anfang mit Nan Yoh, einem berühmten Schüler des sechsten Patriarchen, und wurde durch Lin Tsi bzw. Rinzai vollendet.

[56] Die drei Abteilungen des buddhistischen Kanons, d.i.: (1) Sutra-Pitaka oder die Sammlung der Lehrreden; (2) Vinaya-Pitaka oder die Sammlung der Ordensregeln; (3) Abhidharma-Pitaka oder die Sammlung philosophischer und erläuternder Werke.

[57] Das große, 788 von Saichô (767-822), dem Begründer der japanischen Tendai-Schule, errichtete Kloster; auch bekannt als als Dengyô Daishi.

[58] Er errichtete das Shôfukuji-Kloster im Jahr 1195, welches noch immer besteht.

sich in diesem Tempel nieder und lehrte Zen mit charakteristischer Aktivität.

Dies erregte den Neid und Zorn der Tendai- und Shingon-Lehrer (III), welche beim Hof Mahnschriften einreichten, um gegen die Propaganda des neuen Glaubens zu protestieren. Eisai machte sich die Proteste zunutze und schrieb ein Werk namens *Kôzen-gokoku-ron* („Der Schutz des Landes durch die Verkündigung des Zen"), worin er nicht nur seine eigene Sichtweise darlegt, sondern auch die Unkenntnis der Protestschreiber offenlegt (IV). Schließlich wurde sein Verdienst durch Kaiser Tsuchimikado (1199-1210) anerkannt, und 1206 wurde er zum *Sôjô* ernannt, dem höchsten Rang innerhalb der buddhistischen Priesterschaft, gemeinsam mit dem Geschenk einer purpurnen Robe. Einige Zeit später reiste er auf Einladung von Shogun Sanetome nach Kamakura, dem politischen Zentrum, und legte den Grundstein für den so genannten Kamakura-Buddhismus, der bis zur heutigen Zeit lebendig ist.

(I)
Zen wurde erstmals in Japan von Dôshô (629-700) zwischen 653-656 eingeführt, zu der Zeit, als der fünfte Patriarch gerade seine Laufbahn begann. Dôshô reiste 653 nach China und traf dort Hüen Tsang, den gefeierten großen Gelehrten, der ihn in der Lehre von den *dharma-laksana* unterrichtete.[59] Es war Hüen Tsang, der Dôshô riet, Zen bei Hwui Man (Eman) zu studieren. Nach seiner Rückkehr nach Japan errichtete er eine Meditationshalle zur Praxis des Zen im Gangô-Kloster in Nara. Damit wurde Zen erstmals durch Dôshô nach Japan gebracht, konnte aber zu dieser Zeit noch nicht Fuß fassen.

Als nächstes kam I Kung (Gikû), ein chinesischer Lehrer, um 810 nach Japan; unter seiner Anleitung gelangte Kaiserin Danrin, eine begeisterte Buddhistin, zur Erleuchtung. Sie ließ das Kloster Danrinji errichten und ernannte I Kung zum Abt, damit er den Glauben verkünde. Da es jedoch nicht in seinem Sinne war, ging er zurück nach China.

Drittens reiste Kakua 1171 nach China, wo er Zen unter Fuh Hai (Bukkai) studierte, der zur Yang Ki (Yôgi)-Schulrichtung gehörte, und kehrte nach drei Jahren zurück. Als er vom Kaiser Takakura (1169-1180)

---

[59] Es handelt sich um die Hôssô-Schule des Buddhismus („Kennzeichen der Merkmale des Seins"). Siehe die im Vorwort genannten Abhandlungen von Bunyu Nanjô und Junjirô Takakusu. *[Anm. des Übers.]*

zur Lehre des Zen befragt wurde, äußerte er kein einziges Wort, sondern griff sich eine Flöte und begann zu spielen. Doch sein erster Hinweis war zu subtil, als dass er von gewöhnlichen Geistern hätte verstanden werden können, und er verschwand, ohne eine besondere Wirkung am Hof oder in der Gesellschaft zu hinterlassen.

(II)
Die Schulrichtung ist benannt nach ihrem Gründer in China, Chi I (538-597), der im Kloster am Berg Tien Tai Shan (Tendai-san) lebte und „Großer Lehrer des Tien Tai" genannt wurde. 804 reiste Dengyô in kaiserlichem Auftrag nach China und erlangte die Weitergabe der Lehre von Tao Sui (Dôsui), einem Patriarchen der Schule. Nach seiner Rückkehr errichtete er ein Kloster auf dem Hiei-Berg, welches ein Zentrum buddhistischer Gelehrsamkeit wurde.

(III)
Die Shingon- oder Mantra-Schule basiert auf dem *Mahavairocanabhisambodhi-Sutra*, *Vajrasekhara-Sutra* und anderen Mantra-Sutras. Sie wurde in China von Vajrabodhi und seinem Schüler Amoghavajra etabliert, der 720 aus Indien kam. Kûkai (774-835), bekannt als Kôbô Daishi, reiste 804 nach China und erhielt die Übertragung der Lehre von Hwui Kwo (Keika), einem Schüler von Amoghavajra. 806 kehrte er nach Japan zurück und verbreitete die Lehre praktisch im gesamten Land. Für Einzelheiten siehe *A Short History of the Twelve Japanese Buddhist Sects* (Kap. VIII.) von Dr. Nanjô.

(IV)
Saichô, der Begründer der japanischen Tendai-Schule, studierte erst die Lehre der nördlichen Schule des Zen unter Gyôhyô (gest. 797); danach betrieb er das Studium dieses Glaubens unter Siao Jan in China. Darum bedeutet eine Ablehnung des Zen durch Tendai-Priester so viel wie eine Ablehnung des Gründers ihrer eigenen Schule selbst.

2.2 DIE EINFÜHRUNG DER SÔTÔ-SCHULE DES ZEN[60]

Obwohl die Rinzai-Schule, wie oben erwähnt, von Eisai begründet wurde, war dieser selbst kein reiner Zen-Lehrer, sondern auch ein Tendai-Lehrer und erfahrener Mantra-Praktizierender. Die erste Etablierung des Zen in seiner reinsten Form erfolgte durch Dôgen, nunmehr bekannt als Jôyô Daishi. Wie Eisai wurde er in jungen Jahren ins Hiei-Kloster aufgenommen und widmete sich dem Studium des buddhistischen Kanons. Als seine Kenntnis der Schriften zunahm, bedrängten ihn unaussprechliche Zweifel und Ängste, wie es häufig bei großen religiösen Lehrern der Fall ist. Als Konsequenz hiervon suchte er eines Tages seinen Onkel Kôin auf, einen ausgezeichneten Tendai-Lehrer, um sich von ihm beraten zu lassen. Dieser vermochte ihm jedoch nicht zu helfen und empfahl ihn an Eisai, den Begründer des neuen Glaubens. Eisai jedoch starb bald darauf; da Dôgen meinte, dass er keinen kompetenten Nachfolger hinterlassen hatte, begab er sich 1223 im Alter von 23 Jahren auf die Reise nach China. Dort wurde er im Kloster Tien Tung Shan (Tendô-san) aufgenommen und bekam den niedersten Sitz in der Halle zugewiesen, nur deshalb, weil er ein Ausländer war. Er protestierte lautstark gegen diesen Affront. In der buddhistischen Gemeinschaft, sagte er, sind alle Brüder, und es gebe keinen Unterschied aufgrund der Nationalität. Der einzige Weg, in der Bruderschaft aufzusteigen, sei Alter und Erfahrung, und darum bestand er darauf, den ihm angemessenen Rang einzunehmen. Jedoch kümmerte sich niemand um den Protest des Neuankömmlings, so dass er zwei Mal beim chinesischen Kaiser Ning Tsung (1195-1224) Beschwerde einreichte und auf kaiserliche Anordnung erhielt, was er wollte.

Nach vierjährigem Studium und Befolgung der Regeln gelangte er zur Erleuchtung und wurde von seinem Meister Jü Tsing (Nyojô, gest. 1228) als Nachfolger anerkannt. Er kehrte 1227 nach Japan zurück, mit drei bedeutenden Zen-Büchern im Gepäck (I). Einige Jahre tat er, was Bodhidharma, der „Wand-starrende“ Brahmane einige hundert Jahre vor ihm getan hatte, und zog sich in eine Einsiedelei bei Fukakusa, unweit von Kioto, zurück. Wie Bodhidharma, der jeglichen weltlichen Ruhm und Gewinn anprangerte, war seine Haltung gegenüber der Welt das ge-

[60] Diese Schule beginnt mit Tsing-Yuen (Seigen), einem bedeutenden Schüler des sechsten Patriarchen, und wurde vollendet durch Tüng Shan (Tôzan).

naue Gegenteil von derjenigen Eisais. Wie wir gesehen haben, hatte Eisai die Welt nicht verunglimpft, sondern vielmehr die Gesellschaft der Reichen und Mächtigen gesucht und seine Ziele mit allen Mitteln verfolgt. Aber für den Heiligen von Fukakusa, wie Dôgen zu dieser Zeit genannt wurde, waren Pracht und Macht das Verabscheuungswürdigste. Seinen Gedichten nach scheint er diese Zeit vornehmlich in Meditation verbracht zu haben; verweilend in der Vergänglichkeit des Daseins und an der Schwelle zum Nirvana; nachsinnend über die Eitelkeit und das Leid der Welt und lauschend auf die Stimmen der Natur in den Bergen; und in das Bächlein blickend, von dem er dachte, dass es sein darin gespiegeltes Antlitz in die Welt hinausträgt.

(I)

1. *Pao King San Mei* (*Hôkyô-sanmai*, „Kostbarer Schatz der Versenkung"), eine Erläuterung des Zen in Versen von Tüng Shan (Tôzan, 806-869), einem der Begründer der Sôtô-Schule.
2. *Wu Wei Hien Hüeh* (*Goi-kenketsu*, „Erläuterung der fünf Grade"), von Tüng Shan und seinem Schüler Tsao Shan (Sôzan). Dieser Text zeigt, wie Zen systematisch unterrichtet wurde.
3. *Pih Yen Tsih* (*Hekigan-roku*, „Eine Sammlung und kritische Erläuterung von Dialogen")[61] von Yuen Wu.

2.3 DIE MERKMALE DÔGENS, DES BEGRÜNDERS DER SÔTÔ-SCHULE

In der Zwischenzeit begannen allmählich Sucher nach einer neuen Wahrheit an seiner Tür zu klopfen, und seine Einsiedelei wurde in ein Kloster umgewandelt, heute bekannt als der Kôshôji-Tempel (I). Es war zu dieser Zeit, dass sich viele buddhistische Gelehrte und begabte Leute um ihn versammelten; aber umso bekannter er wurde, desto mehr wurde er dieses Ortes überdrüssig. Sein tiefes Sehnen war es, abgeschieden in den Bergen zu leben, weit entfernt von den Orten der Menschen, wo nichts außer Vogelgesang und das Plätschern von Wasser seine verzückende Meditation zu stören vermochte. Daher nahm er die Einladung eines Feudalher-

[61] Eigentlich: „Niederschrift von der smaragdblauen Felswand", eine der großen Koan-Sammlungen mit Begleittexten. *[Anm. des Übers.]*

ren freudig an und begab sich in die Provinz Echizen, wo er sein ideales Kloster errichten ließ, welches heute als Eiheiji bekannt ist.[62]

1247 begab er sich auf Anfrage des Regenten [Hôjô] Tokiyori (1247-1263) nach Kamakura, wo er ein halbes Jahr blieb und dann zum Eiheiji zurückkehrte. Nach einiger Zeit setzte Tokiyori, um seiner Dankbarkeit für den Meister Ausdruck zu verleihen, ein Dokument auf, welches dem Eiheiji ein großes Stück Land als Geschenk zuwies, und übergab es an Genmyô, einen Schüler von Dôgen. Der Kurier war so erfreut über das Dokument, dass er es allen seinen Mitbrüdern zeigte und auch vor dem Meister damit großtat, welcher ihn scharf zurechtwies: „O, Schande über dich, Schurke! Du bist von der Begierde nach weltlichem Reichtum bis ins Innerste deines Geistes befleckt, so wie Öl an Nudeln klebt. Du wirst davon bis in alle Ewigkeit nicht loskommen. Ich befürchte, dass du Schande über die wahre Lehre bringen wirst." Auf der Stelle wurde Genmyô seine heilige Robe aberkannt und er aus der Gemeinschaft ausgeschlossen. Weiterhin befahl der Meister, den „befleckten" Sitz in der Meditationshalle, auf dem Genmyô für gewöhnlich saß, zu entfernen, und die befleckte Erde unter dem Sitz bis zu einer Tiefe von sieben Fuß auszugraben.

Im Jahr 1250 sandte der Ex-Kaiser Go-Saga (1243-1246) zwei Mal einen Boten zum Eihei-Kloster, um den Meister mit der Gabe einer purpurnen Robe zu ehren, jedoch lehnte dieser sie ab. Als ihm dieses Zeichen der Anerkennung ein drittes Mal angeboten wurde, akzeptierte er es und verlieh seinen Gefühlen mit folgenden Versen Ausdruck:

> Auch wenn im Tal des Eiheiji-Klosters seichte Wasser entspringen,
> Kam doch drei Mal tiefe kaiserliche Gunst.
> Der Affe würde schmunzeln und der Kranich lachen,
> Angesichts eines alten, verrückten Mönchs in Purpur.

Er wurde nie mit der purpurnen Robe gesehen, sondern war immer in Schwarz gekleidet, was besser zu seinem zurückgezogenen Leben passte.

---

[62] Das Kloster wurde 1244 von Yoshishige (Hatano) gebaut, dem Feudalherren, der Dôgen eingeladen hatte. Er lebte im Eiheiji bis zu seinem Tod im Jahr 1253. Es ist immer noch rege aktiv als Haupttempel der Sôtô-Schule.

(I)

Es war dieses Kloster (errichtet 1236), von dem aus der Zen-Buddhismus erstmals als eigenständige Schulrichtung gelehrt wurde und in dem eine dazugehörige Meditationshalle in Japan eröffnet wurde. Dôgen lebte elf Jahre in dem Kloster und verfasste einige bedeutende Schriften. *Zazen-gi* („Die Methode des Sitzens mit gekreuzten Beinen") schrieb er bald nach seiner Rückkehr aus China; es folgten *Bendôwa* und andere Abhandlungen, welche in seinem großen Werk namens *Shôbôgenzô* („Auge und Schatz der wahren Lehre") enthalten sind.

2.4 DER JAPANISCHE STAAT ZUR ZEIT DER ETABLIERUNG DES ZEN

Jetzt haben wir den Zustand des Landes zu der Zeit zu untersuchen, als Zen in Japan von Eisai und Dôgen eingeführt wurde. Adel, der die Insel für lange Zeit regiert hatte, war nicht mehr adlig. Geschwächt durch ihren Luxus, verweichlicht durch ihre Bequemlichkeit und verkommen durch ihre Ausschweifungen waren die Adligen vollkommen machtlos. Alles, was sie noch besaßen, waren ihre nominellen Ränge und ihr Erbe durch Geburt. Auf der anderen Seite hatte die Samurai-Klasse, als unwissend verachtet, zu Beginn verspottet und als vulgär angesehen, alles in ihrer Hand. Es war die Zeit, als Yoritomo (1148-199) das gesamte Reich regierte und die Regierung in Kamakura etablierte.[63] Es war die Zeit, zu der selbst die Kaiser durch den Willen der Samurai vom Thron gestoßen oder ins Exil geschickt wurden. Es war die Zeit, zu der selbst die buddhistischen Mönche häufig zu den Waffen griffen, um ihren Willen durchzusetzen.[64] Es war die Zeit, als Japans Unabhängigkeit durch Kublai Khan bedroht wurde, dem Schrecken der Welt. Es war die Zeit, als die gesamte Nation voller kämpferischen Geistes war. Es besteht kein Zweifel daran, dass für diese aufkommenden Samurai, grob und schlicht, die philosophi-

[63] Die Samurai-Regierung wurde zuerst 1168 von Yoritomo aus dem Clan der Minamoto errichtet; Japan befand sich bis 1867 unter Kontrolle der Militärklasse, als die politische Macht vollständig an die Kaiserliche Familie zurückübertragen wurde.

[64] Es handelte sich um degenerierte Mönche (welche Mönchskrieger bzw. *sôhei* genannt wurden), die zu großen Klöstern wie dem Enryakuji (Hiei), Kôfukuji (in Nara), Miidera etc. gehörten.

schen Lehren des Buddhismus, wie sie von Tendai und Shingon repräsentiert wurden, zu kompliziert und ihrem Charakter fremdartig waren. Doch im Zen fanden sie etwas ihrer Natur nach Verwandtes, etwas, das sie innerliche berührte, denn Zen war in gewisser Weise die Lehre der Ritterlichkeit.

2.5 DIE ÄHNLICHKEIT DER ZEN-MÖNCHE MIT DEN SAMURAI

Lassen Sie mich kurz die Gemeinsamkeiten zwischen Zen und japanischem Rittertum aufzeigen. Erstens müssen sowohl Samurai als auch Zen-Mönche eine strikte Schulung durchlaufen und Entbehrungen ertragen, ohne sich zu beklagen. Selbst ein berühmter Lehrer wie zum Beispiel Eisai musste unter solch dürftigen Umständen leben, dass er und seine Schüler einmal für einige Tage nichts zu essen hatten.[65] Glücklicherweise wurden sie von einem Gläubigen gebeten, Sutras zu rezitieren, wofür sie zwei Rollen Seide erhielten. Die hungrigen jungen Mönche, denen in Erwartung der lang ersehnten Mahlzeit bereits das Wasser im Munde zusammenlief, waren enttäuscht, als die Seide an einen armen Mann weitergegeben wurde, der Eisai um seine Hilfe bat. Das Hungern hielt eine ganze Woche an, bis ein anderer armer Geselle auftauchte und Eisai darum bat, ihm irgendetwas zu geben. Da er nichts anderes mehr zu geben hatte, um sein Mitgefühl mit dem Armen zu zeigen, löste Eisai die bronzene Verzierung vom Bildnis des Buddha Bhecajya und gab sie ihm. Die jungen Mönche, erbost durch Hunger und den Ärger über diesen empörenden Akt gegenüber dem Objekt ihrer Verehrung, machten Eisai den Vorwurf: „Ist es, o Herr, für uns Buddhisten angemessen, das Bildnis eines Buddha zu zerstören?“ – „Nun“, erwiderte Eisai, „Buddha hätte sogar sein eigenes Leben für das Wohl leidender Menschen gegeben. Wie könnte er etwas dagegen haben, seinen Heiligenschein abzugeben?“ Diese Anekdote zeigt uns klar, dass Selbstaufopferung von äußerster Wichtigkeit in der Zen-Schulung ist.

---

[65] Die Begebenheit berichtet Dôgen in seinem *Zuimonki*.

2.6 DIE REDLICHE ARMUT DER ZEN-MÖNCHE UND DER SAMURAI

Zweitens ist die so genannte redliche Armut ein Kennzeichen sowohl der Zen-Mönche wie der Samurai. Reichtum mit unehrenhaften Mitteln zu erlangen verstößt gegen die Regeln japanischer Ritterschaft bzw. *bushidô*. Der Samurai würde lieber sterben, als mit Mitteln, die unter seiner Würde sind, sein Leben zu erhalten. Es gibt viele Beispiele von Samurai aus der japanischen Geschichte, welche tatsächlich verhungert sind, ungeachtet des Umstands, dass sie hundert Goldmünzen hätten erhalten können, um ihre Ausgaben in der Not zu decken. Daher auch das Sprichwort: „Der Falke würde den Mais nicht anknabbern, selbst wenn er verhungert." In gleicher Weise sind keinerlei Fälle von Zen-Mönchen bekannt, damals wie heute, die durch unehrenhafte Mittel zu Reichtum gelangt wären. Eher würden sie mit Freude im Herzen der Armut begegnen. Fûgai, einer der bedeutendsten Zen-Lehrer vor der Restauration, unterstützte viele Mönchsschüler in seinem Kloster. Häufig waren sie zu zahlreich, als dass er ihnen mit seinen dürftigen Mitteln hätte helfen können. Dies bereitete seinen Schülern, die für die Versorgung mit Essen zuständig waren, einigen Kummer, denn es gab keine andere Möglichkeit, als den steigenden Bedarf mit minderer Qualität zu decken. Eines Tages rieten Fûgai daher seine älteren Schüler, keine neuen Schüler mehr im Kloster aufzunehmen. Der Meister gab zunächst keine Antwort, streckte aber dann seine Zunge heraus und sagte: „Jetzt blickt in meinen Mund und sagt mir, ob sich darin eine Zunge befindet." Die perplexen Schüler bejahten dies. „Dann macht euch darüber keine Gedanken. Wenn sich darin eine Zunge befindet, kann ich jede Art von Nahrung verkosten." Redliche Armut ist ohne Übertreibung eines der Kennzeichen von Samurai und Zen-Mönchen, daher das Sprichwort: „Der Zen-Mönch hat kein Geld, der begüterte *Monto*[66] weiß nichts."

[66] Priester der Shin-Sekte, welcher grundsätzlich über viel Geld verfügt.

2.7 DIE MÄNNLICHKEIT DER ZEN-MÖNCHE UND DER SAMURAI

Drittens zeichneten sich sowohl die Zen-Mönche wie die Samurai durch ihre Männlichkeit und ihre Würde im Betragen aus, zuweilen bis zum Grade der Rüdheit. Das hat seinen Grund zum einen in der harten Schulung, welche sie durchlaufen haben, und zum anderen in der Art der Unterweisung. Die folgende, von meinem Freund D. Suzuki übersetzte Geschichte,[67] vermag dies gut zu veranschaulichen.

Als Rinzai sich selbst eifrig der Zen-Schulung unter Obaku (chin. Huang-po, gestorben 850) unterwarf, erkannte der leitende Mönche seine Begabung. Eines Tages fragte ihn der Mönch, wie lange er sich schon im Kloster befinde, und Rinzai antwortete: „Drei Jahre." Der Ältere sprach: „Hast du dich je an den Meister gewandt und ihn um Unterweisung im Buddhismus gebeten?" Rinzai antwortete: „Das habe ich nicht, da ich nicht weiß, was ich fragen sollte." – „Nun, du könntest zu ihm gehen und ihn nach dem Kern des Buddhismus fragen."

Rinzai folgte diesem Rat, begab sich zu Obaku und wiederholte die Frage; doch bevor er sie zu Ende gestellt hatte, versetzte ihm der Meister einen Streich.

Als Rinzai zurückkam, fragte ihn der ältere Mönch, wie es ihm ergangen sei. Rinzai sprach: „Bevor ich meine Frage zu Ende stellen konnte, versetzte mir der Meister einen Schlag, aber ich verstehe die Bedeutung davon nicht." Der Ältere sagte: „Geh noch einmal zu ihm und stelle dieselbe Frage!" Als er dies tat, erhielt Rinzai vom Meister dieselbe Antwort. Doch er wurde gedrängt, es noch ein drittes Mal zu versuchen; das Resultat veränderte sich jedoch nicht.

Schließlich begab er sich zum älteren Mönch und sagte: „Deinem Vorschlag folgend habe ich drei Mal meine Frage wiederholt und wurde drei Mal geschlagen. Ich bedauere sehr, dass ich aufgrund meiner Dummheit die Bedeutung davon nicht begreife. Ich sollte diesen Ort verlassen und woanders hingehen." Der Ältere sagte: „Wenn du uns verlassen willst, vergiss nicht, beim Meister vorbeizugehen und ihm Lebewohl zu sagen."

Direkt danach traf der ältere Mönche den Meister und sprach: „Dieser junge Novize, der sich drei Mal nach dem Kern des Buddhismus erkun-

[67] *The Journal of the Pali Text Society*, 1906-1907.

digte, ist ein bemerkenswerter Zeitgenosse. Wenn er kommt, um sich zu verabschieden, seid so gütig und nehmt Euch seiner direkt an. Nach einer strengen Schulung wird er sich als ein großer Meister erweisen, und wie ein großer Baum wird er der Welt einen erfrischenden Schatten spenden."

Als Rinzai kam, um sich vom Meister zu verabschieden, legte ihm dieser Nahe, nirgendwohin anders zu gehen außer zu Daigu (Taiyu) von Kaoan, denn nur dieser wäre in der Lage, ihn in der Lehre zu unterweisen.

Rinzai begab sich zu Daigu, der ihn fragte, von wo er komme. Nachdem er erfahren hatte, dass er von Obaku kam, fragte Daigu weiter, welche Unterweisung er von diesem erhalten hatte. Rinzai sprach: „Ich habe ihn drei Mal nach der Essenz des Buddhismus befragt, und er hat mich drei Mal geschlagen. Aber ich verstehe bis jetzt nicht, ob ich daran schuld bin oder nicht." Daigu sagte: „Obaku war weichherzig wie ein seniler Mensch, und du bist in keiner Weise berechtigt, hierher zu kommen und mich zu fragen, ob du an irgendetwas schuld bist."

Auf diese Weise gemaßregelt, dämmerte auf einmal die Bedeutung der ganzen Angelegenheit im Geist von Rinzai auf, und er rief aus: „Da ist überhaupt nichts Großartiges im Buddhismus von Obaku." Woraufhin ihn Daigu ergriff und sagte: „Diese gespenstische, unnütze Kreatur! Vor ein paar Minuten kamst du jammernd daher, fragtest mich, was falsch mit dir sei, und jetzt erklärst du kühn, dass da nichts Besonderes im Buddhismus von Obaku sei. Was ist der Grund dafür? Sprich schnell! Sprich schnell!" Als Antwort hierauf schlug Rinzai drei Mal sanft mit der Faust über Daigus Rippen. Dieser ließ ihn los und sagte: „Dein Lehrer ist Obaku, und ich will nichts mit dir zu tun haben."

Rinzai nahm Abschied von Daigu und kehrte zu Obaku zurück. Als dieser ihn nahen sah, rief er aus: „Verrückter Kerl! Was hilft es dir, fortwährend zu kommen und zu gehen?" Rinzai antwortete: „Das liegt an Eurer senilen Freundlichkeit."

Als Rinzai nach der üblichen Begrüßung an der Seite von Obaku stand, fragte dieser ihn, warum er diesmal gekommen sei. Rinzai sagte: „Eurer Vermittlung Gehorsam leistend, war ich bei Daigu. Dann bin ich wieder hergekommen."

Als er weiter befragt wurde, erzählte er alles, was sich dort zugetragen hatte.

Obaku sagte: „Wenn dieser Kerl sich hier blicken lässt, werde ich ihm eine ordentliche Tracht Prügel verpassen!" Rinzai antwortete: „Ihr braucht nicht so lange warten; nutzt genau diesen Augenblick!" Und damit gab er seinem Meister einen Schlag auf den Rücken.

Obaku sagte: „Wie kann es dieser Wahnsinnige wagen, mir unter die Augen zu treten und mit den Schnurrhaaren des Tigers zu spielen?" Rinzai stieß ein „Ho!" aus,[68] und Obaku sagte: „Gehilfe, komm und bring diesen Wahnsinnigen zu seiner Zelle."

2.8 MUT UND GEMÜTSRUHE DER ZEN-MÖNCHE UND DER SAMURAI

Viertens begegneten unsere Samurai, wie es wohlbekannt ist, dem Tod mit unerschrockenem Mut. Ein Samurai würde sich niemals von seinem Feind abwenden, sondern bis zu seinem Ende mit ihm kämpfen. Ein Feigling genannt zu werden, wäre für ihn eine schlimmere Beleidigung als der Tod selbst. Ein Bericht Tsu Yen (Sogen) betreffend, der im Jahr 1280 auf Einladung von Tokimune (Hôjô), dem General-Regenten nach Japan kam, veranschaulicht gut, wie sehr die Zen-Mönche unseren Samurai ähnelten.[69] Der Vorfall ereignete sich während seiner Zeit in China, als die einfallenden Armeen der Mongolen das ganze Land durchzogen. Einige der Barbaren, welche die Grenze zur Provinz Wan überquert hatten, drangen in das Kloster von Tsu Yen ein und drohten, ihn zu enthaupten. Tsu Yen setzte sich gelassen nieder, sein Schicksal erwartend, und verfasste folgende Zeilen:

> Himmel und Erde bieten mir keinen Schutz;
> ich bin zufrieden, sind Körper und Geist doch unwirklich.
> Willkommen sei deine Waffe, o Krieger der Mongolen!
> Ich spüre wie dein treuer Stahl, gleißend wie ein Blitz,
> den Frühlingswind durchschneidet.

---

[68] Ein lauter Schrei, häufig von Zen-Lehrern nach Rinzai gebraucht. Die chinesische Aussprache ist *hoh* und wird mit *katsu* im Japanischen wiedergegeben; dabei ist *tsu* jedoch nicht hörbar.

[69] Kühner Staatsmann und Soldat, von 1264-1283 der wahre Herrscher Japans.

Das erinnert uns an Sang Chao (Sôjô),[70] der im Angesicht des Todes durch das Schwert von Vagabunden seinen Gefühlen mit folgenden Zeilen Ausdruck verlieh:

Im Körper gibt es keine Seele.
Der Geist ist in keiner Weise wirklich.
Nun erprobe deinen blitzenden Stahl an mir,
so wie er den Frühlingswind durchschneidet, welchen ich spüre.

Die Barbaren, durch die Gelassenheit und Würde von Tsu Yuen bewegt, nahmen zu Recht an, dass es sich nicht um einen gewöhnlichen Mönch handelte, und verschonten ihn und das Kloster.

2.9 ZEN UND DIE GENERAL-REGENTEN DER HÔJÔ-ZEIT

Somit ist es nicht verwunderlich, dass die Repräsentanten der Samurai-Klasse, die General-Regenten, und vor allem so fähige Herrscher wie Tokiyori, Tokimune und andere, welche für ihre gute Verwaltung während der Hôjô-Zeit (1205-1332) bekannt sind, großes Gefallen an Zen fanden. Sie förderten nicht nur die Lehre, indem sie große Klöster errichteten[71] und die besten chinesischen Zen-Lehrer einluden,[72] sondern lebten

[70] Sang Chao war kein reiner Zen-Meister, sondern auch ein Schüler von Kumarajiva, dem Begründer der *Sanlun*-Schule. Dies ist ein höchst bemerkenswerter Beweis dafür, wie das Zen, und insbesondere die Rinzai-Schule, durch Kumarajiva und seine Schüler beeinflusst ist. Einzelheiten zu der Anekdote finden sich bei Egen.

[71] Tôfukuji, der Haupttempel einer Zweigschule der Rinzai-Sekte unter dem gleichen Namen, wurde 1243 errichtet. Kenchôji, der Haupttempel einer Zweigschule der Rinzai-Sekte unter dem gleichen Namen, wurde 1253 errichtet. Engakuji, der Haupttempel einer Zweigschule der Rinzai-Sekte unter dem gleichen Namen, wurde 1282 errichtet. Nanzenji, der Haupttempel einer Zweigschule der Rinzai-Sekte unter dem gleichen Namen, wurde 1326 errichtet.

[72] Tao Lung (Dôryû), bekannt als Daikaku Zenji, kam 1246 auf Einladung von Tokimune nach Japan. Er wurde Begründer des Kenchô-ji-ha, einer Zweigsekte des Rinzai, und starb 1278. Von seinen Schülern war Yakuô am bekanntesten; Jakushitsu, dessen Schüler, war der Begründer des Yôgen-ji-ha, einer weiteren Zweigsekte des Rinzai. Tsu Yuen (Sogen), bekannt als Bukkô-koku-shi, überquerte das Meer auf Einladung von Tokimune im Jahr 1280, wurde Begründer des Engaku-ji-ha (einer Zweigsekte des Rinzai), und starb 1286. Tsing Choh (Seisetsu) kam 1327 auf Einladung von Takatoki und starb 1339. Chu Tsun (Soshun) kam 1331 und starb 1336. Fan Sein (Bonsen) kam zusammen mit Chu Tsun und starb 1348. Dies waren die berühmtesten Lehrer dieser Zeit.

auch selbst als Zen-Mönche, d.h. sie rasierten sich den Kopf, trugen eine geweihte Robe und praktizierten Meditation mit gekreuzten Beinen. Tokiyori (1247-1263) zum Beispiel nahm das monastische Leben auf, noch während er der eigentliche Herrscher des Landes war. Er führte ein einfaches Leben, wie es seine folgenden Verse zum Ausdruck bringen:

Das Bächlein tritt über sein Ufer,
und winziges Gras wächst grüner als Moos.
Niemand ruft mich in meiner bescheidenen Hütte auf dem Felsen,
doch das Tor öffnet sich von selbst aufs Klopfen des Windes hin.

Tokiyori gelangte durch die Unterweisung von Dôgen und Dôryû zur Erleuchtung; seine letzten Atemzüge mit gekreuzten Beinen erwartend, brachte er seine Empfindungen in folgenden Zeilen zum Ausdruck:

37 Jahre lang
stand der karmische Spiegel hoch;
jetzt breche ich auseinander,
der große Pfad ist nahe.

Sein Nachfolger, Tokimune (1264-1283), ein kühner Staatsmann und Krieger, war nicht weniger ein treuer Adept des Zen. Zwei Mal ließ er die Gesandten des großen chinesischen Eroberers Kublai enthaupten, welche verlangten, Japan solle sich entweder ergeben oder unter seinen Füßen zertreten werden. Als ihn die alarmierenden Nachrichten der chinesischen Armada erreichten, welche sich der japanischen Küste näherte, soll er sich an seinen Tutor Tsu Yuen gewandt haben, um eine letzte Unterweisung zu erhalten. „Nun, verehrter Herr“, sagte er, „eine unmittelbare Gefahr steht bevor.“ – „Wie werdet Ihr ihr begegnen?“ fragte der Meister. Daraufhin stieß Tokimune mit all seiner Macht einen donnernden „Katsu!“-Ruf aus, um seinen unerschrockenen Geist gegenüber der Begegnung mit dem näherkommenden Feind auszudrücken. „O, das Löwen-Gebrüll!“, sprach Tsu Yuen. „Ihr seid ein wahrer Löwe. Geht, und kehrt nicht mehr zurück!“ Auf diese Weise von seinem Lehrer ermutigt, schickte der General-Regent die Armee zur Verteidigung aus und rettete das Land aus den Fängen der Zerstörung; er erzielte einen glorreichen Sieg über die Eindringlinge, von denen der größte Teil in der See unterging.

2.10 ZEN NACH DEM NIEDERGANG DER HÔJÔ-REGENTSCHAFT

Gegen Ende der Hôjô-Periode (I) und nach dem Niedergang der Regentschaft im Jahr 1333 kam es zu blutigen Auseinandersetzungen zwischen den Kaisertreuen und den Rebellen. Erstere, tapfer und treu wie sie waren, den Rebellen jedoch zahlenmäßig unterlegen, fielen einer nach dem anderen auf dem Schlachtfeld für den vom Pech verfolgten Kaiser Go-Daigo (1319-1338), dessen ereignisreiches Leben in Angst und Verzweiflung endete. Es war zu dieser Zeit, dass Japan Masashige (Kusunoki) hervorbrachte, einen begabten General und Strategen der Kaisertreuen, der zum Wohle des Kaisers nicht nur sich selbst und seinen Bruder opferte, sondern auf dessen Wunsch hin sogar sein Sohn und dessen Nachfolger für dieselbe Sache starben, indem auch sie kühn den zahlenmäßig haushoch überlegenen Feind attackierten. Masashiges Loyalität, Weisheit, Tapferkeit und Klugheit sind nicht nur ohnegleichen in der Geschichte Japans, sondern vielleicht sogar in der Geschichte der Menschheit. Die tragische Geschichte der Trennung von seinem geliebten Sohn und die Tapferkeit, die er in seinem letzten Kampf an den Tag legte, haben die Japaner stets mit Leidenschaft erfüllt. Er ist der beste Vertreter der Samurai-Klasse. Einem alten Dokument zufolge war dieser Masashige ein Adept des Zen,[73] und unmittelbar vor seiner letzten Schlacht rief er nach Chu Tsun (Soshun), um seine letzten Belehrungen zu erhalten. „Wie soll ich mich verhalten, wenn der Tod an die Stelle des Lebens tritt?“, war seine Frage. Der Lehrer antwortete:

> „Sei tapfer, und schneide beide Fesseln auf einmal durch,
> das gezogene Schwert glänzt vor dem Himmel.“

Auf diese Weise wurde Zen eine unersetzliche Disziplin für die Samurai, welche mit den Hôjô nicht zu einem Ende kam, sondern während der Herrschaft von Go-Daigo noch aufblühte (II), einem der enthusiastischsten Patrone dieser Lehre.

Die Shogune der Ashikaga-Periode (1338-1573) waren der Lehre nicht weniger treu ergeben als die Kaiser in der Nachfolge von Go-Daigo. Selbst Takauji (1338-1357), der berüchtigte Begründer des Shogunats,

---

[73] Das Ereignis wird detailliert geschildert in einer Biographie von Soshun, aber einige Historiker halten es für zweifelhaft. Hier gilt es, weiter zu forschen.

errichtete ein Kloster und lud Soseki ein, besser bekannt als Musô Kokushi, der von drei aufeinanderfolgenden Kaisern nach Go-Daigo als Tutor respektiert wurde.[74] Dem Beispiel von Takauji folgten alle späteren Shogune, und dem Beispiel des Shogun folgten die Feudalherren und ihre Gefolgsleute. Dies resultierte in einer Förderung und Verbreitung des Zen im ganzen Land. Wir können uns vorstellen, wie Zen während dieser Zeit aufblühte, anhand der prächtigen Klöster, welche errichtet wurden, wie z. B. die Halle des Goldenen Tempels oder die Halle des Silbernen Tempels, welche noch immer die schöne Stadt Kioto schmücken.[75]

(I)

Obwohl Zen zuerst von den Hôjô-Regenten begünstigt wurde und vornehmlich in Kamakura prosperierte, begann es doch rasch seinen Einfluss auf die Adligen und den Kaiser in Kioto auszuüben. Dies ist vor allem dem Wirken von Enni, bekannt als Shôichi Kokushi (1202-1280), zu verdanken, der Zen zuerst unter Gyôyû, einem Schüler von Eisai, lernte und anschließend nach China ging, wo er die Erleuchtung unter Wu Chun erfuhr, im Kloster des Königs Shan. Nach seiner Rückkehr ließ Michiie (Fujiwara), ein einflussreicher Adliger, im Jahr 1243 für ihn den Tôfuku-ji errichten, und Enni wurde der Begründer einer nach diesem Kloster benannten Unterschule des Rinzai. Der Kaiser Go-Saga (1243-1246), der ihn verehrte, erhielt von ihm die Ordination. Einer seiner Schüler, Tôzan, wurde der geistliche Berater von Kaiser Fushimi (1288-1298), und ein anderer Schüler, Mu-kwan, wurde vom Kaiser Kameyama (1260-1274) zum Abt des Nanzen-ji berufen und Begründer einer gleichnamigen Unterschule des Rinzai.

---

[74] Soseki (1276-1351) war vielleicht der bedeutendste Zen-Meister dieser Periode. Für ihn wurden zahlreiche Klöster errichtet, von denen Erin-ji in der Provinz Kae und Tenryû-ji, der Haupttempel einer Zweigsekte der Rinzai-Schule mit dem gleichen Namen, besonders wichtig sind. Von über siebzig bedeutenden Schülern sind am bekanntesten Gidô (1325-1388), der Autor des *Kûge-shû*; Shun-oku (1311-1388), der Begründer des Klosters Sôkoku-ji, des Haupttempels einer Zweigsekte der Rinzai-Schule mit dem gleichen Namen; und Zekkai (1337-1405), Autor des *Shôken-shû*.

[75] Myôshin-ji wurde 1337 von Kaiser Hanazono errichtet; Tenryû-ji 1344 von Takauji, dem ersten Shogun dieser Periode; Sôkoku-ji 1385 von Yoshimitsu, dem dritten Shogun; Kinkaku-ji oder die „Halle des Goldenen Tempels“ 1397 ebenfalls von Yoshimitsu; Ginkaku-ji oder die „Halle des Silbernen Tempels“ 1480 vom achten Shogun Yoshimasa.

Ein anderer Lehrer, der nachhaltigen Einfluss am Hof ausübte, ist Nanpo, bekannt als Daiô-Kokushi (1235-1308), der vom Kaiser Fushimi zum Abt des Manju-ji in Kioto ernannt wurde. Einer seiner Schüler, Tsûô, war der geistliche Berater sowohl von Kaiser Hanazono (1308-1318) wie von Kaiser Go-Daigo. Ein anderer Schüler, Myôchô, bekannt als Daitô-Kokushi (1282-1337), wurde ebenfalls von den beiden Kaisern bewundert und zum Abt des Daitoku-ji ernannt sowie Begründer einer gleichnamigen Unterschule des Rinzai. Es war Kanzan (1277-1360), ein Schüler von Myôchô, für welchen der Kaiser Hanazono seinen verlassenen Palast in ein Kloster umwandelte und ihm den Namen Myôshin-ji gab, dem Haupttempel der gleichnamigen Unterschule des Rinzai.

(II)
Wir haben bereits erwähnt, dass Dôgen, der Begründer der japanischen Sôtô-Schule, die Gesellschaft der Reichen und Mächtigen mied und ein zurückgezogenes Leben geführt hat. Als Folge davon nahm seine Schule keinen rapiden Aufschwung bis zum vierten Patriarchen dieser Linie, Keizan (1268-1325). Dieser verkündete die Lehre mit bemerkenswerter Energie und errichtete viele große Klöster, von denen das Yôkô-ji in der Provinz Noto und das Sôji-ji (nahe Yokohama), einer der Haupttempel der Schule, weithin bekannt sind. Einer seiner Schüler, Meihô (1277-1350), verkündete die Lehre in den nördlichen Provinzen; während ein anderer Schüler, Gasan (1275-1365), die größere Persönlichkeit, mehr als dreißig bedeutende Schüler hervorbrachte, von denen Taigen, Tsûgen, Mutan, Daitetsu und Jippô am bekanntesten sind. Taigen (gestorben 1370) und seine Nachfolger propagierten die Lehre in den mittleren Provinzen, während Tsûgen (1332-1391) und seine Nachfolger die Lehre über die gesamten nordöstlichen Provinzen sowie südwestlichen Provinzen verbreiteten. Es ist darum erwähnenswert, dass die meisten der Rinzai-Lehrer ihre Aktivitäten auf Kamakura und Kioto beschränkten, während die Sôtô-Lehrer die Lehre im ganzen Land verkündeten.

Die zweite Hälfte der Ashikaga-Zeit war eine Zeit der Waffen und des Blutvergießens. Jeden Tag schien die Sonne auf die glänzenden Rüstungen marschierender Soldaten. Der Wind blies über den leblosen Körpern der tapferen Kämpfer. Von überall her brandete der Lärm der Schlachten. Aus der Menge dieser einander bekämpfenden Feudalherren ragen zwei Gewinner hervor. Jeder von ihnen zeichnete sich aus als Veteran in der Schlacht und als Stratege. Jeder der beiden war ein erfahrener Zen-Adept. Einer von ihnen war Harunobu (Takeda, gestorben 1573), besser bekannt unter seinem buddhistischen Namen Shingen.[76] Der andere war Terutora (Uesugi, gestorben 1578), besser bekannt unter seinem buddhistischen Namen Kenshin.[77] Der Charakter von Shingen kann daraus erschlossen werden, dass er niemals ein Schloss oder eine Befestigung oder Burg errichten ließ, um sich vor seinen Feinden zu schützen, sondern sich auf seine treuen Vasallen und Untertanen verließ. Der Charakter von Kenshin zeigt sich darin, dass er seinen Feind Shingen mit Salz versorgte, als es diesem ermangelte, die Folge einer feigen Kriegslist eines anderen rivalisierenden Fürsten. Die heroischen Schlachten, welche diese beiden großen Generäle gegeneinander führten, sind der Höhepunkt der japanischen Kriegsgeschichte. Die Tradition berichtet, dass einmal Shingens Heer durch die stürmischen Attacken von Kenshins Truppen in die Flucht geschlagen wurde. Dabei ritt ein einzelner Krieger auf einem gewaltigen Schlachtross zügig wie der Wind in Shingens Hauptquartier, und während er einen kräftigen Hieb gegen das Haupt von Shingen austeilte, äußerte er sich in der formalen Ausdrucksweise des Zen: „Wie sollt Ihr Euch in solch einem Moment verhalten?“ Shingen, der keine Zeit hatte, sein Schwert zu ziehen, parierte den Hieb mit seinem Kriegsfächer und antwortete zeitgleich ebenfalls in Zen-Sprache: „Eine Schneeflocke auf dem rotglühenden Herd!“ Wären nicht seine Begleiter herbeigekommen, hätte es gut passieren können, dass Shingens Leben wie „eine Schneeflocke auf einem rotglühenden Herd“ sein Ende gefunden hätte. Später wurde bekannt, dass es sich bei dem Reiter um Kenshin selbst gehandelt hat-

[76] Shingen praktizierte Zen unter der Anleitung von Kaisen, welcher von Nobunaga (Oda) 1582 den Tod durch die Flammen erlitt. Siehe *Honchô kôsô den*.

[77] Kenshin lernte Zen unter Shûken, einem Sôtô-Meister. Siehe *Tôjô ren toroku*.

te. Diese Überlieferung zeigt uns, wie Zen von Samurai während des dunklen Zeitalters praktisch gelebt wurde.

Auch wenn die Priester anderer buddhistischer Sekten ebenfalls an diesem blutigen Geschehen beteiligt waren, wie zu dieser Zeit üblich, standen die Zen-Mönche doch abseits und kultivierten ihre Literatur.[78] Als dann folglich gegen Ende des dunklen Zeitalters alle Menschen in Unwissenheit versanken, waren die Zen-Mönche die einzigen Gelehrten. Niemand kann ihren Verdienst bestreiten, während dieser Zeit die Bildung bewahrt und für die Wiederbelebung in der folgenden Periode vorbereitet zu haben.[79]

2.12 ZEN UNTER DEM TOKUGAWA-SHOGUNAT

Schließlich wurde durch Ieyasu, den Begründer des Tokugawa-Shogunats (1603-1867), der Friede wiederhergestellt. Während dieser Zeit gab das Shogunat dem Buddhismus einerseits Halt, indem es ihn als Staatsreligion anerkannte und großen Klöstern hohen Wohlstand verlieh, wobei die Priester über den gewöhnlichen Bürgern standen und jedem Grundbesitzer befahlen, einen buddhistischen Altar im Haus zu errichten. Auf der anderen Seite tat das Shogunat alles, um das Christentum auszulöschen, welches während der vorherigen Periode (1544) eingeführt worden war. All dies lähmte den missionarischen Eifer der Buddhisten und versetzte alle Schulen in einen Zustand des Dahindämmerns. Was Zen betrifft, wurde es immer noch von den Feudalherren und ihren Vasallen bevorzugt, und praktisch alle Provinzherren nahmen seine Lehre an (I).

Es war etwa um die Mitte dieser Epoche, als die 47 Vasallen von Akô den Geist der Samurai durch ihre Beharrlichkeit, Selbstaufopferung und Loyalität bezeugten, indem sie Rache an dem Gegner ihres verstorbenen Herren nahmen. Der Anführer dieser Männer, deren tragische Geschichte niemals ohne Tränen vernommen werden kann, war Yoshio (Oishi, ge-

---

78 Hier ist vor allem an das System der „fünf Berge“ zu Denken (*gôsan* bzw. *gôzan*). *[Anm. des Übers.]*

79 Nach der Einführung des Zen in Japan entstanden viele bedeutsame Texte, von denen die folgenden für die Lehre am wichtigsten sind: *Kôzen-gokoku-ron* von Eisai; *Shôbôgenzô*, *Gakudô-yôjinshû*, *Fukan-zazengi*, *Eihei-kôroku* von Dôgen; *Zazen-yôjinki* und *Denkô-roku* von Keizan.

storben 1702), ein Anhänger des Zen,[80] und sein Grab im Friedhof des Sengaku-ji in Tokio wird täglich von Hunderten von Bewunderern besucht.

Die meisten der professionellen Schwertkämpfer dieser Zeit praktizierten Zen. Munenori (Yagyû) zum Beispiel begründete seinen Ruf durch die Kombination von Zen und Fechtkunst.[81] Die folgende Geschichte über Bokuden (Tsukahara), einen großen Schwertmeister, illustriert diesen Trend hervorragend:

Einmal nahm Bokuden eine Fähre, um den Yabase in der Provinz Ômi zu überqueren. Unter den Passagieren befand sich auch ein großer und breitschultriger Samurai, offenkundig ein erfahrener Fechter. Er benahm sich rüde gegenüber den anderen Fahrgästen und prahlte derart mit seiner Geschicklichkeit, dass Bokuden, durch seine Prahlerei provoziert, die Ruhe der Zuhörenden durchbrach. Bokuden sagte: „Es scheint mir, mein Freund, dass Ihr die Kunst dazu verwendet, den Gegner zu bezwingen; ich aber gebrauche sie, um nicht bezwungen zu werden.“ – „O Mönch“, erwiderte der Mann, da Bokuden wie ein Zen-Mönch angezogen war, „welcher Schule des Schwertkampfs gehörst du an?“ – „Meine Schule ist die Schule, welche den Feind bezwingt, ohne zu kämpfen.“ – „Erzähl keine Märchen, alter Mönch. Wenn du den Feind ohne Kampf bezwingen könntest, wofür ist dann dein Schwert da?“ – „Mein Schwert ist nicht zum Töten da, sondern um zu retten“, erwiderte Bokuden in Zen-Sprache, „meine Kunst wird von Herz zu Herz überliefert.“ – „Dann komm, Mönch“, forderte ihn der Mann heraus, „lass uns sehen, hier und jetzt, wer der Sieger ist: du oder ich.“ Der Fehdehandschuh wurde ohne Zögern ergriffen. Bokuden sagte: „Aber wir sollten nicht in der Fähre kämpfen, da die anderen Fahrgäste verletzt werden könnten. Dort drüben ist eine kleine Insel. Dort werden wir den Zweikampf entscheiden.“ Der Mann erklärte sich mit diesem Vorschlag einverstanden, und das Boot wurde in Richtung der Insel gesteuert. Sobald das Boot die Küste erreicht hatte, sprang der Mann von Bord auf die Insel und schrie: „Komm, Mönch, schnell-schnell!“ Bokuden jedoch erhob sich gemächlich und entgegnete: „Habt keine Eile, Euren Kopf zu verlieren. Es ist ein Grundsatz meiner Schule, sich in Ruhe auf den Kampf vorzubereiten und den Geist im

[80] Siehe *Zen-shû*, Nr. 151.
[81] Er ist bekannt als Tajima, der Zen unter Takuan praktizierte.

Bauchzentrum zu bewahren." Mit diesen Worten schnappte er sich das Ruder vom Bootsmann und stieß das Boot auf einige Distanz zurück, den Mann allein auf der Insel lassend, der vor Wut mit den Füßen auf den Boden stampfte und schrie: „Du fliehst, Mönch, du Feigling! Komm her, alter Mönch!" Bokuden erwiderte: „Nun hört gut zu. Dies ist das Geheimnis der Schule, welche siegt, ohne zu kämpfen. Achtet darauf, es nicht zu vergessen und es niemandem zu verraten." So wurden sie den zanksüchtigen Mitfahrer los, und Bokuden und die anderen Fahrgäste erreichten sicher das andere Ufer.[82]

Die Ôbaku-Schule des Zen wurde von Yin Yuen (Ingen) eingeführt, der das Meer nach Japan 1654 in Begleitung von vielen seiner Schüler überquerte.[83] Das Shogunat gab ihm ein Stück Land bei Uji, nahe Kioto, und 1659 errichtete er dort ein Kloster, auffällig aufgrund seines chinesischen Architektur-Stils und heute als Ôbaku-san bekannt. Die Lehrer dieser Schule kamen einer nach dem anderen aus China,[84] und vor allem dank ihnen blühte Zen für eine kurze Weile wieder auf (II).

Es war auch während dieser Zeit, dass Zen großen Einfluss auf die populäre Literatur gewann, wie sie durch die kürzeste Form des Gedichts vertreten wurde. Dies geschah durch Bashô, einen großen Literaten, Einsiedler und Reisenden, der, wie uns seine Schriften verraten, große Fortschritte im Zen machte.[85] Ebenso wurde Zen von den Lehrern populärer Moral gebraucht, welche sich sehr um die Erziehung der niederen Klassen bemühten.[86] Auf diesem Weg fand Zen und sein eigentümlicher Geschmack den Weg in die friedvollen Künste wie Literatur, Malerei und

---

[82] Siehe *Shiseki-shûran.*

[83] Ingen (1654-1673) kam mit Ta-Mei (Daibi, gestorben 1673), Hwui Lin (Erin, gestorben 1681), Tuh Chan (Dokutan, gestorben 1706) und anderen. Zum Leben von Ingen siehe *Zoku-kôsô-den* und *Kakushu-kôyô.*

[84] Tshi Fei (Sokuhi, gestorben 1671), Muh Ngan (Mokuan, gestorben 1684), Kao Tsiien (Kôsen, gestorben 1695), Verfasser des *Fusô-zenrin-sôbô-den, Tôkoku-kôsô-den* und *Senunshû*, sind am bekanntesten.

[85] Bashô (gestorben 1691) studierte Zen unter einem zeitgenössischen Meister (Bucchô) und soll vor seiner Reformation der populären Literatur zur Erleuchtung gelangt sein.

[86] Diese Lehre wurde *Shin-gaku* oder „Studium des Herzens" genannt. Sie wurde zuerst von Baigan (Ishida) propagiert und stellt eine Aussöhnung des Shinto und Buddhismus mit dem Konfuzianismus dar. Baigan und seine Nachfolger praktizierten Meditation und gelangten auf ihrem eigenständigen Weg zur Erleuchtung. Dôni (Nakazawa, gestorben 1803) bediente sich mehr beim Zen als die anderen Lehrer.

Bildhauerei, Tee-Zeremonie, Kochkunst, Gartenkunst, Architektur, bis es schließlich jede Faser des japanischen Lebens durchdrungen hatte.

(I)

Der Sôtô-Sekte ermangelte es nicht an kompetenten Lehrern, da sie auf Tenkei (1648-1699) stolz sein konnte, dessen religiöse Einsicht von keinem anderen Lehrer zu seiner Zeit übertroffen wurde; auf Shigetsu, einen Kommentator der Zen-Texte, gestorben 1764; auf Menzan (1683-1769), dessen unermüdliches Wirken zur Darlegung der Sôtô-Lehre wahrlich bewunderungswürdig ist; oder auf Getsu-shû (1618-1696) und Manzan (1635-1714), deren Bemühungen die Reformation der Lehre zu verdanken ist. Gleicherweise kann die Rinzai-Sekte auf Gudô (1579-1661) verweisen; auf Isshi (1608-1646); auf Takuan (1573-1645), den bevorzugten Tutor des dritten Shoguns Iemitsu; auf Hakuin (1667-1751), den bedeutendsten Rinzai-Lehrer seiner Zeit, durch dessen außergewöhnliche Persönlichkeit und Arbeit die Sekte eine Wiederbelebung erfuhr; und auf Tôrei (1721-1792), einen versierten Schüler Hakuins. Zu den bedeutsamen Texten, welche in dieser Zeit entstanden, gehören *Roji-tankin* von Tenkei; *Menzan-kôroku* von Menzan; *Yasen-kanna*, *Soku-kôroku*, *Kaian-kokugo* und *Keisô-doku* von Hakuin; *Shûmon-mujin-tôron* von Tôrei.

(II)

Die Ôbaku-Schule ist eine Unterschule der Rinzai-Sekte, wie die folgende Übertragungslinie zeigt (Übertragung des Zen von China nach Japan):

1. Bodhidharma → 2. Hui Ko (Eka) → 3. San Tsang (Sôsan) → 4. Tao Sin (Dôshin) → 5. Hung Jan (Kônin) → 6.1 Nördliche Schule / Shang Siu (Jinshû) & 6.2 Südliche Schule / Hui Neng (Enô)

6.2 Südliche Schule / Hui Neng (Enô) → 7.1 Rinzai-Schule / Nan Yoh (Nangaku) & 7.2 Sôtô-Schule / Tsing Yuen (Seigen)

7.2 Sôtô-Schule → 8. Shih Teu (Sekitô) ... 11. Tüng Shan (Tôzan) ... 23. Jü Tsing (Nyojô) ... 24. Dôgen

7.1 Rinzai-Schule ... 10. Gikû → 11. Lin Tsi (Rinzai) ... 21. Yuen Wu (Engo) → 22. Fuh Hai (Bukkai) → 23. Kakua

11. Lin Tsi (Rinzai) ... 25. Hü Ngan (Kyoan) → 26. Eisai

21. Yuen Wu ... Ôbaku-Schule ... 42. Ingen

Die Ôbaku-Schule ist die Verschmelzung des Zen mit der Verehrung von Amitabha und unterscheidet sich von den beiden anderen Schulen. Die Statistik macht für 1911 folgende Angaben: Sôto-Schule: 14.225 Tempel, 9.576 Priester; Rinzai-Schule: 6.138 Tempel, 4.523 Priester; Ôbaku-Schule: 546 Tempel, 349 Priester.

2.13 ZEN NACH DER MEIJI-RESTAURATION

Nach der Meiji-Restauration (1867) nahm die Beliebtheit des Zen ab, und die Lehre blieb für gut dreißig Jahre inaktiv; seit dem Russisch-Japanischen-Krieg erlebt sie ein Wiedererstarken. Heute wird sie als idealer Glaube betrachtet, sowohl für eine Nation voller Hoffnung und Energie, als auch für Menschen, die sich ihren eigenen Weg durch die Unbill des Lebens kämpfen müssen. *Bushidô*, der Kodex der Ritterschaft, sollte nicht nur vom Soldaten auf dem Schlachtfeld befolgt werden, sondern von jedem Bürger in seinem Kampf ums Dasein. Wenn ein Mensch ein Mensch sein soll und kein Tier, dann sollte er ein Samurai sein – tapfer, großmütig, aufrecht, ehrlich und vor allem voller Selbstachtung und Selbstvertrauen, und gleichzeitig von Opferbereitschaft erfüllt. Wir sehen im späten General Nogi, dem Helden von Port Arthur, eine Verkörperung des *bushidô*.[87] Dieser gab, nach dem Opfer zweier Söhne für das Land im Russisch-Japanischen-Krieg sein eigenes Leben und das seiner Frau zum Wohl des verstorbenen Kaisers hin. Er starb nicht umsonst, wie manche denken mögen, denn all seine Direktheit, Aufrichtigkeit, Treue, Tapferkeit, Selbstkontrolle und Selbstaufopferung verbanden sich in diesem letzten Akt, welcher zweifellos die folgende Generation für den Geist der Samurai begeistert und so Hunderten von Nogis zur Geburt verhelfen wird. Sehen wir uns in den folgenden Kapiteln an, was Zen mit dem verbindet, was auch *bushidô* uns lehrt.

---

[87] Nogi Maresuke (1849-1912), General der Kaiserlichen Armee Japans. Während der 154 Tage dauernden Belagerung von Port Arthur, welche einen Wendepunkt im Russisch-Japanischen-Krieg darstellte, fielen auch seine beiden Söhne. Am 13. September 1912 begingen Nogi und seine Frau *seppuku*, um dem verstorbenen Kaiser Mutsuhito (Meiji-Tennô) in den Tod nachzufolgen. *[Anm. des Übers.]*

KAPITEL 3: DER KOSMOS IST DIE SCHRIFT DES ZEN *

3.1 SCHRIFTEN SIND NUR PAPIERVERSCHWENDUNG

Zen basiert auf der höchsten spirituellen Ebene, wie sie von Shakyamuni selbst erreicht wurde. Es kann nur von jemanden verwirklicht werden, der dieselbe Ebene erreicht. Es mit Worten gänzlich auszudrücken übersteigt sogar die Möglichkeiten von Gotama selbst. Aus diesem Grund besteht der Verfasser des *Lankavatara-Sutra* darauf, dass Shakyamuni während seiner 49 Jahre dauernden Karriere als religiöser Lehrer kein einziges Wort gesagt hätte; der Autor des *Mahaprajnaparamita-Sutra* bringt dieselbe Ansicht zum Ausdruck.[88] Die Schriften sind nichts weiter als der Finger, der auf den Mond der Buddhaschaft weist. Wenn wir den Mond erkennen und seine wohltuende Schönheit genießen, bedürfen wir nicht mehr des Fingers. So wie der Finger keinerlei Strahlkraft besitzt, so auch besitzen die Schriften selbst keinerlei Heiligkeit. Die Schriften sind eine religiöse Währung, welche spirituellen Wohlstand symbolisiert. Es ist egal, ob Geld die Form von Gold, Muscheln oder Kühen hat, es ist nur ein Ersatz. Das, wofür es steht, ist von höchster Bedeutung. Weg mit deinem Steinmesser! Blicke nicht auf den Pfahl, an dem ein rennender Hase sich einst seinen Kopf angeschlagen hat und daran gestorben ist. Warte nicht auf einen anderen Hasen; es kann sein, dass nie mehr ein anderer kommt. Durchtrenne nicht die Seite des Bootes, aus dem du dein Schwert gezogen hast, um zu markieren, wo es gesunken ist; das Boot fährt für immer weiter. Der Kanon ist das Fenster, durch welches wir die grandiose Landschaft der spirituellen Natur erblicken. Um uns mit ihr zu vereinigen, müssen wir weg vom Fenster. Er ist nur eine vereinzelte Fliege, die umherschwirrt und versucht ins Freie zu kommen. Diejenigen, welche den größten Teil ihres Lebens damit verbringen, die Schriften zu studieren und mit haarspalterischen Gründen und Argumenten zu diskutieren, jedoch keine höheren Ebenen der Verwirklichung erreichen, sind nur religiöse Fliegen, die zu nichts gut sind außer ihrem Summen über unsinnige technische Feinheiten [*nonsensical technicalities*]. Für solche

[88] *Mahaprajnaparamita-Sutra*, Band 425.

Anlässe hat Rinzai erklärt: „Die zwölf Abteilungen des buddhistischen Kanons sind nichts als Papierverschwendung.“[89]

*

Zen basiert nicht auf einem speziellen Sutra, weder des Mahayana noch des Hinayana. Es gibt zwei *Tripitaka* (d.h. dreiteilige Sammlungen buddhistischer Schriften), nämlich den *Mahayana-Tripitaka* und den *Hinayana-Tripitaka*. Ersterer ist die Grundlage des Mahayana, des höheren bzw. reformierten Buddhismus, voller tiefgründiger metaphysischer Lehren; während letzterer die Grundlage des Hinayana ist, des niedrigeren oder frühen Buddhismus, der einfach und in erster Linie ethisch ausgerichtet ist. Die beiden *Tripitaka* sind wie folgt:

Der *Mahayana-Tripitaka*

Sutra-Pitaka: *Sadharma-pundarika-Sutra*, *Samdhi-nirmocana-Sutra*, *Avatamsaka-Sutra*, *Prajnaparamita-Sutra*, *Amitayus-Sutra*, *Mahaparinirvana-Sutra* etc.

Vinaya-Pitaka: *Brahmajala-Sutra*, *Bodhisattva-caryanirdeca-Sutra*, etc.

Abhidharma-Pitaka: *Mahaprajnaparamita-Sastra*, *Yogacaryabhumi-Sastra*, *Mahayana-shraddhotpada-Sastra*, etc.

Der *Hinayana-Tripitaka*

Sutra-Pitaka: *Dirghagama*, *Ekottaragama*, *Madhyamagama*, *Samyuktagama* etc.

Vinaya-Pitaka: *Dharmagupta-Vinaya*, *Mahasamghika-Vinaya*, *Sarvastivada-Vinaya* etc.

Abhidharma-Pitaka: *Dharmaskandha-pada*, *Samgiti-paryaya-pada*, *Jnanaprasthana-Sastra*, *Abhidharmakosa-Sastra* etc.

Der Ausdruck *Tripitaka* war jedoch zur Zeit von Shakyamuni noch nicht bekannt; praktisch alle Berichte des nördlichen Buddhismus stimmen darin überein, dass der *Tripitaka* in dem Jahr vorgetragen und fixiert wurde, in dem Shakyamuni starb. Im *Mahavamsa* heißt es weiterhin: „Das *Abhidharma* genannte Werk wurde kompiliert, den Göttern gepre-

---

[89] Evtl. ist die Einteilung in Sutra, Geya, Vyakarana, Gatha, Udana, Ityukta, Jataka, Abhutadharma, Vaipulya, Nidana, Avadana und Upadesha gemeint. *[Anm. des Übers.]*

digt und von 500 Mönchen in entsprechender Weise zusammengestellt." Wir sind jedoch der Ansicht, dass die Lehre von Shakyamuni den frühen Buddhisten bekannt war – nicht als *Tripitaka*, sondern als *Vinaya* und *Dharma* – und dass sie selbst zur Zeit von König Ashoka (der um 269 den Thron bestieg) nicht *Tripitaka* genannt wurde, sondern *Dharma*, wie wir es aus seinen Edikten ersehen. Mahayana-Anhänger erkennen die Kompilierung des *Tripitaka* während des ersten Konzils von Rajagriha einhellig an, aber sie unterscheiden sich hinsichtlich der Beurteilung der Frage, wer den *Abhidharma* verkündet hat. Dessen ungeachtet stimmen sie, wie ersichtlich, bezüglich folgender Punkte überein:

der *Sutra-Pitaka*, kompiliert von Ananda; der *Vinaya-Pitaka*, kompiliert von Upali; der *Abhidharma-Pitaka*, kompiliert von Ananda – gemäß dem Bericht von Nagarjuna (*Mahaprajnaparamita-Sastra*);

der *Sutra-Pitaka*, kompiliert von Ananda; der *Vinaya-Pitaka*, kompiliert von Upali; der *Abhidharma-Pitaka*, kompiliert von Kashyapa – gemäß dem Bericht von Hüen Tsang (*Tata-siyü-ki*);

der *Sutra-Pitaka*, kompiliert von Ananda; der *Vinaya-Pitaka*, kompiliert von Upali; der *Abhidharma-Pitaka*, kompiliert von Purna – gemäß dem Bericht von Paramartha („Ein Kommentar zur Historie der Hinayana-Schulen").

Diese Diskrepanzen lassen die Ungewissheit hinsichtlich ihrer Behauptungen klar hervortreten und geben uns Grund, die Kompilierung des *Abhidharma-Pitaka* beim ersten Konzil zu bezweifeln. Zudem lässt sich aus dem *Dharmagupta-Vinaya* und anderen Aufzeichnungen schließen – welche nichts über eine Teilnahme von Purna am ersten Konzil berichten, jedoch bestätigen, dass er eine abweichende Ansicht bezüglich der Anwendung der Vorschriften als Kashyapa vertrat –, dass sich in der Behauptung von Paramartha einige Fehler finden.

Von diesen drei Sammlungen heiliger Schriften werden die ersten beiden, d.i. *Sutra* und *Vinaya*, sowohl des Mahayana wie des Hinayana, als direkte Lehre von Shakyamuni selbst angesehen; denn alle Unterweisungen werden dem Meister in den Mund gelegt oder von ihm gebilligt. Die Mahayana-Anhänger vergleichen die Hinayana-Lehre jedoch mit einer Raststätte auf einer Straße für Reisende, während die Mahayana-Lehre das eigentliche Ziel darstellt. Alle Bekenntnisse des Buddhismus, mit Ausnahme des Zen, basieren auf der Autorität einiger ausgewählter heiliger Schriften. Die Tendai-Sekte zum Beispiel basiert auf dem *Saddharmapundarika-Sutra*; die Jôdô-Sekte auf dem *Größeren Sukhavati-vyuha*, *Kleineren Sukhavati-vyuha* und dem *Amitayusdhyana-Sutra*; die Kegon-Sekte auf dem *Avatamsaka-Sutra*; die Hossô-Sekte auf dem *Samdhinirmocana-Sutra*.

3.2 KEINE NOTWENDIGKEIT SCHRIFTLICHER AUTORITÄT IM ZEN

Einige westliche Gelehrte setzen den Buddhismus irrtümlicherweise mit dem primitiven Glauben des Hinayana gleich und neigen dazu, das Mahayana, eine spätere Entwicklung, als eine Degeneration anzusehen. Wenn der primitive Glaube der wahre ist, so wie es diese Gelehrten meinen, und der spätere der degenerierte, dann sollte auch ein Kind als wahrer Mensch angesehen werden, und der erwachsene Mensch als degeneriert; in gleicher Weise wäre die primitive Gesellschaft die wahre Gesellschaft, und die modernen Zivilisationen wären degeneriert.[90] Also sollten auch nur die frühesten Schriften des Alten Testaments als wahr gelten, und die vier Evangelien als degeneriert. Ohne Zweifel gehört Zen zum Mahayana-Buddhismus; dennoch bedeutet das nicht, dass es von der schriftlichen Autorität dieser Strömung abhängig ist, denn es kümmert sich überhaupt nicht um den Kanon, sei es der des Hinayana oder Mahayana, sei er direkt von Shakyamuni verkündet oder von späteren Anhängern verfasst. Zen ist gänzlich frei von den Fesseln alter Dogmen, tote Bekenntnissen und Konventionen einer stereotypen Vergangenheit, welche die Entwicklung eines lebendigen Glaubens hemmen und die Entdeckung neuer Wahrheiten verhindern. Zen bedarf keiner Inquisition. Es hatte nie und wird nie die Zustimmung eines Galileo oder Descartes erzwingen müssen. Und eine Exkommunikation eines Spinoza oder das Verbrennen eines Bruno sind ebenso wenig möglich.

Nachdem Yoh Shan (Yakusan) lange nicht über die Lehre gesprochen hatte, wurde er von seinem assistierenden Lehrer um eine Predigt gebe-

[90] So abwegig, wie dies Kaiten Nukariya auf den ersten Blick erscheinen mag, ist diese Sichtweise natürlich nicht; man denke nur an „die Kinder, denen das Himmelreich gehört", Rousseaus Idee der nicht-intervenierenden Erziehung und das ganze Ideal des „edlen Wilden". *[Anm. des Übers.]*

ten: „Würden Euer Ehrwürden den *dharma* für die Schüler darlegen, welche nach Eurer gnädigen Unterweisung dürsten?“ – „Dann läutet die Glocke“, erwiderte Yoh Shan. Die Glocke wurde geläutet, und alle Mönche versammelten sich in der Halle, gespannt auf die Unterweisung. Yoh Shan begab sich zum Pult und ging sofort wieder weg, ohne ein einziges Wort gesagt zu haben. „Verehrter Herr“, sagte sein Assistent, „Ihr habt versprochen, eine Predigt zu halten. Warum habt Ihr nichts gesagt?“ – „Sutras werden von den Sutra-Lehrern gelehrt“, erwiderte der Meister; „Sastras werden von den Sastra-Lehrern gelehrt. Kein Wunder dass ich nichts sage.“[91] Diese kurze Anekdote illustriert, dass Zen keine in einem Sutra oder Sastra fixierte Lehre ist, sondern eine Überzeugung oder Verwirklichung in uns. Um noch ein anderes Beispiel zu geben: Ein hoher Beamter bot Tüng Shan (Tôzan) reichlich Spenden an und bat ihn, dafür den heiligen Kanon zu rezitieren. Tüng Shan erhob sich aus seinem Stuhl und verbeugte sich respektvoll vor dem Beamten, der die Verbeugung erwiderte. Dann ging Tüng Shan um den Stuhl herum, nahm den Beamten mit sich, verbeugte sich erneut und fragte: „Seht Ihr, was ich meine?“ – „Nein, Herr“, erwiderte der andere. „Ich habe den heiligen Kanon rezitiert, warum seht Ihr ihn nicht?“[92] Auf diese Weise erkennt Zen nicht Schriften in Schwarz auf Weiß als seinen Kanon an, sondern nimmt das Heute und Morgen des gegenwärtigen Lebens als inspirierte Schriften.

3.3 DIE ÜBLICHE ERKLÄRUNG DES KANONS

Ein herausragender chinesischer buddhistischer Gelehrter, wohlbekannt als Tendai Daishi (538-597), ordnete die gesamten Lehren von Shakyamuni in chronologischer Reihenfolge in Übereinstimmung mit seiner eigenen religiösen Theorie und erkannte, dass sich in der Laufbahn des Buddha als religiösem Lehrer fünf Perioden zeigen. Er versuchte alle Widersprüchlichkeiten und Diskrepanzen wegzuerklären, mit denen die Heiligen Texte belastet sind, indem er die Sutra in der Reihenfolge einer Entwicklung anordnete. Seine Erläuterungen waren so genau und klar und seine metaphysischen Theorien so scharfsinnig und fesselnd, dass

[91] *Zenrin-ruishû* und *Egen.*
[92] *Zenrin-ruishû* und *Tôzan-roku.*

seine Ansichten allgemein als historische Wahrheit anerkannt wurden, nicht nur von den Chinesen, sondern auch von den japanischen Mahayana-Anhängern. Wir werden hier kurz die so genannten fünf Perioden anführen.

Shakyamuni erlangte Buddhaschaft im Alter von dreißig Jahren und saß zunächst sieben Tage bewegungslos unter dem Bodhi-Baum, in tiefer Meditation versunken, sich am ersten Glück seiner Erleuchtung erfreuend. In der zweiten Woche lehrte er den *dharma* der unzähligen Fülle vor Bodhisattvas,[93] himmlischen Wesen und Gottheiten in neun Versammlungen an sieben unterschiedlichen Orten. Das ist der Ursprung eines berühmten Mahayana-Buchs mit dem Titel *Buddhavatamsaka-mahavaipulya-Sutra.* In diesem Werk erläutert der Buddha seine tiefgründige Lehre unmittelbar, wie sie sein erleuchteter Geist erkannt hat, ohne Rücksichtnahme auf die geistigen Kapazitäten seiner Zuhörer. Folgerichtig konnten die gewöhnlichen Zuhörer (oder die direkten Schüler des Buddha) die Lehre nicht verstehen und saßen verblüfft da, „als ob sie taub und stumm wären“, während die großen Bodhisattvas die Lehre gänzlich verstanden und verwirklichten. Dies wird die erste Periode genannt, welche nur zwei oder drei Wochen dauerte.[94]

Nachdem Shakyamuni erkannte, dass die gewöhnlichen Zuhörer zu unverständig waren, um die Mahayana-Lehre zu verstehen und die Erhabenheit der Buddhaschaft zu erkennen, ging er daran, seine Belehrungen zu modifizieren und an die Kapazitäten der Zuhörer anzupassen. Also begab er sich nach Varanasi (oder Benares) und verkündigte seine angepasste Lehre – das Hinayana. Die aus dieser Zeit stammenden Unterwei-

---

[93] Ein Bodhisattva ist eine imaginäre Person oder ein idealer Heiliger, höher noch als ein Arhat, der höchste Heilige des Hinayana. Der Ausdruck „Bodhisattva“ wurde erstmals für den Buddha vor seiner Erleuchtung gebraucht und wurde später von den Mahayana-Anhängern für die Anhänger des Mahayana verwendet, im Unterschied zu den Hörern bzw. *sravaka* des Hinayana.

[94] Bodhiruci erklärt, dass die Lehren der ersten fünf Versammlungen in der ersten Woche erfolgten und die restlichen in der zweiten Woche. Nagarjuna sagt, dass der Buddha 57 Tage lang nach seiner Erleuchtung kein einziges Wort sagte. Es heißt im *Saddharma-pundarika-Sutra*, dass der Buddha nach drei Wochen in Varanasi lehrte, und es sagt nichts über das *Avatamsaka-Sutra*. Obwohl es verschiedene Ansichten bezüglich der ersten Predigt und ihrem Ort gibt, sind sich alle Traditionen darüber einig, dass er zunächst einige Zeit in Meditation verbrachte und dann die erste Predigt vor den fünf Asketen in Varanasi hielt.

sungen sind uns als die vier *Agama* oder vier *Nikaya* überliefert.[95] Dies wird die zweite Periode genannt, welche zwölf Jahre dauerte. Es war zu Beginn dieser Periode, dass der Buddha die fünf Asketen überzeugte [seine früheren Mitstreiter], welche seine Schüler wurden.[96] Die meisten *sravaka* oder Anhänger des Hinayana wurden während dieser Periode gewonnen. Sie schulten ihren Geist in Übereinstimmung mit der angepassten Lehre, lernten die Vier Edlen Wahrheiten[97] und bemühten sich um ihre eigene Erlösung.

Nachdem der Buddha dann erkannte, wie seine Schüler treu dem Hinayana anhingen, ohne zu wissen, dass es sich um eine modifizierte und unvollkommene Lehre handelt, musste er sie zu einer höheren und vollkommenen Lehre führen, welche sie zur Buddhaschaft bringen könnte. Mit dieser Absicht im Hinterkopf verkündete er das *Vimalakirtti-nirdesa-Sutra*,[98] das *Lankavatara-Sutra* und andere Sutras, in denen er Hinayana und Mahayana miteinander verglich und Letzteres mit glühenden Worten als tiefgründige und perfekte Lehre schilderte, während er Ersteres als oberflächlich und unfertig beschrieb. Dann demonstrierte er seinen Schülern die Unterlegenheit des Hinayana und bewegte sie dazu, nach dem Mahayana zu trachten. Dies soll die dritte Periode gewesen sein, welche acht Jahre dauerte.

Die Schüler des Buddha verstanden nun, dass das Mahayana dem Hinayana überlegen ist; jedoch dachten sie, dass die höhere Lehre nur für Bodhisattvas wäre und ihr Verständnis übersteige. Daher hingen sie noch immer an der modifizierten Lehre, auch wenn sie das Mahayana nicht

---

[95] (1) *Anguttara*, (2) *Majjhima*, (3) *Digha*, (4) *Samyutta*.

[96] Kondanna, Vappa, Baddiya, Mahanana, Assaji.

[97] Die erste Wahrheit ist die Wahrheit vom Leiden; die zweite Wahrheit ist die Wahrheit von der Entstehung des Leidens – nämlich Lust und Verlangen; die dritte Wahrheit ist die Wahrheit von der Auslöschung des Leidens; die vierte Wahrheit ist die Wahrheit vom Pfad, der zur Auslöschung des Leidens führt. Es sind acht edle Pfade, welche zur Auslöschung des Leidens führen, nämlich Rechter Glaube, Rechter Entschluss, Rechte Rede, Rechtes Handeln, Rechter Lebenserwerb, Rechtes Bemühen, Rechtes Denken und Rechte Meditation.

[98] Dies ist einer der bekanntesten Mahayana-Texte, er gilt als bester Beleg für die Sutras dieser Periode. Es heißt darin, dass die meisten von Shakyamunis herausragenden Schülern, bekannt als Anhänger des Hinayana, überrascht waren über die tiefgründige Weisheit, eloquente Rede und wunderbaren Kräfte von Vimalakirti, einem Bodhisattva, und die Unterlegenheit ihrer Lehre anerkannten. Der Autor führt viele Episoden an, um das Hinayana zu verdammen, wobei er häufig erfundene Wundergeschichten gebraucht.

länger herabwürdigten, für das zu praktizieren sie jedoch nicht den Geist besaßen. Daraufhin predigte Shakyamuni in sechzehn Versammlungen an vier unterschiedlichen Orten die *Prajnaparamita-Sutra*[99] und lehrte sie detailliert den Mahayana-Buddhismus mit der Absicht, dass sie daran glauben und entsprechend praktizieren. So erkannten sie, dass es keine endgültige Trennung zwischen Mahayana und Hinayana gibt und dass sie Anhänger des Mahayana werden konnten. Dies ist die vierte Periode, welche zwanzig Jahre gedauert haben soll.

Nun, im Alter von 72 Jahren, dachte der Buddha, dass es höchste Zeit sei, seine lang ersehnte Lehre zu verkünden, damit alle lebenden Wesen zur höchsten Erleuchtung gelangen können; also verkündete er das *Saddharma-pundarika-Sutra,* in dem er prophezeite, wann und wo seine Schüler die Buddhaschaft erlangen würden. Es war sein wichtigstes Anliegen, alle Wesen zur Erleuchtung zu führen und es ihnen zu ermöglichen, sich an der Seligkeit des Nirwana zu erfreuen. Dies war der Grund, weshalb er große Schmerzen und Mühsal in seinen vorangehenden Existenzen auf sich genommen, seine himmlische Wohnstätte verlassen hatte und auf der Erde erschienen war. Es war für dieses Ziel, dass er während seiner ganzen Laufbahn von siebenundvierzig Jahren gepredigt hatte. Mit dieser Verwirklichung seines großen Ziels bereitete sich Shakyamuni auf sein endgültiges Verlassen der Welt vor und verkündete das *Mahaparinirvana-Sutra,* um zu zeigen, dass alle beseelten und unbeseelten Lebewesen mit der gleichen Natur ausgestattet sind wie er selbst. Nach dieser letzten Unterweisung ging er in die Ewigkeit ein. Dies ist die fünfte Periode, welche acht Jahre dauerte.

Die hier angeführten fünf Perioden können kaum als „historisch" im eigentlichen Sinne des Wortes bezeichnet werden; vielmehr wurden sie geistreich von Tendai Daishi erfunden, um die buddhistischen Schriften in der Reihenfolge ihrer Lehrentwicklung anzuordnen, und das *Saddharma-pundarika-Sutra* an die oberste Stelle der Texte des Mahayana zu setzen. Seine Argumentation, so dogmatisch und unhistorisch sie auch sei, ist dennoch sehr wertvoll für den Leser, der die allgemeinen Etappen des buddhistischen Kanons kennenlernen möchte, welcher aus Tausenden von Texten besteht.

[99] Die Lehre von Nagarjuna basiert hauptsächlich auf diesen Schriften.

Tendai scheiterte jedoch in dem Bemühen, die Unterschiede und Widersprüche wegzuerklären, von denen der Kanon voll ist, und widersprach sich häufig selbst, indem er historische Fakten ignorierte (I). Gar nicht zu reden von den Widerständen japanischer Gelehrter,[100] können praktisch alle angeführten Behauptungen mit gänzlich entgegengesetzten Behauptungen gekontert werden, und die Schwierigkeiten nehmen nie ein Ende. Für die Zen-Meister sind derartige Behauptungen und Begründungen daher nichts als Gebrabbel, welches ihrer Aufmerksamkeit nicht würdig ist.

Den Schriften blind zu vertrauen ist eine Sache, fromm zu sein eine andere. Wie oft haben die kindischen Vorstellungen von einer Schöpfung und einem Gott in den Schriften das Licht wissenschaftlicher Erkenntnis schon verdunkelt; wie oft haben die blinden Anhänger dieser Schriften die Entwicklung der Zivilisation behindert; wie oft haben uns religiöse Menschen davon abgehalten, eine neue Wahrheit zu erkennen, nur weil sie der alten Folklore der Bibel widerspricht. Nichts ist absurder als die kontinuierliche Furcht, in der diese religiösen Menschen leben, welche behaupten, Gott in Wahrheit und im Geiste zu verehren – hervorgerufen durch jede wissenschaftliche Entdeckung neuer Fakten, welche unvereinbar mit ihren Legenden sind. Nichts ist weniger unreligiös als die Sucher der Wahrheit zu verfolgen, um die Absurditäten und den Aberglauben lange vergangener Zeiten aufrecht zu erhalten. Nichts ist unmenschlicher als die Beauftragung „andächtiger bzw. strenggläubiger Grausamkeiten" unter der Maske der Liebe zu Gott und den Menschen. Ist es nicht ein Unglück nicht nur für die Christen, sondern für die ganze Menschheit, dass die Bibel voll ist mit legendären Geschichten, Erzählungen von Wundern und einer grotesken Kosmologie, welche immer wieder mit der Wissenschaft in Konflikt geraten?

Die buddhistischen Schriften sind ihrerseits überladen mit indischem Aberglauben und einer absurden Kosmologie, welche im Namen des

[100] Der herausragendste hierbei ist Chûki [Nakamoto] Tominaga (1744), über dessen Leben nur wenig bekannt ist. Es heißt, er soll ein unbekannter Händler in Osaka gewesen sein. Sein *Shutsujô-kôgô* ist die erste ausführliche, kritische Untersuchung des buddhistischen Schrifttums.

Buddhismus daherkommt. In der Folge haben buddhistische Gelehrte nicht selten die Lehre des Buddha mit diesen Absurditäten verwechselt und hielten es für pietätslos, sie aufzugeben. Kai-Seki z. B. wusste nicht mehr weiter hinsichtlich der indischen Astronomie, welche völlig unvereinbar ist mit den tatsächlichen Fakten.[101] Eines Tages rief er Yeki-dô zu sich, einen zeitgenössischen Zen-Meister,[102] beschrieb ihm die Schaffung der drei Welten, wie sie in den Schriften dargelegt ist, und sagte, dass der Buddhismus bedeutungslos wird, wenn die Lehre von den drei Welten durch die kopernikanische Lehre überwunden wird. Darauf rief Yeki-dô aus: „Der Buddhismus zielt darauf ab, die drei Welten zu zerschlagen und im gesamten Universum das heilige Königreich des Buddha zu errichten. Warum verschwendet Ihr Eure Energie mit der Schaffung der drei Welten?“ Auf diese Weise kümmert sich Zen nicht um Nebensächlichkeiten in den Schriften, welche es nie für seine Autorität benötigt hat. Dôgen, der Gründer der japanischen Sôtô-Sekte, verdammt (in seinem *Shôbôgenzô*) heftig die in den Schriften eingeschärfte Unreinheit der Frauen. Er attackiert offen die chinesischen Mönche, welche gelobten, dass sie niemals eine Frau ansehen würden, und verunglimpft jene, welche Regeln erlassen hatten, die Frauen davon abhielten, Zugang zu Klöstern zu erhalten. Ein Zen-Meister wurde von einem Samurai gefragt, ob es tatsächlich so eine Hölle gäbe, wie sie in den Schriften geschildert wird. „Ich muss Euch fragen“ erwiderte er, „bevor ich Euch antworte: Warum wollt Ihr das wissen? Was habt Ihr, ein Samurai, damit zu schaffen? Warum belästigt Ihr Euch selbst mit so einer unnützen Frage? Vermutlich vernachlässigt Ihr Eure Pflichten, weil Ihr Euch in solch fruchtloser Forschung ergeht. Ist dies nicht gleichbedeutend damit, das jährliche Einkommen Eures Herren zu stehlen?“ Der Samurai, durch diese Vorwürfe nicht wenig erschüttert, starrte den Zen-Meister an, bereit, bei der nächsten Beleidigung sein Schwert zu ziehen. Dann sagte der Meister lächelnd: „Jetzt gerade befindet Ihr Euch in der Hölle. Seht Ihr nicht?“

Greift Zen dann also nicht auf Schriften zurück? Diese Frage beantworten wir sowohl mit „Ja“ als auch mit „Nein“: Nein, insofern Zen alle Schriften als eine Art von gemaltem Essen betrachtet, welches nicht in

---

[101] Ein versierter buddhistischer Gelehrter, gestorben 1882. [Sada Kaiseki, 1818-1882, ein führender buddhistischer Intellektueller seiner Zeit.]

[102] Ein berühmter Zen-Meister, Abt des Sôji-ji, gestorben 1879.

der Lage ist, spirituellen Hunger zu stillen; und ja, da es freizügig Gebrauch von ihnen macht, egal ob Mahayana oder Hinayana. Zen würde aus den Schriften kein Leuchtfeuer machen, wie es der Kalif Omar mit der Bibliothek von Alexandria tat. Ein Zen-Meister, der einen Konfuzianer dabei gesehen hatte, wie dieser seine Bücher verbrannte, weil er sie als Hindernis auf dem spirituellen Weg ansah, bemerkte: „Ihr hättet Eure Bücher besser im Herzen und im Geist verbrennen sollen, aber nicht die in Schwarz auf Weiß!“[103]

So wie sogar tödliches Gift sich in der Hand eines geschickten Arztes als Medizin erweisen kann, so wird eine abweichende, im Widerspruch zum Buddhismus stehende Lehre von den Zen-Meistern als Finger verwendet, welcher auf das Prinzip des Zen zeigt. In der Regel greifen sie jedoch auf Texte wie das *Lankavatara-Sutra,*[104] *Vajracchedika-prajnaparamita-Sutra,*[105] *Vimalakirtti-nirdesa-Sutra,*[106] *Mahavaipulya-purnabuddha-Sutra,*[107] *Mahabuddhosnisa-tathagata-guhyahetu-saksatkrta-prasannatha-sarvabhodhi-sattvacarya-surangama-Sutra,*[108] *Mahaparinirvana-Sutra,*[109] *Saddharmapundarika-Sutra*, *Avatamsaka-Sutra* und dergleichen zurück.

---

[103] *Ukiyo-sôshi.*

[104] Dieses Werk steht der Lehre des Zen am nächsten und soll von Bodhidharma als bestes Buch zum Gebrauch für seine Anhänger empfohlen worden sein. Siehe den Katalog von Nanjo, Nr. 175, 176, 177. [Gemeint ist *A Catalogue of the Chinese Translation of the Buddhist Tripitaka*]

[105] Der Autor dieses Sutras besteht auf der Nicht-Wirklichkeit aller Phänomene. Der Text wurde zuerst vom fünften Patriarchen verwendet, wie wir im ersten Kapitel schon gehört haben. Siehe den Katalog von Nanjo, Nr. 10, 11, 12, 13, 14, 15.

[106] Dieses Sutra stimmt in vielen Aspekten mit dem Zen überein, besonders in seiner Behauptung, dass die höchste Wahrheit nur im Geist verwirklicht werden kann und nicht mit Worten ausdrückbar ist. Siehe den Katalog von Nanjo, Nr. 144, 145, 146, 147, 148, 149.

[107] Dieses Sutra wurde von Buddhatrata im siebten Jahrhundert ins Chinesische übersetzt. Der Autor behandelt ausführlich die Versenkung (*samadhi*) und errichtet eine Lehre ähnlich wie diejenige des Zen, so dass der Text von vielen Zen-Anhängern gebraucht wurde. Siehe den Katalog von Nanjo, Nr. 427 und 1629.

[108] Das Sutra wurde von Paramiti und Mikasakya während der Tang-Dynastie (618-907) ins Chinesische übersetzt. Der Autor versteht die Wirklichkeit als Geist oder Bewusstsein. Der Text gehört zur Mantra-Klasse, auch wenn er häufig von Zen-Anhängern studiert wird. Siehe den Katalog von Nanjo, Nr. 446.

[109] Der Autor des Textes entfaltet seine eigene Ansicht bezüglich Nirwana und Buddha und behauptet, dass alle Lebewesen mit der Buddha-Natur ausgestattet seien. Er gibt auch einen ausführlichen, aber unglaubwürdigen Bericht über den Tod von Gautama.

(I)
Lassen Sie mich meine eigene Ansicht zur fraglichen Sache ausführen. Die Grundlagen des Hinayana sind die vier *Nikaya* bzw. *Agama* und damit die wichtigsten Texte dieser Schulrichtung. Abgesehen von diesen vier *Agama* finden sich im chinesischen *Tripitaka* zahlreiche, von anderen Autoren übersetzte Werke, von denen manche Auszüge der *Agama* sind und manche Auszüge aus dem Leben des Buddha, während wieder andere gänzlich andere Sutras aus einer offenkundig späteren Zeit sind. Aufgrund dieser Quellen scheint es, dass das meiste von Shakyamunis originalen Lehren in den vier *Agama* enthalten ist. Es ist jedoch immer noch unklar, ob diese in den *Agama* unverändert erhalten sind, d.h. so wie sie ursprünglich waren, da die Lehren des Buddha unverzüglich nach seinem Tod beim ersten Konzil von Rajagriha zwar wiedergegeben, aber nicht aufgezeichnet wurden. Sie wurden über einhundert Jahre lang nur mündlich und aus dem Gedächtnis weitergegeben. Dann gaben sich die Mönche in Vaisali den so genannten zehn Annehmlichkeiten hin, verstießen gegen die Regeln des Ordens und behaupteten, dass diese von Shakyamuni in seinen Lehren nicht verdammt worden wären. Da es keine schriftlichen Aufzeichnungen gab, um ihre Behauptung zu widerlegen, mussten die Älteren wie Yasha, Revata und andere, welche gegen diese Annehmlichkeiten waren, das zweite Konzil von 700 Mönchen einberufen, bei dem sie erfolgreich diese Annehmlichkeiten verdammten und die Lehren des Buddha ein zweites Mal wiedergaben. Aber auch bei diesem zweiten Konzil finden wir keinen Hinweis darauf, dass die Lehren des Meisters schriftlich festgehalten wurden. Die Entscheidung der 700 wurde von der Gegenseite nicht akzeptiert, welche ein separates Konzil abhielt und ihre eigenen Regeln und Lehren festsetzte. So begann es, dass die gleiche Lehre des einen Lehrers unterschiedlich verstanden und eingehalten wurde.

Dies war das erste öffentlich Schisma, und es folgten noch viele weitere Spaltungen des Ordens. Es gab viele verschiedene buddhistische Schulen zu der Zeit, als König Ashoka den Thron bestieg (ca. 269 v. Chr.), und die Schirmherrschaft des Königs zog eine große Zahl heidnischer Asketen in den Orden, die, obwohl sie sich in die gelben Gewänder hüllten, ihre religiösen Ansichten unverändert beibehielten. Dies führte zu kontinuierlichen Störungen und moralischem Verfall. Im 18ten Jahr seiner

Herrschaft berief der König das Konzil der 1.000 Mönche in Pataliputra (Patna) ein und regelte die orthodoxe Lehre, um den *dharma* frei von ketzerischen Ansichten zu halten. Wir denken, dass zu dieser Zeit einige der Lehren Buddhas schriftlich fixiert worden sind, denn die vom König im Jahr auf das Konzil ausgesandten Missionare scheinen sich mit niedergeschriebenen Sutras auseinandergesetzt zu haben. Zusätzlich hierzu finden sich einige Bezeichnungen über die Abschnitte der Lehre im Bharbra-Edikt des Königs, welches an die Mönche in Magadha gerichtet war. Wir nehmen jedoch nicht an, dass alle Sutras auf einmal zu dieser Zeit niedergeschrieben wurden, sondern dass sie nach und nach aus dem Gedächtnis abgefasst wurden, denn einige der Lehrreden wurden erst 160 Jahre nach dem Konzil von Patna auf Ceylon niedergeschrieben.

Im einführenden Buch des *Ekottaragama* (*Anguttara-Nikaya*), welches im chinesischen Kanon erhalten ist, finden wir folgende Punkte: (1) Es ist in einem anderen Stil verfasst als der originale *Agama*, der demjenigen der ergänzenden Bücher der Mahayana-Sutras ähnelt; (2) es bestätigt die Kompilation des *Tripitaka* nach dem Tod des Meisters durch Ananda; (3) es nimmt Bezug auf die vergangenen Buddhas, den zukünftigen Buddha Maitreya und unzählige Bodhisattvas; (4) es lobt die tiefgründige Lehre des Mahayana. Daraus schließen wir, dass dieser *Agama* seine gegenwärtige Form nach dem Aufstieg der Mahayana-Schule erhalten hat und von den Händen der Mahasanghika-Gelehrten weitergegeben worden ist, welche mit dem Mahayana sympathisierten.

Weiterhin adaptiert das erste Buch des *Dirghagama* (*Digha-Nikaya*), welches die Linie der Buddhas beschreibt, die vor Shakyamuni auf der Erde erschienen sind, die gesamte Legende von Gautamas Leben als ein gemeinsames Modell für alle auf der Erde erscheinenden Buddhas, während das zweite Buch den Tod von Gautama und die Verteilung seiner Reliquien berichtet und sich auf Pataliputra, die neue Hauptstadt von Ashoka, bezieht. Das zeigt uns, dass der vorliegende *Agama* nicht früher als auf das dritte Jahrhundert v. Chr. datieren kann. *Samyuktagama* (*Samyutta-Nikaya*) gibt auch einen detaillierten Bericht von der Bekehrung von Ashoka und seinem Vater Bindusara. Aus diesen Belegen können wir sicher schließen, dass die Hinayana-Lehrreden ihre gegenwärtige Form zu verschiedenen Zeiten zwischen dem 3. Jh. v. Chr. und dem 1. Jh. n. Chr. erhalten haben.

Mit Blick auf die Mahayana-Sutras haben wir kaum Zweifel daran, dass es sich um Schriften späterer buddhistischer Reformer handelt, selbst wenn sie Shakyamuni in den Mund gelegt werden. Sie unterscheiden sich gänzlich von den Sutras des Hinayana und können nicht als die Lehren ein und derselben Person angesehen werden. Der Leser sollte folgende Punkte berücksichtigen:

(1) Zur Wiedergabe des *Tripitaka* wurden vier Konzile abgehalten, nämlich: das erste in Rajagriha, im Todesjahr von Shakyamuni; das zweite in Vaisali, etwa 100 Jahre nach dem Buddha; das dritte zur Zeit von König Ashoka, etwa 235 Jahre nach dem Meister; das vierte zur Zeit von König Kanishka, im ersten christlichen Jahrhundert. Aber all diese Konzile wurden abgehalten, um die Hinayana-Lehrreden wiederzugeben, und nichts ist über eine Wiedergabe der Mahayana-Lehrreden bekannt. Einige sind der Ansicht, dass das erste Konzil in der Sattapanni-Höhle abgehalten wurde, nahe Rajagriha, wo der Hinayana-*Tripitaka* von 500 Mönchen rezitiert wurde, während sich außerhalb der Höhle eine deutlich größere Zahl von Mönchen versammelte, die nicht in die Höhle eingelassen wurde und welche den Mahayana-*Tripitaka* rezitierte. Diese Ansicht basiert jedoch nicht auf zuverlässigen Quellen.

(2) Die orthodoxen indischen Gelehrten des Altertums erklärten, dass die Mahayana-Sutras das Erzeugnis von Ketzern oder des Satans seien und nicht die Lehre des Buddha. Als Entgegnung hierauf mussten die Mahayana-Anhänger dartun, dass ihre Sutras von direkten Schülern des Buddha kompiliert wurden; selbst Nagarjuna konnte die Kompilierung fragwürdiger Texte nicht rechtfertigen und sagte (im *Mahaprajnaparamita-Sastra*), dass sie von Ananda und Manjushri kompiliert worden seien, mit unzähligen Bodhisattvas am Rande des Eisernen Gebirgszugs, der die Erde umgibt. Auch Asanga versuchte mit wenig Erfolg (im *Mahayanalankara-Sastra*) zu beweisen, dass das Mahayana eine direkte Lehre des Buddha sei. Manche mögen zugunsten des Mahayana das *Bodhisattva-garbhastha-Sutra* anführen; jedoch bringt dies keinen Gewinn, da das Sutra selbst späteren Datums ist.

(3) Obwohl praktisch alle Mahayana-Sutras, mit Ausnahme des *Avatamsaka-Sutra*, das Hinayana als unvollkommene Lehre aus dem ersten Teil der Karriere des Meisters ansehen, werden darin dennoch nicht nur die ganze Lebensgeschichte von Gautama erzählt, sondern auch

Ereignisse berichtet, welche nach seinem Tod stattfanden. Das zeigt, dass die Mahayana-Sutras nach der Etablierung des frühen Buddhismus entstanden sind.

(4) Die Berichte in den Hinayana-Sutras Shakyamuni betreffend scheinen auf historischen Tatsachen zu beruhen, doch diejenigen in den Mahayana-Büchern sind voll von Wundern und extravaganten Geschehnissen, fern aller Tatsachen.

(5) Die Hinayana-Sutras bewahren die Spuren ihrer Klassifizierung und Kompilation, wie wir sie im *Ekottaragama* finden, während es scheint, dass die Mahayana-Bücher eins nach dem anderen und von verschiedenen Autoren zu verschiedenen Zeiten verfasst wurden; denn jedes von ihnen bemüht sich darum, die anderen zu übertreffen, wie wir es beim *Saddharma-pundarika*, *Samdhinirmocana*, *Suvarnaprabhasottamaraja* etc. finden.

(6) Die Dialoge in den Hinayana-Sutras sind in der Regel solche zwischen dem Buddha und seinen Schülern, während in den Mahayana-Texten imaginäre Wesen, so genannte Bodhisattvas, an die Stelle der Schüler treten. Auch werden in manchen Texten gar keine Mönche erwähnt.

(7) Die meisten Mahayana-Sutras erklären, dass sie selbst geheimnisvolle Kräfte besitzen, welche den Leser oder Besitzer vor Übeln wie Krankheit, Hungersnot, Krieg etc. beschützen; die Hinayana-Sutras hingegen sind frei von solchen Ansichten.[110]

(8) Die Mahayana-Sutras loben nicht nur die Verdienste des Lesens des Sutras, sondern auch des Abschreibens bzw. Vervielfältigens. Das ist ein unfehlbarer Hinweis darauf, dass sie nicht wie die Hinayana-Sutras verbal bzw. aus dem Gedächtnis weitergegeben wurden, sondern in schriftlicher Form durch ihre jeweiligen Autoren.

(9) Die Hinayana-Sutras sind in einem reinen Stil in Pali abgefasst, die Mahayana-Sutras in brillanter Ausdrucksweise in Sanskrit.

(10) Der Buddha ist in den Hinayana-Sutras nicht viel mehr als ein menschliches Wesen, während der Buddha oder Tathagata in den Ma-

---

[110] Diese Einschätzung trifft freilich nur zum Teil zu, da sich „Schutzformeln“ oder *paritta* auch im Hinayana-Dreikorb finden und auch Texte oder Auszüge des Dreikorbs mit erhoffter spezieller Wirkung rezitiert wurden. *[Anm. des Übers.]*

hayana-Sutras ein übermenschliches Wesen oder eine gewaltige Gottheit ist.[111]

(11) Die moralischen Regeln des Hinayana wurden vom Meister immer dann festgelegt, wenn sich ein Schüler ungehörig verhalten hatte, während die der Mahayana-Texte alle auf einmal vom Tathagata verkündet worden sind.

(12) Manche Mahayana-Sutras scheinen eine Übertreibung oder Modifizierung dessen zu sein, was in den Hinayana-Texten behauptet wurde, wie z. B. im Falle des *Mahaparinirvana-Sutra*.

(13) Wenn wir sowohl das Hinayana als auch das Mahayana als von derselben Person verkündet ansehen, können wir nicht verstehen, wie es zu so vielen widersprüchlichen Aussagen kommt, wie die folgenden:

a) Historische Widersprüche: Zum Beispiel gelten für den Autor des *Saddharma-pundarika* die Hinayana-Sutras als erste Predigt des Buddha, während das *Avatamsaka-Sutra* von sich selbst aussagt, dass es die erste Predigt sei. Nagarjuna wiederum sieht die *Prajnaparamita-Sutras* als erste Predigten an.

b) Widersprüchlichkeiten die Person des Meisters betreffend: Zum Beispiel sagen die *Agama*, dass der Körper des Buddha mit 32 außergewöhnlichen Merkmalen versehen sei, während die Mahayana-Texte 97 oder sogar unzählige Merkmale nennen.

c) Widersprüche in der Lehre: Zum Beispiel betonen die Hinayana-Sutras die pessimistische, nihilistische Sichtweise des Lebens, während die Mahayana-Bücher in der Regel eine optimistische, idealistische Sichtweise vertreten.

(14) Die Hinayana-Sutras erwähnen die Mahayana-Texte nicht, während letztere ihre Lehre mit den ersteren vergleichen und sich geringschätzig dazu äußern. Es ist klar, dass die Bezeichnung „Hinayana“ von den Anhängern des Mahayana geprägt wurde, da es kein Sutra gibt, welches sich selbst als „Hinayana“ bezeichnet. Daher ist es offenkundig, dass es keine Mahayana-Texte gab, als die Hinayana-Bücher ihre heutige Gestalt erhielten.

---

[111] Auch diese Beurteilung ist insofern fraglich, als sie eher eine bestimmte, selektive Rezeption der buddhistischen Lehren im Europa des späten 19. Jh.s wiedergibt. Tatsächlich weist auch der Pali-Kanon genug wundersame Begebenheiten und Wunderwirken des Buddha auf. *[Anm. des Übers.]*

(15) Die Autoren der Mahayana-Sutras werden den Widerstand der Anhänger des Hinayana erwartet haben, denn sie sagen nicht selten, dass es einige Leute geben wird, welche das Mahayana nicht als Lehre Buddhas anerkennen, sondern behaupten, dass es vom Teufel stamme. Sie sagen auch, dass jemand, der die Mahayana-Texte als Erfindung bezeichne, in die Hölle fahren solle. So sagt zum Beispiel der Autor des *Mahaparinirvana-Sutra*: „Verdammte Mönche (*bhiksu*) werden die *Vaipulya Mahayana-Sutras* nicht als Wort des Buddha anerkennen, sondern behaupten, dass es vom Versucher stamme.“

(16) Es gibt Belege dafür, dass die Mahayana-Lehre aus der Hinayana-Lehre entwickelt wurde:

a) Die große Konzeption der Mahayana-Anhänger den Tathagata betreffend ist die natürliche Weiterentwicklung derjenigen fortschrittlichen Anhänger des Hinayana, welche der Mahasamghika-Richtung angehörten, die einige hundert Jahre nach dem Tod des Meisters entstand. Diese Anhänger des Hinayana behaupteten, dass der Buddha unermessliche Kräfte besäße, ein endloses Leben und einen unbegrenzt umfassenden Körper. Der Autor des *Mahaparinirvana-Sutra* verkündet auch, dass der Buddha unsterblich, sein *dharma-kaya* grenzenlos und ewig sei. Die Autoren des *Mahayana-mulagatahrdayabhumi-dhyana-Sutra* [?] und des *Suvarnaprabha-sottamaraja-Sutra* zählen die drei Körper des Buddha auf, während der Autor des *Lankavatara-Sutra* vier Buddha-Körper beschreibt und der Autor des *Avatamsaka-Sutra* zehn Körper des Tathagata schildert.

b) Den Hinayana-Sutras nach gibt es nur vier Stufen der Heiligkeit, während die Mahasamghika-Schule die Anzahl auf zehn erhöht hat. Einige Mahayana-Sutras zählen ebenfalls zehn Stufen eines Bodhisattva auf, während andere vierzig oder zweiundfünfzig Stufen angeben.

c) Die Hinayana-Sutras berichten von sechs vergangenen Buddhas und dem zukünftigen Buddha Maitreya, während die Mahayana-Sutras fünfunddreißig, dreiundfünfzig oder sogar tausend Buddhas erwähnen.

d) Die Hinayana-Sutras benennen sechs Bewusstseins-Arten (*vijnana*), während die Mahayana-Texte von sieben, acht oder neun *vjinana* sprechen.

(17) Einige Jahrhunderte lang nach dem Tod des Buddha hören wir nur vom Hinayana, aber nicht vom Mahayana, weil es hierfür noch keine Lehrer gab.

(18) In einigen Sutras des Mahayana (z. B. *Mahavairocana-bhisambodhi-Sutra*) nimmt der Tathagata Vairocana die Stelle von Gautama ein, ohne diesen überhaupt zu erwähnen.

(19) Die Inhalte der Mahayana-Sutras zeigen häufig, dass sie lange nach dem Tod des Buddha verfasst oder wieder-verfasst wurden oder dass Ergänzungen gemacht wurden. Zum Beispiel sagt das *Mahamaya-Sutra*, dass Ashvaghosha 600 Jahre nach dem Tod des Meisters ketzerische Lehren widerlegen würde, und dass Nagarjuna 700 Jahre nach Gautama den *dharma* verteidigen werde, während das *Lankavatara-Sutra* prophezeit, dass Nagarjuna im südlichen Indien erscheint.

(20) Der Verfasser des *Sanron-gengi* teilt uns mit, dass Mahadeva, ein Führer der Mahasamghika-Schule, Mahayana-Sutras verwendete, zusammen mit dem orthodoxen Tripitaka, 116 Jahre nach dem Buddha. Es ist jedoch zweifelhaft, dass sie zu so einer frühen Zeit bereits existiert haben.

(21) Das *Mahaprajna-paramita-Sastra*, welches Nagarjuna zugeschrieben wird, nimmt Bezug auf viele Mahayana-Texte, darunter *Saddharma-pundarika-Sutra*, *Vimalakirtti-nirdesa-Sutra*, *Sukhavati-vyuha*, *Maha-prajnaparamita*, *Pratyutpanna-Buddhasammukhavasthita-samadhi* etc. Er zitiert in seinem *Dasabhumivibhasa-Sastra* das *Mahaparinirvana-Sutra*, *Dasabhumi* etc.

(22) Sthiramati, der früher gelebt haben soll als Nagarjuna und später als Ashvaghosha, versucht in seinem *Mahayana-avataraka-Sastra* zu beweisen, dass die Mahayana-Lehre direkt vom Buddha gepredigt wurde. Und das *Mahayanottaratantra-Sastra*, welches ihm von einigen Gelehrten zugeschrieben wird, nimmt Bezug auf *Avatamsaka*, *Vajracchedika-prajnaparamita*, *Saddharmapundarika*, *Srimaladevi-simhanada* etc.

(23) Chi-leu-cia-chan, der 147 oder 164 nach China kam, übersetzte einige Teile von Mahayana-Texten, welche als *Maharatnakuta-Sutra* und *Mahavaipulya-mahasannipata-Sutra* bekannt sind.

(24) An-shi-kao, der 148 nach China kam, übersetzte Mahayana-Texte wie das *Sukhavati-vyuha*, *Candra-dipa-samadhi* etc.

(25) Matanga, der im Jahr 67 nach China kam und sich laut seinem Biographen sowohl mit Hinayana wie mit Mahayana ausgekannt hat, soll einen Kommentar zu einem berühmten Mahayana-Text, dem *Suvarnaprabhasa-Sutra* verfasst haben.

(26) Das *Samdhinirmocana-Sutra* gilt nicht ohne Grund als ein Werk Asangas, denn die Lehre von Asanga stimmt mit derjenigen des Sutras überein, und das Sutra selbst ist im späteren Teil des *Yogacarya-bhumi-Sastra* enthalten. Der Autor teilt die gesamten Lehren des Meisters in drei Perioden ein, wobei er die idealistische Lehre an oberste Stelle der Mahayana-Lehre platziert.

(27) Wir haben allen Grund zu der Annahme, dass die Mahayana-Sutras (wobei vermutlich die *prajna*-Sutras die ersten waren) erstmals früh während des ersten Jahrhunderts aufgekommen sind, dass die meisten wichtigen Bücher vor Nagarjuna erschienen sind, und dass manche der *mantra*-Sutras so spät entstanden sind, dass sie in die Zeit von Vajrabodhi fallen, der 719 nach China ging.

3.5 EIN SUTRA SO GROSS WIE DIE GANZE WELT

Das heilige Schriftstück, welches Zen-Meister bewundern, ist nicht aus Pergament oder Palmblättern, weder Schwarz noch Weiß, sondern eingeschrieben in Herz und Geist. Einmal lud ein König des östlichen Indien den ehrwürdigen Prajnatara, den Lehrer von Bodhidharma, mit seinen Schülern zum Abendessen in seinen Palast ein. Alle Mönche außer dem Meister rezitierten die heiligen Texte, woraufhin der König Prajnatara fragte: „Warum, verehrter Herr, rezitiert Ihr nicht wie die anderen die Schriften?“ – „Mein armes Ich, o Majestät“, erwiderte er, „wendet sich beim Ausatmen nicht den Sinnesobjekten zu und ist beim Einatmen nicht auf Körper und Geist beschränkt. Auf diese Weise rezitiere ich dauernd Hunderte, Tausende, Millionen von Sutras.“ In ähnlicher Weise bat Kaiser Wu der Liang-Dynastie einmal Chwen Hih (Fu Daishi) um einen Vortrag zu den Schriften. Chwen stieg auf das Podium, schlug mit einem Holzscheit auf das Pult und stieg wieder herunter. Pao Chi (Hô-shi), ein buddhistischer Ratgeber des Kaisers, fragte den perplexen Monarchen:

„Haben Eure Majestät ihn verstanden?" – „Nein", antwortete dieser. „Der Vortrag des großen Lehrers ist vorüber." Aus diesen Beispielen wird deutlich, wie Zen dafür eintritt, dass der Glaube nicht auf toten Schriften gründen darf, sondern auf lebendigen Tatsachen; dass man nicht die vergilbten Seiten der heiligen Schriften umblättern soll, sondern zwischen den Linien der heiligen Schrift des täglichen Lebens lesen; dass Buddha nicht mit Worten verehrt werden soll, sondern durch Taten und Arbeit; und dass man, so wie es uns der Verfasser des *Lankavatara-Sutras* sagt, das kleinste Staubkorn aufspalten muss, um darin ein Sutra so groß wie die ganze Welt zu finden. „Das so genannte Sutra", sagt Dôgen, „bedeckt das ganze Universum. Es transzendiert Raum und Zeit. Es ist geschrieben mit den Namen der Himmel, Menschen, Tiere, der Asuras,[112] der hundert Arten von Gräsern und tausend Bäumen. Manche Zeichen sind lang, manche kurz, manche rund, manche eckig, manche blau, manche rot, manche gelb, manche weiß – kurzum: Alle Phänomene des Universums sind die Buchstaben, mit denen das Sutra geschrieben ist." Shakyamuni hat dieses Sutra im Licht des Morgensterns gelesen, der den ausgedehnten Horizont erhellt, als er in Meditation versunken unter dem Bodhibaum saß. Ling Yun (Rei-un) las es im Frühling in den lieblichen Blumen eines Pfirsichgartens, nachdem er zwanzig Jahre lang auf der Suche nach Erleuchtung gewesen war, und sagte:

> Viele Jahre suchte ich nach Erleuchtung:
> Frühling und Herbst sind vielmals gekommen und gegangen.
> Ab dem Moment, als die Pfirsichblüten in mein Bewusstsein traten,
> hatte ich keine Zweifel mehr.

Hian Yen (Kyôgen) las es durch die Geräusche von Bambus, den er mit Steinchen bewarf. Su Shih (So-shoku) las es durch einen Wasserfall, und sagte eines Abends:

> Der Bach trägt die göttlichen Worte des Tathagata weiter,
> die Hügel enthüllen seine glorreichen, leuchtenden Formen.

---

[112] Eine Gruppe von Dämonen.

Alle großen Menschen, seien es Poeten oder Wissenschaftler, religiöse Menschen oder Philosophen, sind nicht reine Buchgelehrte, sondern Beobachter der Natur. Gelehrte Menschen sind häufig Fleisch-und-Blut gewordene Lexika; geniale Menschen lesen zwischen den Zeilen des Lebens. Kant, ein Mensch von geringer Gelehrsamkeit (*of no great erudition*), vollendete in der Erkenntnistheorie, was Kopernikus in der Astronomie vollbracht hat.[113] Newton entdeckte das Gravitationsgesetz nicht in einem beschriebenen Stück Papier, sondern in einem fallenden Apfel. Der ungebildete Jesus verwirklichte die Wahrheit jenseits des Verständnisses vieler gelehrter Doktoren. Charles Darwin, dessen Lehre den gesamten Verlauf des Denkens der Welt änderte, war kein großer Bücherleser, sondern ein sorgfältiger Beobachter von Fakten. Shakespeare, der größte aller Dichter, war der größte Leser der Natur und des Lebens. Er konnte sogar die Musik der Himmelskörper hören und sagte:

> Da ist nicht der kleinste Himmelskörper, den du siehst,
> der nicht in seiner Bewegung wie ein Engel singt.[114]

Zhuangzi (Sôshi), der größte der chinesischen Philosophen, sagt:

> Du kennst wohl die Musik der Menschen, aber nicht
> die Musik der Natur.
> Du kennst wohl die Musik der Erde, aber nicht
> die Musik des Himmels.[115]

---

[113] Freilich war Kant alles andere als ungebildet. Worauf Nukariya hier abhebt, ist wohl, dass Kant kein „trockener Buchgelehrter“ oder „Elfenbeinturm-Philosoph“ war. Durch welche Einsichten in die Biographie von Kant er zu dieser Sicht gekommen ist, wissen wir nicht. Kant selbst war natürlich in der Tat nicht nur ein berühmter Erkenntnis-Theoretiker, sondern verfasste auch viele Texte zur Geographie und Naturphilosophie. Auch schrieb er auf Deutsch und nicht in den damals üblichen Gelehrtensprachen Latein oder Französisch. *[Anm. des Übers.]*

[114] Aus dem „Kaufmann von Venedig“: „Da ist nicht der kleinste Himmelskörper, den du siehst, der nicht in seiner Bewegung wie ein Engel singt und stets im Chor den jungäugigen Cherubinen zutönt; solche Harmonie ist in unsterblichen Seelen.“ *[Anm. des Übers.]*

[115] Chwang Tsz, Vol. I., Seite 10.

Goethe, der in der Natur eine tiefe Bedeutung erkannte, sagte:

> Blumen sind die schönen Hieroglyphen der Natur,
> mit denen sie uns zeigt, wie sehr sie uns liebt.[116]

Son-Toku (Ninomiya), ein großer Ökonom, der alle Schwierigkeiten und Mühen überwand, mit denen er seit seiner Kindheit konfrontiert war, eignete sich selbständig Bildung an und sagte: [117]

> Himmel und Erde sprechen kein einziges Wort,
> aber sie wiederholen endlos das ungeschriebene, heilige Buch.

3.7 DAS ABSOLUTE UND DIE REALITÄT SIND NUR ABSTRAKTIONEN

Ein Sandkorn, auf das man tritt, kann eine größere Bedeutung besitzen als eine Reihe von Vorlesungen eines Philosophen, den man schätzt, der aber nur redet. Es enthält in sich die gesamte Geschichte der Erde, es erzählt dir, was es seit dem Anbeginn der Zeit gesehen hat; während der Philosoph nur mit abstrakten Begriffen und leeren Wörtern spielt. Was bedeutet sein Absolutes, das Eine, die Substanz? Was implizieren seine Realität und Wahrheit? Was bezeichnen sie, auf was verweisen sie? Nur Worte, nicht als Abstraktion! Eine philosophische Schulrichtung nach der anderen wurde auf logischen Feinheiten errichtet; Tausende von Büchern wurden über diese großen Begriffe und quasi-Trugbilder geschrieben, welche in dem Moment verschwinden, wenn man die Hand der Erfahrung nach ihnen ausstreckt.

„Herzog Hwan“, sagte Zhuangzi, „saß einst oben in seiner Halle, ein Buch lesend, und Phien, ein Stellmacher, war unten damit beschäftigt, ein Rad herzustellen. Seinen Hammer und Meißel beiseite legend, stand er auf und sprach: ‚Ich wage Eure Hoheit zu fragen, was Ihr dort lest?‘ Der Herzog antwortete: ‚Die Worte der Weisen und Heiligen.‘ – ‚Sind diese Weisen und Heiligen lebendig?‘, fragte Phien weiter. ‚Sie sind tot‘, war die Antwort. ‚Dann, mein Herzog‘, erwiderte Phien, ‚lest Ihr im schmut-

---

[116] Brief an Charlotte von Stein, 24. März 1779: „Da mir Worte immer fehlen Ihnen zu sagen, wie lieb ich Sie habe, schick‘ ich Ihnen die schönen Worte und Hieroglyphen der Natur, mit denen sie uns andeutet, wie lieb sie uns hat.“ *[Anm. des Übers.]*

[117] Ninomiya Sontoku, 1787-1856, japanischer Agrarreformer. *[Anm. des Übers.]*

zigen Rest dieser alten Männer.' Der Herzog antwortete: ‚Wie könntest du, ein Stellmacher, irgendetwas zu dem Buch sagen, welches ich lese? Wenn du mir das erklären kannst, sehr schön; wenn nicht, sollst du sterben.' Der Stellmacher sagte: ‚Euer Diener wird die Sache vom Standpunkt seiner eigenen Kunst aus betrachten. Wenn ich ein Rad mache und zu vorsichtig bin, ist das Ergebnis zwar schön, aber nicht stabil genug; wenn ich zu kräftig vorgehe, ist es mühsam und die Verbindungen passen nicht. Wenn die Bewegungen meiner Hände weder zu stark noch zu schwach sind, verwirklicht sich die Idee aus meinem Geist. Aber mit Worten kann man das nicht erklären, es ist ein gewisser Dreh vonnöten. Ich kann diesen Kniff meinen Sohn nicht lehren, und mein Sohn kann ihn von mir nicht lernen. So kommt es, dass ich bereits siebzig Jahre alt bin und noch immer Räder herstelle. Aber diese Alten und das, was sie nicht mitteilen konnten, sind tot und vorbei. Daher, mein Herr, lest Ihr nur in ihren Überresten.'" Zen hat nichts zu schaffen mit dem Schmutz und den Resten der Weisen von einst.

3.8 DIE PREDIGT DES UNBELEBTEN

Die Schriften des Zen sind mit einfachen und vertrauten Tatsachen geschrieben, so einfach und vertraut aus dem täglichen Leben, dass sie der Aufmerksamkeit jeden Moment entgehen. Die Sonne geht im Osten auf. Der Mond geht im Westen unter. Die Berge sind hoch, die Meere tief. Der Frühling kommt mit Blumen, der Sommer mit frischem Wind, der Herbst mit leuchtendem Mond, der Winter mit Schneeflocken. Diese Dinge, die vielleicht zu schlicht und bekannt sind, als dass gewöhnliche Beobachter sie noch bemerken, besitzen im Zen eine tiefgründige Bedeutung. Li Ngao (Rikô) fragte einmal Yoh Shan (Yakusan): „Was ist der Weg zur Wahrheit?" Yoh Shan deutete auf den Mond, und dann auf den Krug zu seiner Seite, und sagte: „Siehst du?" – „Nein, Herr", erwiderte Li Ngao. „Die Wolke ist im Himmel", sagte Yoh Shan, „und das Wasser im Krug". Hüen Sha (Gensha) stieg eines Tages auf das Podium und wollte eine Rede halten, als er eine Schwalbe singen hörte. „Hört", sagte er, „dieser kleine Vogel verkündet die Essenz der Lehre und predigt die ewige Wahrheit." Dann ging er zurück in sein Zimmer, ohne eine Rede zu halten.[118]

Die Buchstaben des Alphabets, a, b, c usw., haben keinerlei Bedeutung. Sie sind nur künstliche Zeichen, aber sie können jede große Idee jedes großen Denkers ausdrücken. Bäume, Gräser, Berge, Flüsse, Sterne, Mond, Sonne usw. Das sind die Buchstaben, mit denen die Schriften des Zen geschrieben sind. Selbst a, b, c usw. können, wenn sie aneinandergefügt und ausgesprochen werden, eine große Idee ausdrücken. Warum sollte dies nicht für Bäume, Gräser und so weiter gelten, die Buchstaben der Natur, welche das Buch des Universums bilden? Selbst der niedrigste Klumpen Erde enthält das geheiligte Gesetz.

Hwui Chung (Echû)[119] soll der erste gewesen sein, der eine Predigt über das Unbelebte gehalten hat. „Predigt das Unbelebte die Lehre?", fragte einst ein Mönch Hwui Chung. „Ja, es predigt eloquent und ohne Unterbrechung. Es gibt keine Pause in seiner Rede", war die Antwort. „Warum höre ich es dann nicht?", fragte der Mönch. „Selbst wenn du es nicht hörst, können es doch viele andere hören." – „Wer kann es hören?" – „Alle Weisen hören und verstehen es", sagte Hwui Chung. Auf diese Weise war die Predigt des Unbelebten ein bevorzugtes Thema der Diskussion, 900 Jahre bevor Shakespeare den gleichen Gedanken mit diesen Worten zum Ausdruck brachte:

> Dies unser Leben, vom Getümmel frei,
> gibt Bäumen Zungen, findet Schrift im Bach,
> in Steinen Lehre, Gutes überall.[120]

„Wie wunderbar die Predigt des Unbelebten ist", sagte Tüng Shan (Tôzan). „Du kannst sie nicht mit den Ohren hören, aber du kannst sie mit den Augen sehen." Du sollst sie mit den Augen des Geistes hören, mit den Augen des Herzens, mit den innersten Augen deiner Seele, nicht mit deinem Verstand, nicht mit deiner gewöhnlichen Sinneswahrnehmung, nicht mit deinem Wissen, nicht durch Logik, nicht durch Metaphysik. Um sie zu verstehen, musst du ahnen, nicht definieren; du musst beobachten,

---

[118] *Dento-roku* und *Egen.*

[119] Ein direkter Schüler des sechsten Patriarchen.

[120] *Wie es euch gefällt*, Zweiter Aufzug, Erste Szene (Der Ardenner Wald). *[Anm. des Übers.]*

nicht kalkulieren; du must dich einfühlen, nicht analysieren; du musst hindurchsehen, nicht kritisieren; du sollst nicht erklären, sondern fühlen; du darfst nicht abstrahieren, sondern musst ergreifen; du musst alles in einem sehen, aber nicht alles überall verstehen; du musst direkt in das Innerste der Dinge vordringen, indem du ihre harte, materielle Kruste mit den Strahlen deines Bewusstseins durchdringst. „Die fallenden Blätter enthüllen uns ebenso wie die blühenden Blumen das heilige Gesetz des Buddha", sagte ein japanischer Zen-Meister.

Wer Reinheit und Frieden sucht, muss in die Natur gehen. Sie wird dir mehr Antworten geben, als du Fragen gestellt hast. Wer Stärke und Beharrlichkeit sucht, muss auch in die Natur gehen. Sie wird dich Stärke lehren. Wer sich nach einem Ideal sehnt, sollte in die Natur gehen. Sie wird dir helfen, es zu verwirklichen. Und, schließlich, wer sich nach Erleuchtung sehnt, sollte in die Natur gehen. Sie wird dein Bitten niemals zurückweisen.

4.1 DAS ALTE BUDDHISTISCHE PANTHEON

Das alte buddhistische Pantheon war voller Götter oder Buddhas, 3.000 an der Zahl[121] oder eher noch unzählige, und ebenso voller Bodhisattvas. Heutzutage jedoch hat in jeder Glaubensgruppierung des Mahayana ein bestimmter Buddha, zusammen mit einigen Bodhisattvas, die Oberherrschaft als Objekt der Verehrung, während andere übernatürliche Wesen in Vergessenheit geraten. Diese erleuchteten Wesen, unabhängig von ihrer Stellung im Pantheon, wurden im Allgemeinen als Menschen angesehen, welche in ihren vergangenen Leben die Tugend kultiviert hatten, Mühsal erduldeten und zahlreiche Arten von Buße, und auf lange Sicht dadurch die vollständige Erleuchtung erlangten. Mit dieser sicherten sie nicht nur Frieden und ewige Seligkeit, sondern erlangten auch diverse übernatürliche Kräfte wie Hellsichtigkeit, Hellhörigkeit, Allwissenheit und was sonst noch alles. Daher ist es nur natürlich, dass einige Anhänger des Mahayana dachten, wenn sie die gleiche Schulung und das gleiche Studium durchlaufen, würden sie die gleiche Erleuchtung erlangen, die gleiche Seligkeit oder die gleiche Buddhaschaft.[122] Andere Mahayana-Anhänger glaubten daran, dass der Gläubige errettet und in einen Zustand ewiger Glückseligkeit erhoben wird, ohne diese harte Schulung durchlaufen zu müssen, und zwar durch die Kraft eines Buddha, der für seine grenzenlose Güte und unermessliche Weisheit bekannt ist.[123]

4.2 ZEN IST BILDERSTÜRMEREI

Den Anhängern des Bodhidharma erschien diese Konzeption von Buddha jedoch zu plump, um sie ohne Zögern zu akzeptieren, und die Lehre zu bedeutungslos und unvereinbar mit dem tatsächlichen Leben. Da Zen,

[121] *Trikalpa-trisahasra-buddhanama-Sutra* gibt die Namen von 3.000 Buddhas an, das *Buddhabhasita-buddhanama-Sutra* zählt 11.093 Buddhas und Bodhisattvas auf. Siehe den Katalog von Nanjo, Nr. 404, 405, 406, 407.

[122] Diejenigen, welche an die Lehre des Pfades der Heiligkeit glauben. Siehe *Eine kurze Geschichte der zwölf japanischen buddhistischen Schulen*, S. 116-119. *[Anm. des Übers.]*

[123] Die Anhänger der Lehre des Reinen Landes.

wie wir im vorherigen Kapitel gesehen haben, schriftliche Autoritäten ablehnt, ist es nachvollziehbar, dass es diese in den Mahayana-Sutras entwickelte Sichtweise des Buddha ablehnt und die Statuen und Bilder solch übernatürlicher Wesen, wie sie von den orthodoxen Buddhisten verehrt werden, als nichtig ansieht. Tan Hia (Tanka), ein berühmter chinesischer Zen-Meister, wurde dabei entdeckt, wie er sich an einem kalten Morgen an einem Feuer wärmte, welches er aus dem Holz einer Buddha-Statue entzündet hatte. Bei einer anderen Gelegenheit fand man ihn rittlings auf der Statue eines Heiligen sitzend. Chao Chen (Jôshû) traf eines Tages Wang Yuen (Bunyen), wie er im Tempel in einer Andacht vor dem Buddha versunken war, und schlug ihn unverzüglich mit seinem Stock. „Ist es nicht gut, den Buddha zu verehren?“, protestierte Wang Yuen. Der Meister erwiderte: „Nichts ist besser als irgendetwas Gutes.“[124] Diese Beispiele verdeutlichen voll und ganz die Haltung des Zen gegenüber den Objekten buddhistischer Verehrung. Zen ist jedoch nicht ikonoklastisch im allgemein anerkannten Sinn des Wortes, und auch keine Götzendienerei, wie christliche Missionare gerne vermuten.

Zen ist mehr Bilderstürmerei als irgendeines der christlichen oder mohammedanischen Bekenntnisse, insofern als es die versteinerte Idee einer Gottheit ablehnt, welche so konventionell und förmlich ist, dass sie keinerlei innerer Überzeugung ihrer Anhänger mehr bedarf. Der Glaube stirbt, wann immer man an einer festen und unwandelbaren Idee einer Gottheit anhaftet, und täuscht einen selbst, indem man Bigotterie für wahren Glauben hält. Glaube muss leben und wachsen, und der lebendige und wachsende Glaube sollte keine feste Form annehmen. Er kann für einen oberflächlichen Beobachter wie eine feste Form aussehen, so wie ein fließender Fluss konstant oder ruhend aussieht, auch wenn er endlose Wandlungen durchmacht. Der tote Glaube, unveränderlich und konventionell, lässt seinen Anhänger religiös und respektabel erscheinen, während er doch sein spirituelles Wachstum verhindert. Er mag seinem Besitzer Bequemlichkeit und Stolz schenken, aber im Grunde handelt es sich um Fesseln für seine moralische Entwicklung. Es ist dies der Anlass für den Ausspruch des Zen: „Buddha ist nichts weiter als geistige Ketten und moralische Fesseln“, und „Selbst wenn du dich nur an den Namen von

[124] *Zenrin-ruishu.*

Buddha erinnerst, wird dies die Reinheit deines Herzen zerstören“. Die konventionelle oder orthodoxe Vorstellung von Buddha oder Gott mag glatt und gerecht erscheinen, wie eine goldene Kette, welche von Generationen von religiösen Goldschmieden gehämmert und poliert wurde; aber sie hat zu viel Steifheit und Gefühlskälte in sich, um von uns getragen zu werden.

> Zerschlage deine Fesseln, die Ketten die dich niederhalten
> egal ob aus glänzendem Gold oder dunklem Erz.
> Wisse, ein Sklave ist ein Sklave, egal ob liebkost oder ausgepeitscht,
> und nicht frei;
> denn auch Fesseln aus Gold binden nicht weniger stark.
> (Lied des *Sannyasin*).

4.3 BUDDHA IST UNBENENNBAR

Mit einem bestimmten Namen ist eine Gottheit nicht mehr, als der Name impliziert. Die Gottheit mit dem Namen Brahman unterscheidet sich notwendigerweise von der Gottheit mit dem Namen Jehova, so wie sich die Hindus von den Juden unterscheiden. Auf die gleiche Weise unterscheidet sich ein Wesen mit der Bezeichnung „Gott“ notwendigerweise von einem Wesen mit der Bezeichnung Amitabha oder der Bezeichnung Allah. Einem Gott einen Namen geben bedeutet, ihm eine Tradition zu verleihen, Nationalität, Begrenzung und Fixierung, und es bringt uns ihm in keiner Weise näher. Das Objekt der Verehrung im Zen kann nicht als Gott oder Brahman oder Amitabha benannt und bestimmt werden, oder als Schöpfer, Natur, Wirklichkeit, Substanz und dergleichen. Weder japanische noch chinesische Zen-Meister haben versucht, dem Objekt ihrer Verehrung einen bestimmten Namen zu geben. Sie nannten es einmal so und einmal so, Geist, Buddha, Tathagata, irgendein konkretes Objekt, Wahrheit, *dharma*-Natur, Buddha-Natur und so weiter.[125] Tüng Shan (Tôzan) erklärte dazu einmal: „ein gewisses Etwas, das den Himmel

[125] So einfach ist es freilich nicht mit Gott, der Bestimmung von Gott und seinen Namen in den abrahamitischen Traditionen. Tatsache ist jedoch, dass die tatsächliche Anerkennung der je größeren Unerkennbarkeit Gottes mit einer Fixierung „seines“ Wesens und „seiner“ Lehren durch Kirchen, „Würdenträger“ und in Form von Organisationen unvereinbar ist. *[Anm. des Übers.]*

stützt und die Erde trägt; dunkel wie Lack und unbestimmbar; sich selbst durch sein Handeln manifestierend, aber doch nicht vollständig dadurch erkennbar".[126] Sôkei drückte es in gleicher Weise aus: „Es existiert ein gewisses Etwas, glänzend wie ein Spiegel, geistig wie der Geist, dem Werden und Vergehen nicht unterworfen."[127] Hüen Sha (Gensha) vergleicht es mit einem Juwel und sagt: „Es gibt ein strahlendes Juwel, welches die Welt in den zehn Richtungen mit seinem Licht erleuchtet."[128]

Dieses gewisse Etwas oder Sein ist zu erhaben, um nach einer traditionellen oder nationalen Gottheit benannt zu werden; zu geistig, um es mit menschlicher Kunst ausdrücken zu können; zu lebendig, um es mit Begriffen mechanischer Wissenschaften zu erfassen; zu frei, um durch intellektuelle Philosophie rationalisiert werden zu können; zu universell, um mit den Sinnen des Körpers erfahren zu werden. Dennoch kann jedermann seine unwiderstehliche Kraft fühlen, seine unsichtbare Präsenz sehen, und sein Herz und seinen Geist in sich selbst berühren. „Der geheimnisvolle Geist", sagt Kwei Fung (Keihô), „ist höher als das Höchste, tiefer als das Tiefste, grenzenlos in alle Richtungen. Es gibt darin kein Zentrum, keine Unterscheidung von Ost und West, oben und unten. Ist er leer? Ja, aber nicht leer wie leerer Raum. Hat er eine Gestalt? Ja, aber seine Form hängt von nichts anderem als seiner eigenen Existenz ab. Ist er intelligent? Ja, aber nicht in der Art, wie wir intelligent sind. Ist es nicht-intelligent? Ja, aber nicht in der Art wie Bäume und Steine. Ist er bewusst? Ja, aber es ist kein Bewusstsein, wie wir es vom Aufwachen kennen. Ist er strahlend? Ja, aber nicht in der Art wie Sonne und Mond." Auf die Frage „Was und wer ist der Buddha?" antwortete Yuen Wu (Engo): „Zügle deine Zunge: Der Mund ist das Tor zum Bösen!" Pao Fuh (Hofuku) beantwortete die gleiche Frage so: „Kein Geschick irgendeiner Kunst kann ihn erfassen." Auf diese Weise ist Buddha unbenennbar, unbeschreibbar und undefinierbar; wir nennen ihn provisorisch Buddha.

---

[126] *Tüng Shan Luh* (*Tôzan-roku*, „Worte und Wirken von Tôzan") ist eines der hervorragendsten Zen-Bücher.

[127] Sôkei, ein koreanischer Zen-Meister, dessen Werk unter dem Titel *Zenke-ki-kwan* bekannt ist, ist es Wert, als koreanischer Meister des Zen genannt zu werden.

[128] *Shôbôgenzô.*

Zen versteht Buddha als ein Wesen bzw. Sein (*Being*), welches alles belebt, erregt, inspiriert, bewegt und anregt. In diesem Sinne können wir ihn als Universelles Leben (*Universal Life*) bezeichnen, da er die Quelle allen Lebens im Universum ist. Das Universelle Leben trägt dem Zen zufolge den Himmel und stützt die Erde, verherrlicht Sonne und Mond, gibt dem Donner seine Stimme, färbt die Wolken weiß und grau, schmückt die Weiden mit Blumen, schenkt den Feldern das Korn, verleiht den Tieren Schönheit und Stärke. Daher erklärt Zen, dass selbst ein toter Klumpen Lehm über das göttliche Leben verfügt, so wie Lowell diesen Gedanken mit anderen Worten ausdrückt:[129]

> Jeder Klumpen Erde fühlt sich von einer Macht angerührt,
> ein innerer Drang, der ausgreift und wächst
> und blind nach oben dem Licht zustrebt,
> zu einer Seele in Gräsern und Blüten klettert.

Einer unserer zeitgenössischen Zen-Anhänger hat witzigerweise bemerkt, dass „Pflanzen die Kinder der Erde sind, Tiere, welche Gemüse essen, die Enkel der Erde, und die Menschen, welche die Tiere essen, die Urenkel der Erde". Wenn kein Leben in der Erde wäre, wie könnte sie dann Leben hervorbringen? Wenn in Pflanzen nicht Leben wäre, Leben von der gleichen Art wie das in Tieren, wie könnten Tiere dann ihr Leben durch Pflanzen erhalten? Wenn nicht dasselbe Leben in Tieren wäre wie in uns, wie könnten wir unser Leben dann auf ihres gründen? Der Poet muss Recht gehabt haben, nicht nur im ästhetischen Sinn, sondern auch vom wissenschaftlichen Standpunkt aus, wenn er sagt:

> Ich muss gestehen, dass ich nur Staub bin.
> Aber einmal wuchs eine Rose in mir heran,
> ihre Wurzeln schossen, ihre Röslein sprossen,
> die ganze Süße der Rose
> durchdrang die Struktur meines Seins,
> und so kommt es, dass ich dir den Duft vermittle,
> wo immer du bist.

---

[129] James Russell Lowell, 1819-1891, amerikanischer Lyriker und Essayist, Hochschullehrer und Diplomat. *[Anm. des Übers.]*

Als Menschen leben und handeln wir, und ebenso unsere Blutbahnen, unser Blut, unsere Blutkörperchen. So wie Zellen und Protoplasma leben und handeln, ebenso leben und handeln Elemente, Moleküle und Atome. Wolken leben und handeln ebenso wie Elemente und Moleküle, und gleichfalls die Erde, der Ozean, die Milchstraße, das Sonnensystem. Was ist dieses Leben, das das größte ebenso wie das kleinste Werk der Natur durchdringt und von dem treffend gesagt werden kann: „Größer als das Größte, kleiner als das Kleinste"? Es kann nicht definiert werden. Es kann nicht zum Gegenstand einer exakten Analyse gemacht werden. Aber es kann unmittelbar in uns erfahren und erkannt werden – so wie man die Schönheit einer Rose wahrnehmen und sich daran erfreuen, sie aber nicht einer exakten Analyse unterziehen kann. Auf jeden Fall ist es etwas andauernd Belebendes, Bewegendes, Tätiges und Reagierendes. Dieses Etwas, welches jeder von uns unmittelbar erfahren, fühlen und genießen kann. Dieses Leben des lebendigen Prinzips im Mikrokosmos ist identisch mit dem des Makrokosmos, und das universelle Leben des Makrokosmos ist die gemeinsame Quelle allen Lebens. Darum heißt es im *Mahaparinirvana-Sutra*:

> „Der Tathagata (eine andere Bezeichnung für Buddha) verleiht allen Wesen ihr Leben, so wie aus dem See Anavatapta die vier großen Flüsse hervorgehen."

Weiterhin heißt es im gleichen Sutra:

> „Der Tathagata teilt seinen eigenen Körper in unzählige Körper und führt unzählige Körper auf einen einzigen Körper zurück. Einmal wird er zu Städten, Dörfern, Häusern, Bergen, Flüssen und Bäumen; einmal hat er einen großen Körper, einmal hat er einen kleinen Körper; mal wird er zu Männern, dann zu Frauen, Jungen und Kindern."

Wandel, der sich in der Form von Wachstum und Verfall zeigt, ist eine eigentümliche Phase des Lebens. Niemand kann die Vergänglichkeit des Lebens leugnen. Einer unserer Freunde bemerkte humorvoll: „Alles in der Welt kann einem zweifelhaft vorkommen; aber niemand kann daran zweifeln, dass er sterben wird.“ Das Leben ist wie eine brennende Lampe. Jede Minute stirbt ihre Flamme und erneuert sich. Das Leben ist wie ein fließender Fluss. Es zieht jeden Moment weiter. Wenn es irgendetwas Beständiges in der Welt gibt, ist es der Wandel selbst. Ist es nicht nur ein Schritt von der rosigen Kindheit zum weißen Haar des Alters? Ist es nicht nur ein Moment vom Hochzeitslied zur Totenklage? Wer kann denselben Moment zwei Mal erleben?

Im Vergleich zu lebenden Organismen erscheint anorganische Materie konstant und unwandelbar; tatsächlich ist sie jedoch gleichermaßen endloser Veränderung unterworfen. Beim Blick in den Spiegel an jedem Morgen findet man sein Gesicht wie am vorherigen Tag reflektiert; ebenso findet man Sonne und Erde jeden Morgen in der gleichen Weise auf der Netzhaut gespiegelt wie am vorherigen Tag; aber selbst die Sonne und die Erde sind nicht weniger wandelhaft als man selbst. Warum aber erscheinen die Sonne und Erde uns unwandelbar und konstant? Nur weil wir selbst einem viel rascheren Wandel unterworfen sind als sie. Wenn man die Wolken betrachtet, die am Mond vorbeiziehen, scheinen sie sich in Ruhe zu befinden, während sich der Mond bewegt; tatsächlich aber bewegen sich sowohl die Wolken wie der Mond ununterbrochen.

Die Wissenschaft mag die quantitative Beständigkeit der Materie postulieren; aber die so genannte Materie ist reine Abstraktion. Zu sagen, Materie sei unwandelbar, ist genauso wie zu sagen, dass zwei immer zwei ist, unwandelbar und beständig, denn die arithmetische Zahl ist ebenso abstrakt wie die physiologische Materie. Der Mond scheint stillzustehen, wenn man ihn nur ein paar Momente beobachtet. Auf die gleiche Weise scheint er von Wandel frei zu sein, wenn man ihn von der kurzen Spanne unseres Lebens aus betrachtet. Astronomen können jedoch von seinen besseren Tagen berichten, und wie er nun runzlig ist und weiße Haare hat.

4.6 DIE PESSIMISTISCHE WELTSICHT DER ALTEN INDER

Hinzu kommt, dass die neue Theorie der Materie das alte Konzept unveränderlicher Atome gänzlich über den Haufen geworfen hat und sie nun aus magnetischen Kräften bestehend gedacht werden, Ionen und Teilchen in endloser Bewegung. Daher gibt es keine immanente, konkrete Materie, kein unwandelbares Objekt im gesamten Bereich der Erfahrung, keinen beständigen Organismus im vergänglichen Universum. Diese Überlegungen haben häufig viele Denker, alte wie moderne, zu einer pessimistischen Weltsicht verleitet. Was ist der Nutzen deiner Bemühungen, würden sie vielleicht sagen, Reichtum anzuhäufen, wenn dieser doch dazu verdammt ist, in der Kürze eines Augenzwinkerns wieder zu vergehen? Was ist der Wert deines Strebens nach Macht, welche weniger Bestand hat als eine Luftblase? Was ist der Nutzen deines Einsatzes für eine Reformation der Gesellschaft, die sowieso nicht länger existiert als ein Luftschloss? Wie unterscheiden sich Könige von Bettlern im Angesicht der Vergänglichkeit? Wie unterscheiden sich Reiche von Armen, wie die Schönen von den Verunstalteten, wie die Jungen von den Alten, die Guten von den Bösen, die Glücklichen von den Unglücklichen, die Weisen von den Narren, vor dem Gericht des Todes? Ehrgeiz ist vergeblich. Ruhm ist eitel. Vergnügen ist sinnlos. Bemühungen und Einsatz sind unnütz. Alles ist umsonst. Ein alter indischer Denker sagte:[130]

> O Ehrwürdiger!
>
> In diesem aus Knochen, Haut, Sehnen, Mark, Fleisch, Same, Blut, Schleim, Tränen, Augenbutter, Kot, Harn, Galle und Phlegma zusammengeschütteten, übelriechenden, kernlosen Leibe – wie mag man nur Freude genießen!
>
> In diesem mit Leidenschaft, Zorn, Begierde, Wahn, Furcht, Verzagtheit, Neid, Trennung von Liebem, Bindung an Unliebes, Hunger, Durst, Alter, Tod, Krankheit, Kummer und dergleichen behafteten Leibe – wie mag man nur Freude genießen!
>
> Auch sehen wir, dass diese ganze Welt vergänglich ist so wie

[130] *Maitrayana-Upanischade*. [Deutsche Übersetzung von Paul Deussen, *Sechzig Upanishad's des Veda*]

diese Bremsen, Stechfliegen und dergleichen, diese Kräuter und Bäume, welche entstehen und wieder verfallen.

Darum errette mich! Denn ich fühle mich in diesem Weltlaufe wie der Frosch in einem blinden Brunnenloche.

Es ist diese Betrachtung der Vergänglichkeit des Lebens, welche einige Daoisten in China dazu gebracht hat, den Tod dem Leben vorzuziehen, so wie es *Zhuangzi* ausdrückt:[131]

Dschuang Dsï sah einst unterwegs einen leeren Totenschädel, der zwar gebleicht war, aber seine Form noch hatte. Er tippte ihn mit seiner Reitpeitsche an und begann also, ihn zu fragen: „Bist du in der Gier nach Leben von dem Pfade der Vernunft abgewichen, dass du in diese Lage kamst? Oder hast du ein Reich zugrunde gebracht und bist mit Beil oder Axt hingerichtet worden, dass du in diese Lage kamst? Oder hast du einen üblen Wandel geführt und Schande gebracht über Vater und Mutter, Weib und Kind, dass du in diese Lage kamst? Oder bist du durch Kälte und Hunger zugrunde gegangen, dass du in diese Lage kamst? Oder bist du, nachdem des Lebens Herbst und Lenz sich geendet, in diese Lage gekommen?“

Als er diese Worte geendet, da nahm er den Schädel zum Kissen und schlief. Um Mitternacht erschien ihm der Schädel im Traum und sprach: „Du hast da geredet wie ein Schwätzer. Alles, was du erwähnst, sind nur Sorgen der lebenden Menschen. Im Tode gibt es nichts derart. Möchtest du etwas vom Tode reden hören?“

Dschuang Dsï sprach: „Ja.“

Der Schädel sprach: „Im Tode gibt es weder Fürsten noch Knechte und nicht den Wechsel der Jahreszeiten. Wir lassen uns treiben, und unser Lenz und Herbst sind die Bewegungen von Himmel und Erde. Selbst das Glück eines Königs auf dem Throne kommt dem unseren nicht gleich.“

Dschuang Dsï glaubte ihm nicht und sprach: „Wenn ich den Herrn des Schicksals vermöchte, dass er deinen Leib wieder zum Leben erweckt, dass er dir wieder Fleisch und Bein und Haut und Muskeln gibt, dass er dir Vater und Mutter, Weib und Kind und al-

[131] Übersetzung Richard Wilhelm (Kapitel 18.4). *[Anm. des Übers.]*

le Nachbarn und Bekannten zurückgibt, wärst du damit einverstanden?“

Der Schädel starrte mit weiten Augenhöhlen, runzelte die Stirn und sprach: „Wie könnte ich mein königliches Glück wegwerfen, um wieder die Mühen der Menschenwelt auf mich zu nehmen?“

4.7 HINAYANA UND SEINE LEHRE

Die Lehre von der Vergänglichkeit war das erste Einfallstor des Hinayana. Vergänglichkeit verfehlt es nie, uns dessen zu berauben, was uns lieb und nahe ist. Sie enttäuscht unsere Erwartungen und Hoffnungen. Sie führt zu Bedauern, Furcht, Ärger und Klage. Sie verbreitet Schrecken und Zerstörung in Familien, Gemeinschaften und Nationen, ja innerhalb der gesamten Menschheit. Sie bedroht die gesamte Erde, das gesamte Universum mit Verdammnis. Darauf folgt, dass das Leben voller Enttäuschung, Leiden und Übel ist und der Mensch wie „Frosch in einem trockenen Brunnen“.[132] Dies ist die Lehre, welche die Anhänger des Hinayana die Heilige Wahrheit vom Leiden nennen.

Wenn die Vergänglichkeit einmal Einzug in unser Denken gehalten hat, können wir Zerstörung und Unglück inmitten des Wohlergehens und Gedeihens voraussehen, ebenso wie Alter und Hässlichkeit in der Blüte der Jugend und Schönheit. Dies führt wie von selbst zu der Ansicht, dass der Körper ein Sack voller Schleim und Blut ist, ein bloßer Haufen verfaulenden Fleischs und zerfallender Knochen, ein sich zersetzender Leichnam, der von unzähligen Maden bewohnt wird. Dies ist die Lehre, welche von den Anhängern des Hinayana als Heilige Wahrheit von der Unreinheit bezeichnet wird.[133]

Zudem erstreckt sich die tyrannische Herrschaft der Vergänglichkeit nicht nur auf die materielle, sondern auch auf die geistige Welt. Durch ihre Berührung lösen sich *atman* oder eine Seele in Nichts auf. Durch

---

[132] Vgl. Sanskrit *kupamanduka* sowie *Zhuangzi*, 17.9 *[Anm. des Übers.]*

[133] *Mahasatipatthana-Sutta*, §7, lautet wie folgt: „Und weiter noch, ihr Mönche: als wäre sein Körper auf den Leichenacker geworfen, tot seit ein, zwei oder drei Tagen, aufgedunsen, schwarz und blau verfärbt, sich zersetzend, wendet er diese Vorstellung auf seinen eigenen Körper an, und denkt derart: Dieser mein Körper ist genauso beschaffen, ist von eben jener Natur, wird diesem Schicksal nicht entgehen.“

ihren Ruf unterliegen selbst die *devas* oder himmlischen Wesen dem Tod. Darauf folgt, dass an einen *atman* zu glauben, der ewig und unveränderlich ist, eine verzerrte Denkweise der Unwissenden ist. Das ist die Lehre, welche die Anhänger des Hinayana als Heilige Wahrheit des Nicht-Selbst bezeichnen.

Wenn also wie gesagt nichts frei von Vergänglichkeit ist, wird Beständigkeit zu einem groben Irrtum der Unwissenden; wenn selbst die Götter sterben müssen, ist Ewigkeit nicht mehr als ein einfältiger Traum der gewöhnlichen Menschen; wenn alle Phänomene im Fluss und Wandel sind, kann es keine konstanten, ihnen zugrunde liegenden Seinsformen (*noumena*) geben. Es folgt daraus, dass alle Dinge im Universum leer und unwirklich sind. Dies ist die Lehre, welche die Anhänger des Hinayana als Heilige Wahrheit der Nicht-Wirklichkeit bezeichnen. Auf diese Weise gelangte der Hinayana-Buddhismus, beginnend mit der Lehre der Vergänglichkeit, zu einer extremen Form einer pessimistischen Weltsicht.

4.8 WANDEL AUS DER SICHT DES ZEN

Zen verleugnet ebenso wie das Hinayana nicht die Vergänglichkeit, ist aber zu einer gänzlich anderen Sichtweise ihr gegenüber gekommen als die der Inder. Vergänglichkeit bedeutet im Zen einfach nur Wandel. Es ist ein Geschehen, in dem sich das Leben selbst manifestiert. Wo es Leben gibt, da gibt es auch Wandel oder Vergänglichkeit. Wo es mehr Wandel gibt, ist auch mehr lebendige Aktivität. Man stelle sich einen gänzlich unveränderlichen Körper vor: Er kann nur völlig leblos sein. Ein ewig von Wandel freies Leben ist dasselbe wie ein ewiger, unveränderlicher Tod. Warum schätzen wir die Morgenröte, welche in ein paar Stunden verschwunden ist, mehr als eine künstliche Blume aus Glas, welche hunderte von Jahren überdauert? Warum schätzen wir das Leben eines Tieres, welches ein paar Jahre währt, höher als pflanzliches Leben, welches Tausende von Jahren existieren kann? Warum schätzen wir sich verändernde Organismen mehr als anorganische Materie, unwandelbar und konstant? Wenn es in den prächtigen Farben einer Blume keine Veränderungen gäbe, wäre sie so wertlos wie ein Stein. Wenn sich der Gesang eines Vogels nicht verändern würde, wäre er so wertlos wie pfeifender Wind. Wenn sich die Bäume und Pflanzen nicht verändern würden, wären sie gänzlich ungeeignet für einen Garten. Was also sollte der Sinn des Lebens sein, wenn es stillsteht? So wie das Wasser eines Flusses immer frisch und gesund ist, weil es keinen einzigen Moment stoppt, so auch ist das Leben immer frisch und neu, weil es nicht stillsteht, sondern rapide von den Eltern zu den Kindern weitergeht, von den Kindern zu den Enkeln, von den Enkeln zu den Urenkeln, und so von Generation zu Generation weiterfließt, sich selbst unaufhörlich erneuernd.

Wir können die Existenz von Alter und Tod niemals leugnen, ganz im Gegenteil. Tod ist von entscheidender Bedeutung für eine Fortsetzung des Lebens, denn der Tod räumt alle verfallenden und verfallenen Organismen beiseite, welche dem Leben im Weg stehen. Ansonsten würde das Leben in organischem Abfall ersticken. Der einzige Weg, auf dem das Leben sich selbst vorantreiben oder erneuern kann, besteht darin, Neues zu schaffen und sich vom Alten zu befreien. Wenn es kein Alter oder keinen Tod gäbe, wäre das Leben kein Leben, sondern Tod.

4.9 LEBEN UND WANDEL

Veränderung und Wandel sind die wesentlichen Aspekte des Lebens; aber Leben ist nicht Veränderung oder Wandel selbst, wie es Bergson anscheinend annimmt.[134] Es ist etwas, welches wir durch Wandel und Veränderung beobachten können. Es gibt unter Buddhisten ebenso wie Christen nicht wenige, welche Konstanz und Unveränderlichkeit des Lebens begehren, verlockt durch so glatte Bezeichnungen wie ewiges Leben, immerwährende Freude, dauernder Frieden und dergleichen. Sie haben vergessen, dass ihr Geist sich niemals mit Monotonie und Beständigkeit zufriedengeben kann. Wenn es immerwährende Freude für ihre Seelen geben könnte, müsste sie ihnen durch unaufhörlichen Wandel präsentiert werden. Ebenso müsste, wenn es für ihre Seelen ewiges Leben geben sollte, dieses durch endlose Veränderung dargereicht werden. Was ist der Unterschied zwischen ewigem Leben, fixiert und konstant, und ewigem Tod? Was ist der Unterschied zwischen immerwährender Freude, unwandelbar und monoton, und ewigem Leiden? Wenn Beständigkeit

[134] Henri-Louis Bergson, 1859-1941, bedeutender Philosoph („Lebensphilosophie“) und Nobelpreisträger. *[Anm. des Übers.]*

anstatt Wandel das Leben beherrschen würde, dann wären Hoffnung und Freude völlig unmöglich. Glücklicherweise ist das Leben nicht beständig. Es verändert sich und wird. Freude entsteht durch Wandel selbst. Allein der Wechsel von Nahrung und Kleidung bereitet uns oft Freude, während die zwei- oder dreimalige Erscheinung derselben Sache, egal wie sehr sie uns gefallen mag, uns nur wenig Freude bereitet. Sie wird uns vielmehr ermüden und sogar abstoßen, wenn sie uns immer wieder vorgebracht wird.

Ein wichtiges Element in der Freude, welche wir aus sozialen Zusammenkünften beziehen, aus Reisen, Sightseeing usw. ist nichts anderes als Abwechslung bzw. Wandel. Selbst intellektuelle Freude besteht größtenteils aus Wandel. Eine tote, unwandelbare und abstrakte Wahrheit, 2 und 2 ergibt 4, erregt kein Interesse; während eine veränderliche, konkrete Wahrheit, so wie Darwins Evolutionstheorie, ein reges Interesse hervorruft.

4.10 LEBEN, WANDEL UND HOFFNUNG

Die Lehre von der Vergänglichkeit führt uns nicht zu einer pessimistischen Weltsicht. Im Gegenteil, sie schenkt uns eine unerschöpfliche Quelle der Freude und Hoffnung. Lassen Sie mich fragen: Sind Sie mit dem gegenwärtigen Zustand der Dinge zufrieden? Sympathisieren Sie nicht mit den in Armut verstrickten Millionen von Menschen, welche Seite an Seite mit von Reichtum übersättigten Millionären leben? Vergießen Sie keine Tränen wegen der hungernden Kinder, welche in den dunklen Wegen der großen Städte kauern? Wollen Sie nicht den überwältigenden Schinder unterdrücken – „Macht ist Recht" (*Might is Right*)?[135] Wollen Sie nicht dem so genannten „bewaffneten Frieden" der Nationen ein Ende machen? Wollen Sie nicht den Kampf ums Dasein abmildern und mehr Heiterkeit als Krieg mit Waffen?

Das Leben ändert sich und ist veränderlich; also hat es auch eine Zukunft. Hoffnung ist damit möglich. Individuelle Entwicklung, soziale Verbesserungen, internationaler Frieden, Erneuerung der Menschheit im

[135] Titel eines 1890 erschienen Buches, welches sozialdarwinistische Theorien vertritt. Der Autor ist unbekannt. *[Anm. des Übers.]*

Allgemeinen können erhofft werden. Unser Ideal, so unpraktisch es auf den ersten Blick auch wirken mag, kann verwirklicht werden. Darüber hinaus ist die Welt selbst in Veränderung begriffen und veränderlich. Sie enthüllt von Zeit zu Zeit neue Phasen und kann geformt werden, um unseren Anliegen zu entsprechen. Wir müssen das Leben und die Welt nicht als gänzlich gegeben und schicksalsvoll verhängt hinnehmen. Kein Umstand spricht dafür, dass die Welt irgendwann einmal von einer anderen Macht geschaffen und dazu bestimmt wurde, so zu sein, wie sie jetzt ist. Sie lebt, handelt und ändert sich. Sie verwandelt sich selbst kontinuierlich, so wie auch wir uns verändern und entwickeln. Auf diese Weise versorgt uns die Lehre von der Vergänglichkeit mit einer Quelle der Hoffnung und des Trosts, leitet uns ins lebendige Universum und führt uns in die Gegenwart des Universellen Lebens bzw. Buddhas ein.

Der Leser wird jetzt aus den folgenden Dialogen gut verstehen, wie Zen den Buddha als Prinzip des Lebens wahrnimmt:

„Ist es wahr, Herr“, fragte ein Mönch Teu tsz (Tôshi), „dass alle Geräusche der Natur die Stimme des Buddha sind?“ – „Ja gewiss“, erwiderte Teu tsz. „Was ist, verehrter Herr“, fragte ein Mann den Chao Cheu (Jôshu), „der heilige Tempel des Buddha?“ – „Ein unschuldiges Mädchen“, erwiderte der Lehrer. „Wer ist der Herr des Tempels?“, fragte der erste erneut. „Ein Baby in ihrem Schoß“, war die Antwort. „Was ist, Herr“, fragte ein Mönch Yen Kwan (Yenkan), „der eigentliche Körper des Buddha Vairocana?“[136] – „Gebt mir einen Krug mit Wasser“, sagte der Lehrer. Der Mönch tat, wie ihm aufgetragen. „Stellt ihn zurück an seinen Platz!“,[137] sagte Yen Kwan dann.

---

[136] Wörtlich „Alles erleuchtender Buddha“, der höchste der *Trikaya.* Siehe Eitel, S. 192 [Ernst Johann Eitel, 1838-1908, protestantischer Missionar in China. Verfasste u.a. *Handbook of Chinese Buddhism, being a Sanskrit-Chinese Dictionary* und *Buddhism: its historical, theoretical and popular aspects.*]

[137] *Zenrin-ruishu.*

4.11 ALLES IST LEBENDIG IN DER VORSTELLUNG DES ZEN

Alles Lebendige hat einen starken inneren Drang zur Selbsterhaltung, sich zu behaupten, voranzutreiben und mit seiner Umgebung zu interagieren, bewusst und unbewusst. Diese immanente Tendenz des Lebens ist eine unentwickelte, aber fundamentale Qualität des Geistes. Sie zeigt sich in unbelebter Materie zuerst als Undurchdringlichkeit, Affinität oder mechanische Kraft. Gestein hat eine kraftvolle Neigung, sich selbst zu erhalten, und es ist schwer zu zerstören. Diamant hat eine widerstandsfähige Neigung zur Selbsterhaltung. Salz hat dieselbe starke Neigung, da seine Teilchen eigenständig agieren und reagieren und nicht eher enden als bis seine Kristalle geformt sind. Auch Dampf hat diese Neigung, da er alles was ihm im Weg steht, beiseite schiebt und hingeht, wo er will.

In der schlichten Sichtweise der frühen Völker waren die Berge, Flüsse, Bäume, Schlangen, Ochsen, Adler und so weiter gleichermaßen voller Leben; daher auch ihre Vergöttlichung. Kein Zweifel, dass es irrational ist, an Nymphen, Elfen, Feen und dergleichen zu glauben; dennoch können wir noch immer sagen, dass Berge durch ihre eigene Kraft stehen und Flüsse fließen, wie sie wollen, so wie wir auch sagen, dass die Blätter von Bäumen und Pflanzen und das Gras sich ihrem eigenen Wunsch entsprechend der Sonne zuwenden. Ebenso wenig ist es eine reine Metapher zu sagen, dass Donner spricht und Berge antworten, oder dass Vögel singen und Blumen lächeln, dass der Wind flüstert und der Regen weint, dass Liebende zum Mond sehen und der Mond auf sie herabblickt – wenn wir das geistige Element in all diesen Aktivitäten erkennen. Haeckel sagt nicht ohne Grund: „Ich kann mir die einfachen chemischen und physischen Kräfte nicht vorstellen, ohne der Bewegung der stofflichen Teilchen ein bewusstes Empfinden zuzusprechen.“ Und weiter: „Wir können die Gefühle von Freude und Lust allen Atomen zusprechen und so die elektrische Affinität in der Chemie erklären.“[138]

[138] Ernst Haeckel, 1834-1919. Arzt, Zoologe und Philosoph, trug zur Verbreitung des Darwinismus bei. Bekannt ist u.a. sein Werk *Die Welträtsel. [Anm. des Übers.]*

4.12 DIE SCHÖPFERISCHE KRAFT VON NATUR UND HUMANITÄT

Die immanente Tendenz der Selbsterhaltung, welche sich als mechanische Kraft oder chemische Affinität in der anorganischen Natur manifestiert, entfaltet sich als der Wunsch zur Erhaltung der Spezies bei Pflanzen und Tieren. Man schaue sich an, wie Pflanzen sich selbst in einer komplizierten Weise befruchten und wie sie ihre Samen auf faszinierende Weise weit und breit verteilen. Eine viel weiter entwickelte Form desselben Verlangens zeigt sich in der sexuellen Anziehung und elterlicher Liebe bei Tieren. Wer wüsste nicht, dass selbst kleinste Vögel ihre Jungen gegen jeden Feind bis zur Selbstaufopferung verteidigen, und dass sie ihnen Nahrung bringen, während sie selbst häufig abmagern und sterben. Bei menschlichen Wesen können wir zahlreiche Variationen desselben Verlangens beobachten. Zum Beispiel werden Gram und Verzweiflung empfunden, wenn etwas unmöglich ist; Ärger, wenn etwas durch andere verhindert wird; Freude, wenn es erfüllt ist; Angst, wenn es bedroht ist; Vergnügen, wenn es in Aussicht steht. Auch wenn es sich als sexuelle Anziehung und elterliche Liebe in niederen Tieren manifestiert, entwickelt es doch solche Formen wie Sympathie, Loyalität, Wohltätigkeit, Gnade, Humanität, welche wir bei menschlichen Wesen beobachten können.

Die schöpferische Kraft in der anorganischen Natur wiederum schafft in ihrem Bemühen, sich selbst zu erhalten und effektiver zu handeln, den Keim der organischen Natur; schrittweise die Leiter der Evolution voranschreitend, entwickeln sich Sinnesorgane und das Nervensystem; in der Folge entfalten sich intellektuelle Kräfte wie Gefühl, Wahrnehmung, Vorstellung, Gedächtnis und dergleichen. Auf diese Weise betätigt die schöpferische Kraft sich selbst Schritt für Schritt, erweitert die Sphäre ihres Handelns und bedingt die Zusammenführung von Individuen zu Familien, Clans, Stämmen, Völkern und Nationen. Zum Zwecke dieser Zusammenführung und Kooperation etablieren sich Gebräuche, verbriefte Rechte, institutionalisierte Politik und Bildungssysteme. Mehr noch: Um sich zu verstärken, wurden Sprachen und Wissenschaften hervorgebracht; und um sich zu veredeln, Moral und Religion.

Diese Betrachtungen führen uns auf natürliche Weise dahin zu erkennen, dass das Universelle Leben keine blinde, vitale Kraft ist, sondern ein schöpferischer Geist bzw. schöpferisches Bewusstsein, welches sich selbst auf unzählige Weisen entfaltet. Alles im Universum lebt und agiert und enthüllt zugleich seinen Geist, der Vorstellung des Zen zufolge. Am Leben zu sein ist identisch damit, geistig bzw. spirituell zu sein. So wie der Dichter sein Lied hat, so auch die Nachtigall, und so auch die Grille und der Fluss. So wie wir erfreut oder beleidigt sind, so auch Pferde, Hunde, Spatzen, Regenwürmer und Pilze. Je einfacher der Körper, desto einfacher der Geist; je komplexer der Körper, um so komplexer der Geist. „Geist schlummert in den Kieseln, Träume in den Pflanzen, sammelt Energie in den Tieren und erwacht zur Entdeckung des Selbstbewusstseins im Menschen."

Es ist der Schöpferische, Universelle Geist welcher die Morgenröte ausschickt, um den Himmel zu erleuchten, der Diana ihre wohltuenden Strahlen schicken und Aelous auf seiner Harfe spielen lässt, den Frühling mit Blumen umwindet und den Herbst in Gold kleidet, der Pflanzen dazu veranlasst, Blüten zu treiben, Tiere dazu animiert, aktiv zu sein, und im Menschen zum Bewusstsein erwacht. Der Autor des *Mahavaipulya-purnabuddha-Sutra* drückt diese Idee aus, wenn er sagt: „Berge, Flüsse, Himmel und Erde: Alle werden vom Wahren Geist umarmt und erleuchtet und sind geheimnisvoll." Rinzai sagt ebenso: „Der Geist ist formlos, aber er durchdringt die Welt in den zehn Richtungen."[139] Der sechste Patriarch drückt dieselbe Idee noch klarer aus: „Was die Phänomene erschafft, ist der Geist; was die Phänomene transzendiert, ist der Buddha."[140]

[139] *Rinzai-roku.*
[140] *Rokuso dangyô.*

Seit das Universelle Leben oder der Geist das Universum durchdringen, hat es die dichterische Intuition der Menschen nie verfehlt, sie zu entdecken und sich an allem, was für diesen Geist typisch ist, zu erfreuen. „Die Blätter des Wegerichs (*plantain*)“, hat ein Zen-Dichter gesagt, „entfalten sich von selbst, wenn sie die Stimme des Donners hören. Die Blüten der Stockrose richten sich zur Sonne aus und betrachten sie den ganzen Tag.“ Jesus vermochte in den Lilien das Unerkannte Sein zu entdecken, welches sie so prächtig kleidet. Wordsworth sah das universelle geistige Dasein als die tiefgründigste Sache in der gesamten Welt an, welche sich direkt in der Natur manifestiert, gekleidet in ihre eigene Würde und Friedfertigkeit. „Durch jeden Stern“, sagt Carlyle, „durch jeden Grashalm, aber vor allem durch jede Seele, strahlt die Herrlichkeit des anwesenden Gottes“.

Es sind nicht nur Größe und Feinheit, welche auf das Universelle Leben verweisen, sondern auch Kleinheit und Alltäglichkeit. Ein Weiser des Altertums erwachte zum Glauben, als er eine Glocke klingen hörte; ein anderer, als er eine Pfirsichblüte sah; wieder einer, als er die Frösche quaken hörte; und wieder ein anderer, als er sein eigenes Spiegelbild in einem Fluss sah.[141] Die kleinsten Staubteilchen bilden eine eigene Welt. Jedes armselige Sandkorn unter unseren Füßen verkündet ein göttliches Gesetz. Darum geht es, wenn Teu Tsz (Tôshi) auf einen Stein vor seinem Tempel zeigt und spricht: „Alle Buddhas der Vergangenheit, Gegenwart und Zukunft sind darin lebendig.“[142]

[141] Die chinesische wie die japanische Historie des Zen ist voll von solchen Ereignissen.
[142] *Zenrin-ruishu* und *Tôshi-goroku*.

4.15 ERLEUCHTETES BEWUSSTSEIN

Ergänzend zu diesen Überlegungen, welche überwiegend von indirekter Erfahrung [d.h. vom Hörensagen] abhängen, können wir die direkte Erfahrung des Lebens in uns selbst machen. Als erstes erfahren wir, dass unser Leben keine rein mechanische Bewegung oder Veränderung ist, sondern eine geistige, zweckgerichtete und selbstgelenkte Kraft. Als zweites erfahren wir, dass es weiß, fühlt und will. Als drittes erfahren wir, dass es eine Kraft gibt, welche die intellektuellen, emotionalen und volitionalen Aktivitäten vereint, und so das Leben einheitlich und rational macht. Als letztes schließlich entdecken wir, dass tief in uns verwurzelt ein erleuchtetes Bewusstsein liegt, welches weder von Psychologen behandelt werden kann noch von Philosophen geglaubt wird, aber welches Zen-Lehrer mit starker Überzeugung darlegen. Erleuchtetes Bewusstsein ist dem Zen zufolge das Zentrum des spirituellen Lebens. Es ist der Geist des Geistes, das Bewusstsein des Bewusstseins. Es ist der Universelle Geist, der im menschlichen Geist erwacht. Es ist nicht der Geist, welcher Freude oder Kummer empfindet; es ist auch nicht der Geist, welcher räsoniert und schlussfolgert; noch ist es der Geist, der fantasiert und träumt; noch ist es der Geist, der hofft und fürchtet; noch ist es der Geist, der gut und böse unterscheidet. Es ist das erleuchtete Bewusstsein, welches sich mit dem Universellen Geist bzw. Buddha vereint und erkennt, dass die individuellen Leben untrennbar miteinander verbunden sind und von ein und derselben Beschaffenheit wie das Universelle Leben. Es ist immer strahlend wie ein blankgeputzter Spiegel und kann durch Zweifel und Unwissenheit nicht verdunkelt werden. Es ist immer rein wie eine Lotosblume, welche nicht durch den Schmutz der Bosheit und Verrücktheit befleckt wird. Obwohl alle fühlenden Wesen mit diesem erleuchteten Bewusstsein ausgestattet sind, sind sie sich seiner Existenz nicht bewusst, ausgenommen jene, welche es durch ihre Meditationspraxis entdecken. Erleuchtetes Bewusstsein wird häufig Buddha-Natur genannt, da es die wahre Natur des Universellen Geistes ist. Zen-Lehrer vergleichen es mit einem kostbaren Stein, der immer frisch und rein ist, selbst wenn er unter Bergen von Staub begraben ist. Sein göttliches Licht kann niemals durch Zweifel oder Angst ausgelöscht werden, so wie das Sonnenlicht nicht durch Nebel und Wolken zerstört wird. Zitieren wir einen chinesischen Zen-Dichter, um zu sehen, wie Zen das Thema angeht:[143]

> Ich habe ein Bildnis des Buddha,
> welches die gewöhnlichen Menschen nicht kennen.
> Es ist nicht aus Lehm oder Stoff,
> auch nicht aus Holz geschnitzt,
> und auch nicht aus Erde oder Asche gebildet.
> Kein Künstler kann es zeichnen,
> kein Dieb kann es stehlen.
> Es existiert vom Anbeginn der Zeit an.
> Es ist rein, obwohl es nicht gewischt und geputzt wird.
> Obwohl es nur ein einziges ist,
> teilt es sich selbst in Hunderttausende von Formen.

4.16 BUDDHA RESIDIERT IM EIGENEN GEIST

Erleuchtetes Bewusstsein im individuellen Geist benötigt von seinem Träger kein relatives Wissen der Dinge, wie es der Intellekt kennt, sondern die tiefste Einsicht in die universelle Verbundenheit alles Seienden. Diese Einsicht ermöglicht ihm, die absolute Heiligkeit ihrer inneren Beschaffenheit zu verstehen und das höchste Ziel, für welches sie alle da sind. Wenn das erleuchtete Bewusstsein einmal in uns erwacht ist, dient es uns als eine Richtschnur und führt uns zu Hoffnung, Seligkeit und Leben; in diesem Sinne wird es treffend auch als Meister von Geist und Körper bezeichnet.[144] Manchmal wird es auch ursprünglicher Geist genannt, da es der Geist des Geistes ist.[145] Es ist der in den einzelnen Menschen residierende Buddha. Wenn man mag, kann man es auch Gott im Menschen nennen. Die folgenden Dialoge verweisen alle auf dieselbe Idee.

Einmal kam ein Metzger, der es gewohnt war, jeden Tag tausend Schafe zu schlachten, zu Gautama, warf ihm sein Metzger-Messer vor die Füße und sprach: „Ich bin einer der tausend Buddhas!“ – „Ja, tatsäch-

---

143 *Zengaku-hôten.*

144 Es wird häufig Herr oder Meister des Geistes genannt.

145 „Ein anderer Name für Buddha ist ursprünglicher Geist.“ (*Kechi-myaku-ron*).

lich", antwortete Gautama. – – – Ein Mönch, Hwui Chao (Echô) mit Namen, fragte Pao Yen (Hôgen): „Was ist der Buddha?" – „Du bist es, Hwui Chao", antwortete der Meister. – – – Dieselbe Frage wurde Sheu Shan (Shuzan), Chi Man (Chimon) und Teu Tsz (Tôshi) gestellt, und der erste antwortete: „Eine Braut besteigt einen Esel, und ihre Schwiegermutter führt ihn." Der zweite sagte: „Er geht barfuß, seine Sandalen sind ausgelatscht." Der dritte erhob sich von seinem Stuhl und stand still da, ohne ein Wort zu sagen. – – – Chwen Hih (Fukiu) erklärt diesen Punkt auf eindeutige Weise: „Jede Nacht gehe ich mit dem Buddha zu Bett, und jeden Morgen wache ich mit ihm auf. Wenn ich stehe oder sitze, wenn ich rede oder schweige, wenn ich drinnen bin oder draußen – er verlässt mich nie, er begleitet mich wie ein Schatten den Körper. Möchtest du wissen, wo er ist? Höre auf diese Stimme und Worte."[146]

4.17 ERLEUCHTETES BEWUSSTSEIN IST KEINE INTELLEKTUELLE EINSICHT

Erleuchtetes Bewusstsein ist keine rein intellektuelle Einsicht, denn es ist voller wunderbarer Empfindungen. Es liebt, kümmert sich, umarmt und schätzt alle Wesen gleichermaßen, und ist ihnen gegenüber voller Barmherzigkeit. Es hat keine Feinde, die es besiegen müsste, kein Böses, mit dem es kämpfen könnte, sondern findet stets Freunde, denen es hilft, und Gutes, das es verkünden kann. Sein warmes Herz schlägt in Harmonie mit den Herzen aller Wesen. Der Autor des *Brahmajala-sutra* drückt diesen Gedanken aus, wenn er sagt: „Alle Menschen sind unsere Mütter; alle Menschen sind unsere Väter; Erde und Wasser sind die Körper unserer früheren Existenzen; Feuer und Luft unsere Essenz."

Auf diese Weise, indem wir uns auf unsere innere Erfahrung verlassen, welche der einzige unmittelbare Weg ist, Buddha zu erkennen, verstehen wir ihn als ein Wesen von tiefgründiger Weisheit und grenzenlosem Mitgefühl, der alle Wesen wie seine Kinder liebt, welche er pflegt, großzieht, führt und lehrt. „Diese drei Welten sind seine Welt, und alle lebenden Wesen sind seine Kinder." (*Saddharma-pundarika-Sutra*) „Der Gesegne-

---

[146] Siehe für solche Dialoge *Shoyo-roku, Mumonkan, Hekiganshu.* Fukius Äußerungen werden häufig von den Zen-Meistern herangezogen.

te Eine ist die Mutter aller fühlenden Wesen und gibt ihnen allen die Milch des Erbarmens.“ (*Mahaparinirvana-Sutra*). Einige Menschen haben ihn als Absoluten bezeichnet, da er alles Licht, alle Hoffnung, alle Gnade und alle Weisheit ist; manche nennen ihn Himmel, da er hoch und erleuchtet ist; manche Gott, da er heilig und geheimnisvoll ist; manche Wahrheit, da er die Wahrheit selbst ist; manche Buddha, da er frei von Täuschungen ist; manche Schöpfer, da er die dem Universum immanente, schöpferische Kraft ist; manche Pfad, da er der Weg ist, dem es zu folgen gilt; manche Unerkennbarer, da er jenseits des relativen Wissens steht; mache Selbst, da er das Selbst aller einzelnen Selbste ist. All diese Namen werden auf ein Sein bezogen, welches wir mit dem Begriff Universelles Leben oder Universeller Geist bezeichnen.

4.18 UNSER VERSTÄNDNIS VON BUDDHA IST NICHT ENDGÜLTIG

Wurde die göttliche Natur des Universellen Geistes denn vollständig und erschöpfend in unserem Erleuchtetem Bewusstsein offenbart? Diese Frage sollten wir verneinen, denn soweit es unsere begrenzte Erfahrung betrifft, enthüllt sich der Universelle Geist als ein Sein voller tiefgründiger Weisheit und grenzenlosem Mitgefühl; dies jedoch bedeutet nicht, dass diese Vorstellung die einzig mögliche und vollständige ist. Wir sollten uns stets daran erinnern, dass die Welt lebendig ist, in Wandel und Bewegung begriffen. Sie entwickelt sich weiter, um ein neues Stadium zu enthüllen oder um eine weitere Wahrheit hinzuzufügen. Die subtilste Logik von einst ist bloß ein Rätselraten für unser heutiges Verständnis. Die Wunder von gestern sind die Normalitäten von heute. Neue Theorien werden gebildet und neue Entdeckungen werden gemacht, nur um den Platz freizumachen für noch neuere Theorien und Entdeckungen. Neue verwirklichte Ideale und befriedigte Wünsche führen mit Sicherheit zu noch neueren und stärkeren Wünschen. Nicht ein Augenblick des Lebens verweilt unverändert, sondern fährt sich selbst anpassend und bereichernd fort, vom Anbeginn der Zeit bis zum Ende aller Ewigkeit.

Daher kann es sein, dass das Universelle Leben in der Zukunft neuen spirituellen Gehalt entfaltet, der uns jetzt noch unbekannt ist, da es lebende Wesen von den Amöben bis zum Menschen verfeinert, herausgehoben und entwickelt sowie die Intelligenz und Reichweite der Individuen erweitert hat, bis hoch zivilisierte Menschen auf der Bühne des Bewusstseins erschienen – dem Bewusstsein des göttlichen Lichts in sich selbst. An Buddha zu glauben bedeutet daher, zufrieden und dankbar zu sein für seine Gnade, und auf die unendliche Entfaltung seiner Herrlichkeit im Menschen zu hoffen.

4.19 WIE DEN BUDDHA VEREHREN

Der Autor des *Vimalakrtti-nirdesha-Sutra* beschreibt unsere Haltung gegenüber dem Buddha treffend, wenn er sagt: „Wir bitten Buddha um nichts. Wir bitten den Dharma um nichts. Wir bitten den Sangha um nichts." Nichts, das wir vom Buddha erbitten: keinen weltlichen Erfolg, keine Belohnungen in zukünftigen Leben, keine besonderen Segnungen. Hwang Pah (Obaku) sagte: „Ich verehre einfach nur den Buddha. Ich bitte den Buddha um nichts. Ich bitte den Dharma um nichts. Ich bitte den Sangha um nichts." Dann fragte ihn ein Prinz:[147] „Du bittest den Buddha um nichts. Du bittest den Dharma um nichts. Du bittest den Sangha um nichts. Was ist dann der Nutzen deiner Verehrung?" Der Prinz erhielt als Antwort auf seine zweckorientierte Frage einen Schlag.[148] Dieser Vorfall illustriert, wie Verehrung im Sinne der Zen-Meister ein Akt reiner Dankesbezeugung ist, oder die Öffnung eines dankbaren Herzens, mit anderen Worten: das Aufschließen des Erleuchteten Bewusstseins. Wir leben das direkte Leben des Buddha, erfreuen uns seines Segens und halten Gemeinschaft mit ihm durch Worte, Gedanken und Taten. Die Erde ist kein „Tal der Tränen", sondern die glorreiche Schöpfung des Universellen Geistes; und der Mensch ist kein „armer, verderbter Sünder", sondern der lebendige Altar für Buddha selbst. Was immer wir auch tun, tun wir mit dem dankbaren Herzen und der reinen Freude des Erleuchteten Bewusstseins; Essen, Trinken, Sprechen, Gehen und jede andere Verrichtung des täglichen Lebens sind Verehrung und Hingabe. Wir stimmen mit Margaret Fuller überein, wenn sie sagt: „Ehrerbietung den Höchsten; Geduld mit den Niedersten. Lass die tägliche Verrichtung der gewöhn-

---

[147] Der spätere Kaiser Suen Tsung (Sensô) der Tang-Dynastie.
[148] Für Einzelheiten siehe *Hekiganshû*.

lichsten Pflichten deine Religion sein. Sind die Sterne zu weit entfernt? Nimm den Kiesel zu deinen Füßen und lerne alles von ihm."[149]

[149] Margaret Fuller, 1810-1850, Schriftstellerin aus dem Kreis der Transzendentalisten und eine führende Intellektuelle Neuenglands ihrer Zeit. *[Anm. des Übers.]*

5.1 DER MENSCH IST VON NATUR AUS GUT: MENZIUS[150]

Östliche Gelehrte, besonders die chinesischen Schriftgelehrten, haben ein so reges Interesse am Studium der menschlichen Natur entwickelt, dass sie alle nur möglichen Sichtweisen, welche hierzu in Frage kommen, vorgeschlagen haben; nämlich: (1) der Mensch ist von Natur aus gut; (2) der Mensch ist von Natur aus schlecht; (3) der Mensch ist von Natur aus sowohl gut als auch schlecht; und (4) der Mensch ist von Natur aus weder gut noch schlecht. Die erste dieser Ansichten wurde von Menzius, einem zutiefst verehrten konfuzianischen Gelehrten, und seinen Anhängern vertreten; ihr folgt bis heute die Mehrheit der japanischen und chinesischen Konfuzianer. Menzius hielt es für den Menschen für so selbstverständlich, Gutes zu tun, wie es für das Gras selbstverständlich ist, grün zu sein. „Man stelle sich einen Menschen vor“, sagt er, „der ein Kind sieht, welches im Begriff steht, in einen Brunnen zu stürzen. Er würde versuchen es zu retten, sogar auf Kosten seines eigenen Lebens, und egal wie unmoralisch er normalerweise sein mag. Er hätte keine Zeit, darüber nachzudenken, ob ihm sein Handeln einen Lohn von den Eltern einbringt oder einen guten Ruf bei seinen Freunden und Mitmenschen. Er würde handeln einfach aufgrund seiner angeborenen, guten Natur.“ Nachdem er noch einige weitere, ähnliche Beispiele gegeben hat, kommt Menzius zu dem Schluss, dass Gutsein die fundamentale Natur des Menschen ist; selbst wenn er häufig von seinen brutalen Neigungen davon weggerissen wird.

---

[150] Mencius (372-282 v. Chr.) gilt als der beste Verkünder der Lehre des Konfuzius. Es gibt ein wohlbekanntes Werk von ihm, betitelt nach seinem Namen. Siehe *A History of Development of Chinese Thought* von R. Endô sowie *A History of Chinese Philosophy* von G. Nakauchi (S.38-50).

5.2 DER MENSCH IST VON NATUR AUS SCHLECHT: SIÜN TSZ (JUNSHI)[151]

Die Schwäche der Theorie des Menzius wird voll offengelegt durch eine gänzlich entgegengesetzte Sichtweise, wie sie Siün Tsz (Junshi) [Xunzi] und seine Anhänger vertreten. „Der Mensch ist von Natur aus schlecht“, sagt Siün Tsz, „denn er hat ein angeborenes Verlangen, Hunger und Streben nach Wohlstand. Da er dieses angeborene Streben und Verlangen hat, verfällt er wie von selbst Ungeduld und Liederlichkeit. Da er ein angeborenes Verlangen nach Wohlstand hat, neigt er von Natur aus zu Streitigkeiten und Auseinandersetzungen mit anderen, um Gewinn zu machen.“ Ohne Zucht und Kultur wäre er keinen Deut besser als die Tiere. Seine tugendhaften Taten wie Wohltätigkeit, Ehrlichkeit, Anstand, Keuschheit, Vertrauenswürdigkeit und so weiter sind ein Verhalten, zu dem er durch die Lehre der alten Weisen gedrängt wird und das seiner natürlichen Neigung zuwiderläuft. Laster sind also in Übereinstimmung mit seiner wahren Natur, während Tugenden fremd und unwahr hinsichtlich seiner eigentlichen Natur sind.

Diese beiden Theorien sind nicht nur weit davon entfernt, Licht auf die moralische Verfassung des Menschen zu werfen, sondern hüllen sie sogar in noch mehr Dunkel. Wir wollen ein paar Fragen auf dem Wege der Zurückweisung stellen. Wenn die Natur des Menschen gut ist, so wie es Menzius annimmt, warum ist es dann für ihn so einfach, ohne besondere Unterweisung dazu böse zu sein, während es ihm sogar mit Unterweisung schwer fällt, gut zu sein? Wenn man behauptet, dass Gutsein die erste Natur des Menschen ist und Bösartigkeit seine zweite, warum wird er dann so oft von der zweiten übermannt? Wenn man sagt, dass er ursprünglich von Natur aus gut ist, aber seine zweite Natur durch den Kampf ums Dasein erwirbt und diese nach und nach aus demselben Grund Macht über die erste Natur erlangt, dann sollten primitive Völker deutlich tugendhafter sein als hoch zivilisierte Nationen, und Kinder tu-

[151] Siün Tsz [Xunzi] lebte etwa fünfzig Jahre nach Mencius. Siün Tsz führt als Begründung dafür, warum die Menschen nach Moral streben, an, dass sie suchen, was sie nicht haben, und dass sie einfach deshalb nach Moral trachten, weil sie keine besitzen – so wie die Armen den Reichen nachstreben. Siehe *A History of Chinese Philosophy* von G. Nakauchi (S.51-60) sowie *A History of Development of Chinese Thought* von R. Endô.

gendhafter als Erwachsene und alte Menschen. Doch widerspricht dies nicht den Tatsachen?

Wenn wiederum die Natur des Menschen bösartig ist, wie es Siün Tsz annimmt, wie kann er dann Tugendhaftigkeit kultivieren? Wenn man behauptet, dass die alten Weisen so genannte Kardinaltugenden erfanden und sie entgegen ihrer natürlichen Neigung verinnerlicht haben, warum geben sie diese dann nicht wieder auf? Wenn Laster der menschlichen Natur entsprechen, aber Tugenden nicht, warum stehen dann Tugenden in so hohem Ansehen? Wenn Lasterhaftigkeit authentisch ist und Tugendhaftigkeit eine Täuschung, wie diese Denker meinten, warum nennt man dann die Erfinder dieser Täuschungen „Weise“? Und wie konnten die Menschen Gutes tun, bevor diese Weisen auf der Welt erschienen waren?

5.3 DER MENSCH IST VON NATUR AUS GUT UND SCHLECHT: YAN HIUNG (YÔYÛ)[152]

Gemäß Yan Hiung und seinen Anhängern ist das Gute nicht weniger real als das Böse, und das Böse ist nicht unwirklicher als das Gute. Darum muss der Mensch eine doppelte Natur besitzen – teilweise gut und teilweise schlecht. Das ist der Grund, warum die Geschichte der Menschheit voller teuflischer Verbrechen ist und zur gleichen Zeit voll von göttlich-guten Taten. Das ist der Grund, warum die Menschheit auf der einen Seite einen Sokrates, Konfuzius und Jesus kennt, und auf der anderen Seite einen Nero und Kieh.[153] Das ist auch der Grund, warum wir in einem Menschen heute einen treuen Gefolgsmann haben und morgen einen Verräter.

Diese Sicht der menschlichen Natur könnte unsere gegenwärtige moralische Verfassung erklären, dennoch verbleiben viele weitere, schwer zu beantwortende Fragen. Wenn diese Annahme richtig ist, ist es dann kein sinnloses Unterfangen, Menschen in der Absicht zu erziehen, sie besser und nobler zu machen? Wie könnte man die bösartige Natur im Men-

[152] Yan Hiung [Yang Xiong] (gestorben 18 n. Chr.) ist der berühmte Autor des *Tai Huen* (*Taigen*) und *Fah Yen* (*Hôgen*). Seine Sichtweise bezüglich der Natur des Menschen findet sich im *Fah Yen*.

[153] Letzter Kaiser der Xia-Dynastie und Inbegriff eines Tyrannen (der den Sturz der Dynastie herbeiführte). *[Anm. des Übers.]*

schen auslöschen, wenn sie ihm doch von Beginn an eingepflanzt ist? Wenn der Mensch eine doppelte Natur hat, wie kann er dann das Gute über das Böse stellen? Wie kam er dazu, zu entscheiden, dass er gut sein will und nicht böse? Wie könnte man die Autorität der Moral begründen?

5.4. DER MENSCH IST VON NATUR AUS WEDER GUT NOCH SCHLECHT: SU SHIH (SOSHOKU)[154]

Diese Schwierigkeiten könnten durch eine Theorie wie diejenige von Su Shih und anderen buddhistisch beeinflussten Gelehrten vermieden werden, welche die Ansicht vertreten, dass der Mensch von Natur aus weder gut noch böse ist. Seiner Meinung nach ist der Mensch von Natur aus weder moralisch noch unmoralisch, sondern nicht-moralisch. Er ist moralisch ein unbeschriebenes Blatt. Er befindet sich an einem moralischen Scheideweg erst, wenn er geboren ist. Da er keine Färbung hat, kann er schwarz oder rot gefärbt werden. Da er sich an einem Scheideweg befindet, kann er nach links oder rechts gehen. Er ist wie frisches Wasser, welches keinen Eigengeschmack hat, und den Umständen entsprechend süß oder bitter schmeckt. Aber wenn wir uns nicht allzu sehr irren, hat auch diese Theorie mit einer Menge Schwierigkeiten zu kämpfen. Wie könnte es möglich sein, ein nicht-moralisches Wesen moralisch oder unmoralisch zu machen? Wir könnten genauso gut versuchen, Honig aus Sand zu gewinnen, wie gut oder böse aus einer völlig nicht-moralischen Natur. Es kann keine guten oder bösen Früchte geben, wenn es keine guten oder bösen Samen in der Natur gibt. Somit finden wir keine zufriedenstellende Lösung für das fragliche Problem in den vier Theorien dieser chinesischen Gelehrten: die erste Theorie schafft es nicht, das Problem der menschlichen Verdorbenheit zu erklären; die zweite versagt bei den Ursprüngen der Moral; die dritte kann die Möglichkeit moralischer Kultivierung nicht erklären; und die vierte widerspricht sich selbst.

---

[154] Su Shih (1042-1101), ein großer Schriftsteller und Zen-Adept, bekannt für seine poetischen Werke.

5.5 ES GIBT KEINEN STERBLICHEN VON VOLLKOMMENER MORAL

Von Natur aus sollte der Mensch entweder gut oder böse sein; oder er sollte sowohl gut als auch böse sein; oder er sollte weder gut noch böse sein. Es gibt keine Alternativen zu diesen vier Möglichkeiten, von denen keine als wahr akzeptiert werden kann. Also muss ein Missverständnis in den Begriffen liegen, mit denen hantiert wird. Manche scheinen der Ansicht zu sein, dass der Fehler vermieden werden kann, wenn man die Reichweite des Begriffes „Mensch" einschränkt und sagt, manche seien von Natur aus gut, manche schlecht, manche sowohl gut wie schlecht und manche weder gut noch schlecht. In diesem modifizierten Vorschlag findet sich kein Widerspruch, aber er vermag immer noch nicht die ethische Verfassung des Menschen zu erklären. Nehmen wir an, dieser Vorschlag stimmt, so gäbe es demnach vier Arten von Menschen: (1) Solche von vollkommener Moral, ohne unmoralische Anlagen; (2) solche, die teils moralisch und teils unmoralisch sind; (3) solche die weder moralisch noch unmoralisch sind; und (4) solche die vollkommen unmoralisch sind und keine moralische Anlage besitzen. Orthodoxe Christen glauben an die Sündenlosigkeit von Jesus und wären der Ansicht, dass er zu ersten Klasse gehört, ebenso wie Muslime (*Mohammedans*) und Buddhisten, die den Gründer ihres jeweiligen Glaubens vergöttlichen, in diesem Fall ihren Gründer als moralisch vollkommene Persönlichkeit ansehen würden. Aber basiert ihr Glaube, sollten wir fragen, auf historischen Tatsachen? Kann man sagen, dass so traditionelle und selbst-widersprüchliche Berichte wie die vier Evangelien Geschichtsschreibung im strengen Sinne des Wortes sind? Kann man beteuern, dass die Traditionen, welche Mohammed und Shakyamuni vergöttlichen, die Äußerungen bloßer Tatsachen sind? Ist Jesus nicht vielmehr eine Abstraktion und ein Ideal, gänzlich verschieden vom konkreten Sohn eines Zimmermanns, der mit derselben Nahrung großgezogen wird wie wir selbst, in ähnlichen Unterbringungen lebt, unter den gleichen Schmerzen leidet, von derselben Sorte von Ärger getrieben wird und unter denselben Lüsten leidet wie wir? Kann man sagen, dass die Person, welche viele blutige Schlachten geschlagen hat, welche zahllose verschlagene Verhandlungen mit Feinden und Freunden geführt hat, welche persönlich die Schwierigkeiten der

Polygamie erfahren hat, eine sündenlose und göttliche Person war? Wir könnten zugestehen, dass diese alten Weisen übermenschlich und göttlich waren – dann hat unsere Klassifikation nichts mit ihnen zu schaffen, weil sie nicht wirklich zu den Menschen gehören. Aber wer könnte dann auf eine wirklich sündenlose Person in der Welt verweisen? Ist es nicht eine Tatsache, dass man sich, je tugendhafter man wird, umso sündhafter fühlt? Wenn es in der Vergangenheit, Gegenwart oder Zukunft irgendeinen Sterblichen gab, gibt oder geben wird, der sich selbst als rein und sündenlos bezeichnet, zeigt gerade diese Äußerung an, dass er moralisch nicht so hochstehend ist. Daher ist die Existenz der ersten Gruppe von Menschen zu bezweifeln.

5.6 ES GIBT KEINEN STERBLICHEN, DER NICHT-MORALISCH ODER GÄNZLICH UNMORALISCH IST

Dasselbe gilt für die dritte und vierte Klasse von Menschen, die man als nicht-moralisch oder gänzlich unmoralisch behauptet. Es gibt keinen Menschen, egal wie moralisch verkommen er sein mag, der nicht auch wenigstens ein bisschen gute Natur während seines gesamten Daseins offenlegen würde. Es ist unsere tägliche Erfahrung, dass wir einen vertrauenswürdigen Freund sogar in einem Taschendieb, einen liebenden Vater in einem Räuber oder einen freundlichen Nachbarn in einem Mörder finden können. Glaube, Sympathie, Freundschaft, Liebe, Loyalität und Großzügigkeit finden sich nicht nur in Palästen und Kirchen, sondern auch in Bordellen und Gefängnissen. Auf der anderen Seite verbergen sich abscheuliche Laster und blutige Verbrechen nicht selten unter feinen Anzügen oder geistlichen Kleidern. Das Leben ist wahrlich wie ein aus schwarzem und weißen Stroh gedrehtes Seil, und das eine vom anderen zu trennen würde bedeuten, das Seil selbst zu zerstören. Ebenso wäre ein Leben, welches gänzlich unabhängig von der Dualität von gut und böse wäre, kein tatsächliches Leben. Wir müssen daher zugeben, dass der dritte und vierte Vorschlag nicht mit unseren täglichen Erfahrungen übereinstimmen, und dass nur die zweite Position übrigbleibt, welche jedoch, wie wir gesehen haben, bei der Frage nach dem Ursprung der Moral versagt.

Wo liegt dann aber der Irrtum bezüglich der vier Möglichkeiten, was die Natur des Menschen betrifft? Er liegt nicht im Subjekt, dem Menschen, sondern im Prädikat, d.h. in der Verwendung der Begriffe „gut" und „böse". Untersuchen wir nun, wie sich gut und böse voneinander unterscheiden. Eine gute Handlung fördert ein weitaus größeres Interesse als eine schlechte Handlung. Beide sind identisch darin, was ihr Dienlichsein für menschliche Interessen betrifft, aber sie unterscheiden sich in dem Ausmaß, in dem sie ihr Ziel erreichen. Mit anderen Worten: gute und böse Handlungen werden beide mit dem Ziel der Verfolgung menschlicher Interessen ausgeführt, aber sie unterscheiden sich hinsichtlich der Reichweite ihrer Interessen. So ist zum Beispiel Einbruch offensichtlich eine böse Handlung, die von jedermann verdammt wird; aber das Rauben des Besitzes eines anderen Stammes für den eigenen Stamm oder die eigene Nation wird als verdienstvolles Verhalten gepriesen. Beide Handlungen sind hinsichtlich der Verfolgung von Interessen vollkommen identisch; aber erstere bezieht sich nur auf die Interessen eines einzelnen oder einer einzelnen Familie, während letztere sich auf einen ganzen Stamm oder eine ganze Nation bezieht. Wenn erstere böse ist, insofern sie die Interessen anderer ignoriert, muss letztere ebenso böse sein, da sie die Interessen der Angehörigen des anderen Volks ignoriert. Mord gilt überall als böse; aber das Töten von Tausenden von Menschen auf dem Schlachtfeld wird gepriesen und verehrt, weil Ersteres verübt wird um den Interessen eines Einzelnen zu dienen, während Letzteres der Öffentlichkeit bzw. Allgemeinheit zugute kommt. Wenn Ersteres wegen seiner Grausamkeit böse ist, muss Letzteres wegen seiner Unmenschlichkeit ebenfalls böse sein.

Die Idee von gut und böse, welche vom gesunden Menschenverstand allgemein akzeptiert ist, besagt in etwa Folgendes: „Eine Handlung ist gut, wenn sie den Interessen eines Einzelnen oder einer Familie förderlich ist; besser noch, wenn sie einem Gebiet oder einem ganzen Land dient; am besten, wenn sie der ganzen Welt förderlich ist. Eine Handlung ist schlecht, wenn sie einem anderen Individuum oder einer anderen Familie schadet; noch schlechter, wenn sie nachteilig für ein ganzes Gebiet oder Land ist; und am schlechtesten, wenn sie der ganzen Welt schadet. Im strengen Sinne ist eine Handlung gut, wenn sie die geistigen oder materiellen Interessen gemäß der Motivation des Handelnden unterstützt; und sie ist schlecht, wenn sie den geistigen oder materiellen Interessen in der Motivation des Handelnden zuwiderläuft."

Entsprechend dieser Idee können menschliche Handlungen unter vier verschiedenen Gruppen zusammengefasst werden: (1) gänzlich gute Handlungen; (2) teils gute und teils schlechte Handlungen; (3) weder gute noch schlechte Handlungen; und (4) gänzlich schlechte Handlungen.

1.) Gänzlich gute Handlungen sind solche Handlungen, welche geistigen oder materiellen Interessen der Menschen dienen, aber niemals behindern, wie z. B. Humanität und die Liebe zu allen Lebewesen. 2.) Teils gute und teils schlechte Handlungen sind solche Handlungen, welche menschlichen Interessen sowohl dienen als auch diesen zuwiderlaufen, wie z. B. engstirniger Patriotismus und mit Vorurteilen behaftete Zuneigung. 3.) Weder gute noch schlechte Handlungen sind solche Handlungen, welche menschlichen Interessen weder dienen noch ihnen entgegenstehen, wie z. B. der unbewusste Akt eines Träumers. 4.) Gänzlich schlechte Handlungen sind solche Handlungen, welche absolut menschlichen Interessen zuwiderlaufen, die aber – abgesehen vom Suizid – nicht möglich sind, da jede Handlung mehr oder weniger den materiellen oder geistigen Interessen der Handelnden oder irgendeines anderen Subjekts dienlich ist.[155] Selbst so verwerfliche Handlungen wie Mord oder Elternmord beabsichtigen, den Interessen irgendeiner Person dienlich zu sein, und sie erfüllen bis zu einem gewissen Grad den angestrebten Zweck. Es folgt daraus, dass der Mensch nicht im strengen Sinne der oben erläuterten Begriffe gut oder schlecht sein kann, denn es gibt keinen Menschen, der nur Handlungen der ersten Klasse vollzieht und keine anderen, noch gibt es einen Menschen, der nur Handlungen der vierten Klasse begeht und sonst keine. Der Mensch kann gut oder schlecht genannt werden, zur gleichen Zeit weder gut noch schlecht, insofern er immer Handlungen der zweiten und dritten Klasse vollzieht. All dies ist jedoch nichts als Wortspielerei. Somit können wir schließen, dass die Sichtweise des gesunden Menschenverstandes von der menschlichen Natur es verfehlt, die wahre Beschaffenheit des tatsächlichen Lebens zu erfassen.

---

[155] Wieso Nukariya den Suizid nicht als Erfüllung des geistig-materiellen Interesse des Ausübenden verstanden wissen will, bleibt unklar, zumal er dies ja sogar im nächsten Satz dem Mord zugesteht. *[Anm. des Übers.]*

5.8 DER MENSCH IST WEDER GUT NOCH SCHLECHT VON NATUR AUS, SONDERN EINE BUDDHA-NATUR

Wir hatten bereits die Gelegenheit festzustellen, dass Zen die Buddha-Natur lehrt, mit der alle fühlenden Wesen ausgestattet sind. Der Ausdruck „Buddha-Natur",[156] so wie er von Buddhisten allgemein verstanden wird, bezeichnet eine latente und unentwickelte Qualität, welche es ihrem Eigner ermöglicht, die Erleuchtung zu erlangen, wenn sie entwickelt und aktualisiert wird.[157] Demnach ist der Mensch also in der Sichtweise des Zen von Natur aus weder gut noch schlecht im relativen Sinne, wie diese Begriffe gemeinhin verstanden werden, sondern Buddha-Natur (*buddha-natured*) im Sinne der Nicht-Zweiheit. Eine gute Person im gewöhnlichen Sinne unterscheidet sich von einer schlechten Person im gewöhnlichen Sinne nicht hinsichtlich der beiden angeborenen Buddha-Natur, sondern in dem Grade, in dem sie diese durch ihre Taten verwirklicht. Auch wenn die Menschen gleichermaßen mit dieser Buddha-Natur ausgestattet sind, erlauben ihre unterschiedlichen Stadien der Entwicklung es ihnen nicht, sie in der gleichen Weise in ihrem Verhalten auszudrücken. Die Buddha-Natur kann mit der Sonne verglichen werden und der individuelle Geist mit dem Himmel. Ein erleuchteter Geist ist dann wie der Himmel bei schönen Wetter, wenn nichts die Strahlen der Sonne verdeckt. Ein unwissender Geist ist wie der Himmel bei wolkigem Wetter, wenn die Sonne nur schwach [auf die Erde] scheint; und ein böser Geist ist wie der Himmel bei stürmischen Wetter, wenn die Sonne gänzlich verschwunden scheint. Es entspricht unserer täglichen Erfahrung, dass selbst ein Räuber oder Mörder sich als guter Vater oder liebender Ehemann gegenüber seinen Kindern und seiner Frau erweisen kann. Er ist ein ehrwürdiger Mensch solange er zuhause ist. Die Sonne der Buddha-Natur schenkt ihm Licht innerhalb der Wände seines Hauses, aber außerhalb dieser Mauern ist dieses Licht durch seine Verbrechen verschleiert.

[156] Für eine detaillierte Erklärung der Buddha-Natur siehe das gleichlautende Kapitel im *Shôbôgenzô*.

[157] Es heißt, das *Mahaparinirvana-Sutra* sei zum Zweck der Verkündigung dieser Idee geschrieben worden.

5.9 DIE PARABEL VOM RÄUBER KIH[158]

Zhuangzi (Sôshi) macht in humorvoller Weise auf folgenden Umstand aufmerksam:[159]

> Die Gesellen des Räubers Dschï fragten ihn einmal und sprachen: „Braucht ein Räuber auch Moral?“ Er antwortete ihnen: „Aber selbstverständlich! Ohne Moral kommt er nicht aus. Intuitiv erkennt er, wo etwas verborgen ist – das ist seine Größe; er muss zuerst hinein – das ist sein Mut; er muss zuletzt heraus – das ist sein Pflichtgefühl; er muss wissen, ob es geht oder nicht – das ist seine Weisheit; er muss gleichmäßig verteilen – das ist seine Güte. Es ist vollkommen ausgeschlossen, dass ein Mann, der es auch nur an einer dieser fünf Tugenden fehlen lässt, ein großer Räuber wird.“

Die Parabel zeigt uns klar, wie sich die Buddha-Natur eines Räubers und Mörders als Weisheit, Mut, Rechtschaffenheit, Vertrauenswürdigkeit und Güte innerhalb seiner Gesellschaft ausdrücken, und dass, wenn er sich außerhalb seiner eigenen Gesellschaft ebenso verhalten würde, er kein Räuber, sondern ein großer Weiser wäre.

---

[158] Die Parabel ist eigentlich dazu gedacht, die konfuzianische Lehre herabzusetzen, aber der Verfasser kommt darin auf das Thema der menschlichen Natur zu sprechen. Wir führen sie hier nicht in derselben Absicht an wie der Verfasser.

[159] Übersetzung von Richard Wilhelm (Kapitel X) *[Anm. des Übers.]*

5.10 WANG YANG MING (Ô YÔMEI) UND DER DIEB

Eines Abends, als Wang einen Vortrag vor einer Gruppe von Studenten über seine berühmte Lehre hielt, dass alle menschlichen Wesen über ein Gewissen verfügen,[160] brach ein Dieb in das Haus ein und versteckte sich in der dunkelsten Ecke. Dann erklärte Wang lautstark, dass jedes menschliche Wesen von Geburt an über ein Gewissen verfügt und dass selbst ein Dieb, der in ein Haus einbreche, ein Gewissen wie die Weisen der Vorzeit besäße. Der Dieb, der diese Bemerkungen mithörte, kam aus seinem Versteck heraus und erbat die Vergebung des Meisters; da es kein Entkommen mehr für ihn gab und er halb nackt war, quetschte er sich hinter die Studenten. Wangs bereitwillige Vergebung und warmherzige Behandlung ermutigten ihn zu fragen, wie er wissen könne, dass selbst ein so armseliger Schurke wie er über das Gewissen der Weisen aus der Vorzeit verfüge. Wang antwortete: „Es ist dein Gewissen, welches dich Scham angesichts deiner Nacktheit empfinden lässt. Du bist ein Weiser, wenn du von allem Abstand nimmst, womit du dir Schande zufügst.“ Wir sind der festen Überzeugung, dass Wang richtig daran tut, dem Dieb zu sagen, dass er sich seiner Natur nach nicht von den Weisen des Altertums unterscheidet. Es ist keine Übertreibung. Es ist eine rettende Wahrheit. Es ist auch ein höchst effektiver Weg, Menschen aus der Dunkelheit der Sünde zu befreien. Jeder Dieb hört in dem Moment auf, ein Dieb zu sein, wenn er an sein eigenes Gewissen, seine eigene Buddha-Natur glaubt. Man kann Kriminelle nicht durch harte Vorwürfe oder Strafen bessern. Man kann sie nur durch Mitgefühl und Liebe retten, durch die man ihre angeborene Buddha-Natur wachruft. Nichts hat schlimmere Auswirkungen auf Kriminelle. als sie wie eine andere Art von Menschen zu behandeln und sie in ihrer Überzeugung zu bestärken, dass sie von Natur aus böse seien. Wir bedauern es zutiefst, dass selbst in zivilisierten Gesellschaften die Autoritäten, welche diese erlösende Wahrheit verkennen, die Kriminellen, für welche sie die Verantwortung tragen, ins Verderben führen, obwohl es doch ihre Pflicht wäre, sie zu retten.

---

[160] Es handelt sich nicht um Gewissen im gewöhnlichen Sinne des Wortes. Es geht um ein „moralisches“ Prinzip, welches nach Wang das gesamte Universum durchdringt. „Es drückt sich beim Himmel als Fürsorge/Vorsehung aus, als moralische Natur beim Menschen, und als mechanische Gesetzmäßigkeit in der materiellen Natur.“ Der Leser wird erkennen, dass dieses Gewissen von Wang der Buddha-Natur am nächsten kommt.

Dies gilt nicht nur für Räuber und Mörder, sondern auch für gewöhnliche Menschen. Es gibt viele, die ehrlich und gut in ihrer eigenen Umgebung sind, aber sich außerhalb ihrer Gemeinschaft als gemein und unehrlich erweisen. Gleichzeitig gibt es solche, die eine begeisterte Liebe für ihr eigenes Land besitzen, aber unrechtmäßig gegenüber den Interessen anderer Gebiete handeln. Sie sind aufrichtige und ehrenhafte Gentlemen innerhalb der Grenzen ihres eigenen Gebiets, aber eine Bande von Gaunern außerhalb davon. So gibt es viele, welche Washingtons und Wilhelm Tells gegenüber ihren eigenen Leuten sind, aber Piraten und Kannibalen gegenüber anderen. Wiederum gibt es nicht wenige, welche rassistische Vorurteile haben und die Strahlen einer Buddha-Natur nicht durch eine farbige Haut herausscheinen sehen können. Es gibt zivilisierte Menschen, welche human genug sind, alle menschlichen Wesen als ihre Brüder und Schwestern wertzuschätzen und zu lieben, aber so gefühllos sind, dass sie niedere Kreaturen als für sie geeignete Nahrung ansehen. Eine wahrhaft erleuchtete Person kann aber nicht anders, als mit Menschen und Tieren mitzuempfinden, so wie auch Shakyamuni alle fühlenden Wesen als seine Kinder angesehen hat.

All diese Menschen stimmen gänzlich überein, was ihre Buddha-Natur betrifft, zeigen jedoch große Unterschiede, was ihren Ausdruck davon durch ihr Handeln und Verhalten angeht. Wenn Diebe und Mörder als von Natur aus verdorben bezeichnet werden, sollte man auch Reformer und Revolutionäre so bezeichnen. Wenn andererseits Patriotismus und Loyalität als gut gelten, müsste dies auch für Verrat und Aufruhr gelten. Damit ist klar, dass eine so genannte gute Person nur jemand ist, deren Handeln weiter gefasste Interessen des Lebens betreffen, und eine so genannte böse Person nur jemand, dessen Interessen enger gefasst sind. Mit anderen Worten, die Schlechten sind die Guten im Ei [d.h. die noch nicht ausgebrütet worden sind], und die Guten sind die Schlechten, die flügge geworden sind. Der Vogel im Ei ist derselbe wie der flügge gewordene Vogel, also ist auch der Gute im Ei von genau derselben Natur wie der flügge gewordene Schlechte. Um zu zeigen, dass die menschliche Natur die Dualität von gut und böse übersteigt, erklärt der Verfasser des *Avatamsaka-Sutra*, dass „alle Wesen mit der Weisheit und Tugend des

Tathagata ausgestattet sind". Kwei Fung (Keihô) sagt: „Alle fühlenden Wesen besitzen den wahren Geist der Ursprünglichen Erleuchtung in sich. Er ist unwandelbar und rein. Er ist ewig strahlend, klar und bewusst. Er wird auch Buddha-Natur genannt, oder *Tathagata-garbha.*"

5.12 DER GROSSE MENSCH UND DER KLEINE MENSCH

Aus diesen Gründen schlägt Zen vor, den Menschen als mit einer Buddha-Natur ausgestattet anzusehen, oder mit einer guten Natur in einem die Dualität von gut und böse übersteigenden Sinne. Es macht keinen Sinn, einige Individuen gut zu nennen, wenn es nicht auch schlechte gibt. Der Einfachheit halber jedoch nennt Zen den Menschen gut, wie es durch Shakyamuni illustriert wird, der es gewohnt war, seine Zuhörer als „gute Männer und Frauen" zu bezeichnen, und durch den sechsten Patriarchen in China, der jeden Menschen „einen guten und weisen" nannte. Das bedeutet nicht im Geringsten, dass alle menschlichen Wesen tugendhaft, fehlerlos und heilig sind – ganz und gar nicht! Die Welt ist voller Laster und Verbrechen. Es ist eine unbestreitbare Tatsache, dass das Leben ein Kampf des Guten gegen das Böse ist, und so manch tapferer Held ist schon in vorderster Reihe gefallen. Es ist allerdings kurios, dass die Champions auf beiden Seiten aus denselben Gründen kämpfen. Es gibt kein einziges Individuum in der Welt, welches gegen seine eigenen Interessen kämpfen würde, und der einzig mögliche Unterschied zwischen einer Seite und der anderen besteht in der Reichweite der Interessen, für die sie kämpfen. So genannte schlechte Menschen, welche von chinesischen und japanischen Gelehrten zutreffend „kleine Menschen" genannt werden, bringen ihre Buddha-Natur nur auf kleinem Raum innerhalb ihrer eigenen vier Wände zum Ausdruck, während so genannte gute Menschen oder „große Menschen", wie sie von den östlichen Gelehrten genannt werden, ihre Buddha-Natur in so großem Umfang aktualisieren, dass sie ein ganzes Land oder die ganze Welt umfasst.

Erleuchtetes Bewusstsein oder Buddha-Natur ist, wie wir im vorherigen Kapitel gesehen haben, die Essenz des Geistes, das Bewusstsein des Bewusstseins, der Universelle Geist, der im individuellen Geist erwacht und die allgemeine Bruderschaft aller Wesen und Einheit des individuellen Lebens erkennt. Es ist das wahre Selbst, das leitende Prinzip, die ursprüngliche Natur des Menschen, wie es im Zen heißt.[161] Dieses wahre Selbst ruht schlafend unter der Barriere des Bewusstseins im Geist der Verwirrten, weshalb jeder Einzelne von ihnen dazu neigt, sein triviales Ich als eigentliches Selbst anzusehen und sich für die Interessen dieses individuellen Egos sogar auf Kosten der anderen Menschen einsetzt. Er ist die „kleinste Person" in der Welt, denn sein Selbst ist auf den kleinstmöglichen Platz beschränkt. Einige weniger verwirrte Menschen identifizieren sich mit ihren Familien und fühlen sich in dem Maße glücklich oder unglücklich, wie es ihren Familien gut oder schlecht geht, für deren Wohlergehen sie die Interessen anderer Familien opfern. Auf der anderen Seite verbinden sich manche der etwas mehr erleuchteten Personen mit ihrem ganzen Stamm oder dem ganzen Land und sehen den Aufstieg und Niedergang dieses Stammes oder Landes als ihren eigenen an. Sie opfern bereitwillig ihr eigenes Leben, wenn es nötig scheint, für diesen Stamm oder dieses Land. Wenn sie gänzlich erleuchtet sind, verstehen sie die Einheit aller lebenden Wesen und sind stets mitfühlend und wohltätig gegenüber allen Kreaturen. Sie sind die „größten Personen" auf der Erde, denn ihr Selbst hat die größtmögliche Reichweite angenommen.

5.13 DIE LEHRE VON DER BUDDHA-NATUR ERKLÄRT DIE ETHISCHE VERFASSUNG DES MENSCHEN IN ANGEMESSENER WEISE

Diese Lehre von der Buddha-Natur ermöglicht uns eine Einsicht in den Ursprung der Moral. Das erste Erwachen der Buddha-Natur im Menschen ist der eigentliche Anfang der Moralität, und der ethische Fortschritt des Menschen ist der schrittweise umfassendere Ausdruck dieser Natur im Verhalten. Aber an und für sich ist Moral unmöglich für den Menschen. An und für sich sind nicht nur moralische Kultur und Disziplin, sondern auch Erziehung und soziale Verbesserungen nutzlos. Wieder erklärt diese Theorie adäquat die ethische Tatsache, dass der Standard der Moral sich zu verschiedenen Zeiten und an verschiedenen Orten wandelt, dass Gut und Böse so untrennbar miteinander verbunden sind, und dass die Bösen

[161] Der Ausdruck erscheint erstmals im *Hôbôdankyô* [„Plattform-Sutra"] des sechsten Patriarchen und wird von vielen späteren Zen-Meistern gebraucht.

zuweilen plötzlich die Guten sind und die Guten sich ganz unerwartet als die Bösen zeigen. Erstens versteht es sich von selbst, dass der Standard der Moral in dem Maße ansteigt wie die Buddha-Natur oder das wahre Selbst sich an verschiedenen Zeiten und Orten ausweitet und verstärkt. Zweitens, weil das Gute eine in großem Umfang aktualisierte Buddha-Natur ist und das Böse eine nur in geringem Umfang aktualisierte Buddha-Natur, setzt Erstere die Existenz von Letzterer voraus, und das Durcheinander der Dualität wird davon niemals loskommen. Drittens kann die Tatsache, dass die Bösen unter gewissen Umständen zu Guten und die Guten auch unerwartet böse werden, schwerlich durch die dualistische Theorie erklärt werden, denn wenn eine gute Natur sich so willkürlich in eine schlechte wandeln würde und eine schlechte Natur in eine gute, ist die Unterscheidung zwischen guter und schlechter Natur nicht mehr von Bedeutung. Gemäß der Lehre von der Buddha-Natur impliziert der Umstand, dass die Guten böse werden und die Bösen gut, nicht im Geringsten einen Wandel der Natur, sondern ist eine Ausweitung oder Verengung der Aktualisierung der [gleichbleibenden] Buddha-Natur. Egal wie moralisch verkommen also jemand sein mag, kann er sich durch Ausweitung seines Selbst doch auf eine hohe ethische Ebene schwingen. Zur gleichen Zeit gilt, dass, egal wie moralisch herausragend jemand auch sein mag, er auf das Niveau eines Wilden herabsinken kann, indem er sein Selbst einengt. Ob man ein Engel oder ein Teufel ist, hängt vom Grad der eigenen Erleuchtung und der eigenen Wahl ab. Das ist der Grund, warum es so unzählig viele Abstufungen zwischen den Guten und den Bösen gibt. Und es ist auch der Grund, warum sich der Ausblick moralischer Möglichkeiten vor den Menschen umso mehr weitet, je höher der Gipfel der Erleuchtung ist, den sie erklimmen.

5.14 BUDDHA-NATUR IST DIE ALLGEMEINE QUELLE DER MORAL

Weiterhin sind Buddha-Natur bzw. das wahre Selbst als Sitz der Liebe und Kern der Aufrichtigkeit Kette und Schuss allen moralischen Handelns. Ein gehorsamer Sohn ist, wer seinen Eltern in Aufrichtigkeit und Liebe dient. Ein loyaler Untertan ist, wer seinem Meister aufrichtig und ehrlich dient. Ein tugendhaftes Weib liebt ihren Ehemann mit aufrichtigem Herzen. Ein vertrauenswürdiger Freund hält die Gemeinschaft in Aufrichtigkeit und Liebe. Ein rechtschaffener Mann führt ein Leben voller Aufrichtigkeit und Liebe. Wer mit seinen Mitmenschen aufrichtig mitfühlt, zeigt sich großzügig und menschlich. Wahrhaftigkeit, Keuschheit, kindliche Pietät, Loyalität, Rechtschaffenheit, Großzügigkeit, Menschlichkeit und was nicht noch alles – all dies ist nichts anderes als die Buddha-Natur in den unterschiedlichen menschlichen Beziehungen. Sie ist die allgemeine Quelle aller Moral, immer frisch und unerschöpflich, welche die Interessen aller fördert und vorantreibt. Tôju drückt den gleichen Gedanken in folgender Weise aus:[162]

> Da gibt es die unerschöpfliche Quelle (aller Moralität) in mir.
> Sie ist ein unbezahlbarer Schatz.
> Sie wird leuchtende Natur des Menschen genannt.
> Sie ist einzigartig und übersteigt jedes Juwel.
> Das Ziel des Lernens ist es, diese strahlende Natur hervorzubringen.
> Das ist das Beste in der ganzen Welt.
> Nur dadurch kann wahres Glück erreicht werden.

In diesem Sinne impliziert moralisches Verhalten, welches nichts anderes ist als der Ausdruck der Buddha-Natur in der Tat, die Durchsetzung des Selbst und die Beförderung der eigenen Interessen. Auf diesem Punkt basiert die halbe Wahrheit der egoistischen Theorie. Zweitens ist es stets mit einem Gefühl der Freude oder Befriedigung verbunden, wenn es sein Ziel erreicht. Dieses zufällige Zusammentreffen wird von oberflächlichen Beobachtern fälschlicherweise als seine Essenz verstanden, welche der hedonistischen Theorie anhängen. Drittens führt es zur Förderung der materiellen und geistigen Interessen der Menschen und hat die Utilitaristen zu der irrigen Annahme geführt, das Ergebnis mit der Ursache der Moral zu verwechseln. Viertens beinhaltet es die Kontrolle oder Aufgabe des niederen und gemeinen Selbst eines Individuums, um sein höheres und edles Selbst zu verwirklichen. Dies war der Anlass für die halbwahre, asketische Theorie der Moral.

---

[162] Tôju Nakae (gestorben 1649), Gründer der japanischen Wang-Schule des Konfuzianismus, bekannt als der Weise von Ômi. [Gemeint ist die Schulrichtung des Konfuzianismus nach Wang Yangming, 1472-1529, in Japan bekannt als *Yômeigaku*.]

Nun stellt sich die Frage: Wenn alle Wesen mit der Buddha-Natur ausgestattet sind, warum sind sie dann noch nicht alle von selbst zur Erleuchtung gelangt? Um diese Frage zu beantworten, erzählen die indischen Mahayana-Anhänger die Parabel vom Trinker, der die Kostbarkeiten in seiner eigenen Jacke vergisst, die ihm ein Freund zugesteckt hat.[163] Der Mann ist betrunken vom giftigen Likör des Egoismus, in die Irre geführt durch den verlockenden Anblick der sinnlichen Objekte, und wird verrückt durch Ärger, Begierde und Wahn. Dadurch befindet er sich in einem Zustand moralischer Armut und hat das kostbare Juwel der Buddha-Natur in sich selbst gänzlich vergessen. Um in der Gesellschaft als Besitzer dieses kostbaren Gutes in eine angesehene Stellung zu gelangen, muss er zuerst frei werden vom süßen Trunk der Selbstsucht, sich von den sinnlichen Objekten losreißen, Kontrolle über seine Leidenschaften gewinnen, seinem Geist Frieden und Ruhe zurückbringen und sein gesamtes Dasein durch sein angeborenes, göttliches Licht erleuchten. Andernfalls wird er für alle Zeit in seiner Misere verweilen.

Ergreifen wir die Gelegenheit für ein anderes Bild, um den fraglichen Punkt noch deutlicher zu erklären. Der Universelle Geist kann treffend mit dem allgegenwärtigen Wasser [*universal water*] verglichen werden, welches auf der gesamten Erde zirkuliert. Das allgegenwärtige Wasser existiert überall. Es existiert in den Bäumen. Es existiert im Gras. Es existiert in den Bergen. Es existiert in den Flüssen. Es existiert in den Meeren. Es existiert in der Luft. Es existiert in den Wolken. Der Mensch ist nicht nur überall von Wasser umgeben, sondern es durchdringt sogar seinen Körper. Aber er kann seinen Durst niemals stillen, ohne Wasser zu trinken. Auf die gleiche Weise existiert der Universelle Geist überall. Er existiert in den Bäumen, im Grass, im Boden, in den Bergen, in den Flüssen, in den Meeren, in den Vögeln und den Tieren. Auf diese Weise ist der Mensch nicht nur überall vom Universellen Geist umgeben, sondern er durchdringt sein gesamtes Dasein. Aber er wird niemals Erleuchtung finden, bis er sie in sich selbst durch Meditation wachruft. Wasser trinken bedeutet, das allgegenwärtige Wasser aufzunehmen; die Buddha-Natur wachzurufen bedeutet, sich des Universellen Geistes bewusst zu sein.

---

[163] *Mahaparinirvana-Sutra.*

Um daher zur Erleuchtung zu gelangen, müssen wir daran glauben, dass alle Wesen die Buddha-Natur besitzen – d.h., dass sie absolut gut sind in einem Sinne, der die Dualität von Gut und Böse übersteigt. „Eines Tages“, um ein Beispiel anzuführen, „kam Pan Shan (Banzan) zu einer Fleischerei. Er hörte einen Kunden sagen: ‚Geben Sie mir ein Pfund frisches Fleisch.‘ Der Ladenbesitzer legte sein Messer nieder und erwiderte: ‚Aber gewiss doch, der Herr. Als ob es in meinem Laden Fleisch gäbe, welches nicht frisch wäre.‘ Pan Shan, der diese Bemerkung hörte, wurde augenblicklich erleuchtet.“

5.16 SHAKYAMUNI UND DER VERLORENE SOHN

Ein großes Problem, welches wir Menschen haben, besteht darin, dass wir nicht auch nur an die Hälfte all des Guten glauben, mit dem wir geboren sind. Wir sind wie der Sohn eines wohlsituierten Mannes, wie uns der Autor des *Saddharma-pundarika-Sutra* mitteilt, der seine reiche Herkunft vergessen und sein Zuhause verlassen hat und als Viehtreiber ein Leben von der Hand in den Mund führt.[164] Wie traurig ist es, mitansehen zu müssen, wie jemand kein Vertrauen in seine noble Herkunft hat, das kostbare Juwel seiner Buddha-Natur in den faulen Abfall von Begierde und Verbrechen trägt, seinen herausragenden Geist in einem Bemühen verschwendet, welches seinem Namen ganz gewiss Schande bereiten wird, bitter Reue und Zweifel zum Opfer fällt und sich selbst in die Klauen der Verdammnis wirft. Shakyamuni, voller väterlicher Liebe gegenüber allen fühlenden Wesen, sieht mit Mitgefühl auf uns, seine verlorenen Söhne, und gebraucht jedes hilfreiche Mittel, um einen halbverhungerten Mann zu seinem Zuhause zurückzuführen. Aus diesem Grund hat er den Palast, seine geliebte Frau und seinen geliebten Sohn verlassen, praktizierte Selbst-Abtötung und langdauernde Meditation, erlangte Erleuchtung und lehrte den Dharma. Mit anderen Worten, all seine Stärke und Bemühen waren auf ein einziges Ziel gerichtet, welches darin bestand, den verlorenen Sohn in das reiche Heim seiner Buddha-Natur zurückzuführen. Er lehrte nicht nur mit Worten, sondern durch sein eigenes Beispiel, dass der Mensch die Buddha-Natur besitzt, durch deren Entfal-

[164] Siehe *Sacred Books of the East*, Vol. XXXI., Kap. IV. S.98-118.

tung er sich selbst von den Leiden von Leben und Tod befreien und auf eine höhere Ebene als die Götter aufschwingen kann. Wenn wir erleuchtet sind oder wenn der Universelle Geist in uns erwacht ist, schließen wir das unerschöpfliche Schatzhaus der Tugenden und Vortrefflichkeiten auf und können diese nach freiem Willen gebrauchen.

5.17 DIE PARABEL VOM MÖNCH UND DER EINFÄLTIGEN FRAU

Der verwirrte oder nicht-erleuchtete Mensch kann mit der japanischen Parabel vom Mönch und der einfältigen Frau erläutert werden.

Eines Abends besuchte ein Mönch (der seinen Kopf stets kahlrasierte), der entgegen den Ordensregeln betrunken war, das Haus einer Frau, die als Dummkopf bekannt war. Kaum war er in ihrem Zimmer, fiel die Frau in einen tiefen Schlaf, und der Mönch konnte sie nicht mehr wecken. Er versuchte alles Mögliche, um sie aufzuwecken, er durchsuchte das ganze Haus nach Instrumenten, welche ihm dabei helfen könnten, sie aus ihrem totengleichen Schlaf zu wecken. Glücklicherweise fand er ein Rasiermesser in einer Schublade ihres Spiegelschränkchens. Er machte einen Schnitt an ihrem Haar damit, aber sie rührte sich kein bisschen. Er schnitt sie erneut, aber sie schnarchte lautstark weiter. Er schnitt sie ein drittes und viertes Mal, aber ohne Ergebnis. Schließlich war ihr Kopf kahlgeschoren, aber sie schlief immer noch. Als sie am nächsten Morgen erwachte, fand sie ihren Besucher nicht mehr vor, da der Mönch bereits in der Nacht gegangen war. „Wo ist mein Besucher, mein lieber Mönch", rief sie umher, und schlaftrunken suchte sie nach ihm und rief ihn erneut. Als dabei ihre Hand ihren Kopf berührte, meinte sie, dass es sich um den Kopf ihres Besuchers handle, und rief: „Da bist du, mein Lieber – aber wo bin dann ich?"

Es ist ein großes Kümmernis mit den Verwirrten, dass sie ihr wahres Selbst bzw. ihre Buddha-Natur vergessen haben, und nicht wissen, „wohin sie gegangen ist". Herzog Ngai vom Staate Lu sagte einmal zu Konfuzius: „Einer meiner Untertanen, Herr, ist so vergesslich, dass er vergessen hat, seine Frau mitzunehmen, als er seinen Wohnsitz wechselte." –

„Das ist doch gar nichts, mein Herr“, erwiderte der Weise, „die Kaiser Kieh[165] und Cheu[166] haben sogar sich selbst vergessen.“[167]

5.18 JEDES LÄCHELN EIN LOBPREIS, JEDES FREUNDLICHE WORT EIN GEBET

Die glorreiche Sonne der Buddha-Natur erstrahlt im Zenit des erleuchteten Bewusstseins, aber die Menschen träumen immer noch den Traum der Täuschung. Glocken und Uhren der Universellen Kirche verkünden das Heraufdämmern der Erleuchtung [*bodhi*]; aber die Menschen, noch immer trunken vom Likör der drei Geistesgifte (Gier, Hass und Unwissenheit), schlummern weiterhin in der Dunkelheit der Sünde. Lasst uns den Buddha herbeirufen, dessen grenzenlose Güte uns immer umgibt, zum Wohle und Frieden aller Lebewesen! Lasst ihn uns anbeten durch unser Mitgefühl mit den Armen, durch die Freundlichkeit, die wir den Leidenden erweisen, durch unser Denken an das Erhabene und Gute!

O Bruder Mensch, wende dein Herz dem Menschen zu,
Wo Unglück wohnt, ist der Frieden Gottes;
Recht zu beten bedeutet, einander zu lieben,
Jedes Lächeln ein Lobpreis, jedes freundliche Wort ein Gebet.[168]

Lass dein Herz also so rein sein, dass es der Strahlen des Universellen Geistes, die es beleuchten, nicht unwürdig ist. Lass deine Gedanken so edel sein, dass du es verdienst, wenn Blumen vor dir erblühen, die an den gnadenvollen Buddha erinnern. Lass dein Leben so gut sein, dass man sich in der Gegenwart des Gesegneten Einen nicht schämen muss. Das ist die Frömmigkeit des Mahayana, insbesondere der Anhänger des Zen.

---

[165] Der letzte Kaiser der Hsia-Dynastie [Xia-Dynastie], berühmt-berüchtigt für seine Lasterhaftigkeit. Seine Regentschaft währte von 1818-1767 v. Chr.

[166] Der letzte Kaiser der Yin-Dynastie, einer der schlimmsten Despoten. Seine Regentschaft währte von 1164-1122 v. Chr.

[167] *Kôshi-kego.*

[168] John Greenleaf Whittier, 1807-1892, Quäker, Dichter, Gegner der Sklaverei. *[Anm. des Übers.]*

Wir sind weit davon entfernt anzunehmen, dass das Leben nun vollständig und in seinem bestmöglichen Zustand wäre. Im Gegenteil, es ist voller Unzulänglichkeiten und Mängel. Wir brauchen uns mit der modernen Zivilisation nicht übermäßig brüsten, egal wie viele große Siege sie auf ihrer Seite hat. Ohne jeden Zweifel steckt die Menschheit noch in den Kinderschuhen. Oft strecken die Menschen ihre Hände nach hohen Idealen aus, doch sind sie in der Regel mit wertlosen Spielereien zufrieden. Es ist eine unübersehbare Tatsache, dass Glauben an die Religion in den gebildeten Kreisen der Gesellschaft ausstirbt; dass Unaufrichtigkeit, Feigheit und Doppelzüngigkeit sich in den höchsten Positionen praktisch jeder Gemeinschaft finden; dass Lucrezia und Ezzelin von ihrem luxuriösen Palast auf die hungernde Menge herabblicken;[169] dass Mammon und Bacchus ihren lebenden Opfern nachstellen; dass sogar Religion oft mit Streit einhergeht und Frömmigkeit an Grausamkeiten teilnimmt; dass Anarchie jederzeit bereit ist, auf die gekrönten Häupter zu springen; dass Philosophie abgeschafft wird, um das Ohr für die Bitten um Frieden taub zu machen, während die Wissenschaften Treibstoff für den Unfrieden bereitstellen.

War das goldene Zeitalter des Menschen also in der Vergangenheit beendet? Kommt nun der Tag des Jüngsten Gerichts? Hört ihr schon die Trompeten erschallen? Fühlt ihr die Erde erbeben? Nein, absolut nicht; das goldene Zeitalter ist nicht vorbei. Es kommt erst noch. Es gibt nicht wenige, die denken, dass die Welt vollendet ist und der Schöpfer sein Werk abgeschlossen hat. Wir beobachten jedoch, dass er noch immer weiter und weiter arbeitet, denn wir hören seine Hammerschläge oben durch den Himmel schallen und unten auf der Erde. Zeigt er uns keine neuen Materialien für sein Gebilde? Gibt er seinem Design keine neue Form? Überrascht er uns nicht mit Neuigkeiten, Außergewöhnlichem und Geheimnissen? Mit einem Wort: Die Welt befindet sich im Fortschritt, nicht im Stillstand oder Rückschritt.

---

[169] Vermutlich Lucrezia Borgia, 1480-1519, berüchtigt als Giftmischerin, Ehebrecherin und Blutschänderin; sowie Ezzelino da Romano, 1194-1259, kaisertreuer Feldherr, der im Ruf großer Grausamkeit stand. *[Anm. des Übers.]*

Ein Fluss fließt nicht in gerader Linie. Er wendet sich einmal nach links und einmal nach rechts, stürzt einen Steilhang hinab, bewässert Felder und kehrt fast zu seiner Quelle zurück; aber er ist dazu bestimmt, den Ozean zu erreichen. Ebenso ist es mit dem Strom des Lebens. Er führt uns nun den Steilhang der Revolution entlang. Dann befruchtet er das reiche Feld der Zivilisation. Dann weitet er sich in einen spiegelklaren See. Dann formt er die gefährlichen Strudel des Unfriedens. Aber sein Lauf geht immer in Richtung des Ozeans der Erleuchtung, in dem die Juwelen der Gleichheit und Freiheit, der Wahrheit und Schönheit und Schätze der Weisheit und Glückseligkeit erlangt werden können.

5.20 DER FORTSCHRITT UND DIE HOFFNUNG DES DASEINS

Niemand kann sagen, wie viele Myriaden von Jahren vergangen sind, seit die ersten Keime des Lebens auf der Erde erschienen sind; und kein Wissenschaftler kann ausrechnen, wie viele Winter und Sommer genau nötig waren, damit sie sich zu höheren Tieren entwickeln konnten. Langsam aber stetig hat es seinen Kurs genommen; Schritt für Schritt die Stufen der Evolution nehmend, hat es schließlich die Ebene des Menschen (*rational animal*) erreicht. Wir können nicht sagen, wie viele Millionen Jahre es benötigen wird, dass wir uns weiterentwickeln zu etwas Höherem als der Mensch selbst; und doch glauben wir fest daran, dass es uns möglich ist, denselben unfehlbaren Kurs einzuschlagen wie die Keime des organischen Lebens in der Vergangenheit. Die bestehende Menschheit ist nicht dieselbe wie die ursprüngliche. Es ist nur ein anderes Rennen. Unsere Wünsche und Hoffnungen sind gänzlich anders als die der primitiven Menschen. Was für sie Gold war, ist für uns nur mehr Eisen. Unsere Gedanken und Träume sind etwas, das sie sich nie vorzustellen vermocht hätten. Von unserem Wissen wussten sie nichts. Was bei ihnen in Verehrung stand, zertrampeln wir unter unseren Füßen. Dinge, die sie als Gottheiten verehrt haben, dienen uns jetzt als Sklaven. Dinge, die ihnen Mühen und Sorgen gemacht haben, verwenden wir jetzt zu unserem eigenen Nutzen. Ganz abgesehen von den Bräuchen, Sitten und Verhaltensweisen, die sich radikal geändert haben, befinden wir uns in einem Wettrennen körperlicher und geistiger Art, welches ganz anders ist als jenes der Vorväter der alten Tage.

Zusätzlich hierzu haben wir jeden Grund, an eine Verbesserung des Daseins zu glauben. Werfen wir einen Blick auf den gegenwärtigen Zustand der Welt. Während der Türkisch-Italienische Krieg seinen grausamen Ruf erschallen ließ, erhob die chinesische Revolution ihr Haupt vor dem erzitternden Thron. Wer kann wissen, ob nicht eine weitere blutige Affäre ausbricht, bevor das Blutvergießen in Bulgarien zu einem Ende kommt? Wir glauben immer noch daran, dass – um es mit den Worten von Shakespeare zu sagen – Krieg mit Krieg auszutreiben so ist wie Feuer mit Feuer auszutreiben. Wie ein Ozean, der in der Vergangenheit zwei Nationen voneinander getrennt hat, nun dazu dient, sie zu vereinen, so führt ein Krieg, der zwei Menschen in der Vergangenheit voneinander getrennt hat, nun zur Einheit. Es versteht sich von selbst, dass jede Nation unter den Lasten der Kanonen und Kriegsschiffe ächzt und sich von Herzen Frieden wünscht. Keine Nation kann bereitwillig Krieg gegen eine andere Nation führen; es ist gegen das nationale Empfinden. Es ist keine Übertreibung zu sagen, die Welt insgesamt ist das Ohr, um die Neuigkeiten von der Gottheit des Friedens zu hören. Aber wenn unser Vorsatz fest und unser Entschluss unerschütterlich ist, wird zweifellos eine Zeit kommen, in der allgemeiner Friede wiederhergestellt und die Regel von Shakyamuni, „nicht zu töten“, von allen Menschen verwirklicht wird.

5.21 DIE VERBESSERUNG DES DASEINS

Die heutigen Menschen verspüren schmerzlich die Wunde der ökonomischen Auswirkungen des Krieges, aber sie sind unempfindlich gegenüber seinen moralischen Verletzungen. So wie chemische Elemente ihre Anziehungskräfte haben, so wie menschliche Körper ihre Anziehungskraft ausüben, und so wie Kreaturen den Instinkt zum Zusammenleben besitzen, so verfügen Menschen über eine angeborene, gegenseitige Liebe zueinander. „Gott hat die Menschen voneinander getrennt, damit sie einander beistehen können.“ Ihre Stärke liegt in ihrem gegenseitigen Beistand, ihre Freude in ihrer gegenseitigen Liebe und ihre Vollendung findet sich im wechselseitigen Geben und Empfangen des Guten. Darum sagt Shakyamuni: „Seid gnädig gegenüber allen Lebewesen.“ Die Waffen gegen einen anderen Menschen zu erheben ist für jeden einzelnen unrechtmäßig. Es ist ein Verstoß gegen das universelle Gesetz des Lebens.

Wir leugnen nicht, dass es nicht wenige gibt, die so verkommen sind, dass sie Freude an ihren Verbrechen empfinden; auch nicht, dass es wohl niemanden gibt, dessen Charakter nicht den einen oder anderen Flecken aufweist; oder dass die Mittel, um Verbrechen zu begehen, in dem Maße exponentiell zunehmen, wie sich die Zivilisation entwickelt. Dennoch glauben wir daran, dass unser soziales Leben unsere wölfischen Veranlagungen bezwingt, die wir von unseren brutalen Vorfahren geerbt haben, und dass Erziehung unsere kannibalische Natur ausmerzt, die wir mit den wilden Tieren gemeinsam haben. Auf der einen Seite sind die Zeichen sozialer Moral überall zu erkennen, so wie in Waisenhäusern, Armenhäusern, Besserungsanstalten, Obdachlosenheimen, Krankenhäusern für Arme, Tierheimen, Gesellschaften zur Verhinderung von Grausamkeiten an Tieren, Schulen für Blinde und Taube, Irrenanstalten und so weiter. Auf der anderen Seite wurden viele Entdeckungen und Erfindungen gemacht, welche zur sozialen Verbesserung beitragen können, wie die Entdeckung der Röntgenstrahlen und des Radiums, die Erfindung des kabellosen Telegraphen, des Flugzeugs und was noch alles. Weiterhin erinnern uns spirituelle Wunder wie Hellsichtigkeit, Hellhörigkeit, Telepathie und dergleichen mehr an die Möglichkeiten weiterer spiritueller Entwicklung des Menschen, von welcher er früher nicht zu träumen gewagt hätte. Auf diese Weise wird das Dasein Schritt für Schritt reicher und edler und immer hoffnungsvoller, wenn wir auf dem Weg des Buddha voranschreiten.

5.22 DER BUDDHA DER GNADE

Milton sagt:[170]

> Tugend mag angegriffen werden, wird jedoch nie verletzt,
> überrascht von ungerechter Kraft, aber nicht gefangen genommen.
> Aber das Böse fällt auf sich selbst zurück
> und vermischt sich nicht weiter mit dem Guten.

---

[170] John Milton, 1608-1674, berühmter Dichter, bekannt u.a. für sein *Paradise Lost* und *Paradise Regained. [Anm. des Übers.]*

Wenn dies versagt,
sind die Pfeiler des Firmaments verrottet,
und der Grund der Erde bebt.

Die Welt ist auf dem Fundament der Moral errichtet, welche ein anderer Name für den Universellen Geist ist, und die moralische Ordnung erhält sie. Wir menschliche Wesen waren, sind und werden damit beschäftigt sein, die Welt zur Vollendung zu bringen. Diese Ansicht wird bildlich in einem buddhistischen Sutra zum Ausdruck gebracht, welches die Ankunft eines gnadenvollen Buddha namens Maitreya in der fernen Zukunft schildert.[171] Zu dieser Zeit, so das Sutra, wird es keine steilen Hügel geben, keine schmutzigen Orte, keine Epidemien, keinen Hunger, keine Erdbeben, keine Stürme, keine Krieg, keine Revolutionen, kein Blutvergießen, keine Grausamkeiten und kein anderes Leiden; die Straßen werden glatt gepflastert sein, Blumen und Bäume immer blühen, Vögel immer singen, die Menschen zufrieden und glücklich sein. Alle fühlenden Wesen werden den Buddha des Mitgefühls verehren, seine Lehre annehmen und die Erleuchtung erreichen. Diese Prophezeiung wird sich dem Sutra zufolge 5.670.000.000 Jahre nach dem Tod von Shakyamuni erfüllen. Dies zeigt uns deutlich, dass Ziel des Daseins der Mahayana-Anhänger ist, das den Menschen angeborene Licht der Buddha-Natur hervorzukehren um damit die Welt zu erleuchten, die universelle Gemeinschaft aller fühlenden Wesen zu verwirklichen, die Erleuchtung zu erreichen und sich am Frieden und Glück zu erfreuen, zu dem uns der Universelle Geist führt.

---

[171] Siehe den Katalog von Nanjô, Nr. 204-209.

6.1 ERLEUCHTUNG IST JENSEITS VON BESCHREIBUNG UND ANALYSE

In den vorherigen Kapiteln hatten wir zahlreiche Gelegenheiten, auf das zentrale Problem des Zen bzw. der Erleuchtung Bezug zu nehmen und zu erkennen, dass der Versuch, dessen eigentlichen Gehalt zu erklären oder zu analysieren, fruchtlos ist. Wir dürfen ihn nicht erklären oder analysieren, denn nur dann können wir vom Leser nicht missverstanden werden. Wir können Erleuchtung mittels Erklärung und Analyse ebenso gut bzw. schlecht darstellen wie die Persönlichkeit eines Menschen durch Fotos oder anatomische Aufnahmen. Unser inneres Leben, welches wir unmittelbar erfahren, hat nichts mit der Form des Kopfes, unseren Gesichtszügen oder der Körperhaltung zu tun; ebenso hat Erleuchtung, wie sie von Zen-Adepten im Moment äußerster Versenkung bzw. *samadhi* (I) erfahren wird, keinen Bezug zur psychologischen Analyse mentaler Prozesse, zur epistemologischen Erklärung von Wahrnehmung oder zur philosophischen Verallgemeinerung von Begriffen. Erleuchtung kann nur durch Erleuchtung erkannt werden und vereitelt jeden Versuch, sie zu beschreiben, selbst durch die Erleuchteten selbst. Die Mühe der Verwirrten, Erleuchtung zu erkennen, wird von Zen-Anhängern häufig mit der Bemühung von Blinden verglichen, welche einen Elefanten berühren, um zu erfahren, wie er ist. Manche von ihnen fühlen den Schwanz und erklären, der Elefant sei wie ein Seil; andere ertasten den Bauch und erklären, er sei wie eine große Trommel; wieder andere fühlen die Beine und sagen, ein Elefant sei wie ein Baumstamm. Aber keine dieser Vermutungen reicht an einen lebendigen, echten Elefanten heran.

(I)
Abstrakte Versenkung, welche die Zen-Anhänger vom *samadhi* der Brahmanen unterscheiden. Der Autor von „Ein Abriss der buddhistischen Schulen“ (*An Outline of Buddhist Sects*) hebt diese Unterscheidung mit folgenden Worten hervor: „Die Kontemplation der äußeren Religiösen wird mit der heterodoxen Sicht ausgeführt, dass die niederen Welten (die Welt der Menschen, Tiere etc.) abstoßend sind, aber die höheren Welten

(die Welt der *deva*) wünschenswert. Die Kontemplation der gewöhnlichen Leute (normale Laienanhänger des Buddhismus) wird mit dem Glauben an das Gesetz des Karma durchgeführt, und ebenfalls mit Abscheu (für die niederen Welten) und Verlangen (nach den höheren Welten). Die Kontemplation der Hinayana-Anhänger wird mit einer Einsicht in die Wahrheit des *anatman* (Nicht-Selbst) praktiziert. Die Kontemplation der Mahayana-Anhänger wird mit einer Einsicht in die Unwirklichkeit des *atman* (Seele) sowie der Phänomene (*dharma*) ausgeübt. Die Kontemplation der höchsten Vollendung wird mit der Sichtweise ausgeführt, dass der Geist seiner Natur nach rein ist, ausgestattet mit unbefleckter Weisheit, frei von Leidenschaft, und nichts anderes ist als der Buddha selbst."

6.2 ERLEUCHTUNG IMPLIZIERT EINE EINSICHT IN DIE NATUR DES SELBST

Wir können dieses gewichtige Problem nicht übergehen, ohne wenigstens ein paar Worte dazu zu sagen. Wir werden in diesem Kapitel versuchen, dem Leser die Erleuchtung auf einem etwas umständlichen Weg zu präsentieren, so wie der Maler die fragmentarischen Skizzen einer wundervollen Stadt zeichnet, aber nicht in der Lage ist, sie aus der Vogelperspektive darzustellen. Erleuchtung bedingt als allererstes eine Einsicht in die Natur des Selbst. Sie ist eine Emanzipation des Geistes von der Täuschung das Selbst/einen selbst betreffend. Alle Arten von Verfehlungen sind tief verwurzelt in dem Missverständnis des Selbst, treiben aus in den Ästen und Zweigen von Gier, Hass und Unwissenheit und werfen dunkle Schatten auf das Leben. Um dieses Missverständnis auszurotten, leugnet der Buddhismus[172] heftig die Existenz einer individuellen Seele, wie sie

[172] Sowohl Hinayana wie Mahayana lehren die Lehre vom *anatman* bzw. Nicht-Selbst. Es ist die Ablehnung einer Seele, wie sie der gewöhnliche Geist annimmt, und des *atman*, wie ihn die orthodoxen indischen Denker verstehen. Manche Mahayana-Anhänger glauben an die Existenz eines wahren Selbst anstelle eines individuellen Selbst, wie wir es im *Mahaparinirvana-Sutra* geschrieben finden, wo es heißt: „Es gibt das wahre Selbst im Nicht-Selbst." Es sollte angemerkt werden, dass die Hinayana-Anhänger Reinheit, Freude, *atman* und Ewigkeit als die vier großen Missverständnisse über das Dasein ansehen, während der Autor [der Verfasser des *Mahaparinirvana-Sutra*] sie als die vier großen Eigenschaften von Nirvana selbst ansieht.

der gewöhnliche Geist vermutet – damit ist eine unwandelbare, geistige Entität gemeint, welche über Sehen, Hören, Berührung, Geruch, Geschmack, Denken, Vorstellung, Hoffnung und so weiter verfügt und den Körper überlebt. Er lehrt uns, dass es eine solche Seele nicht gibt und dass die Annahme einer Seele ein grober Irrtum ist. Er sieht den Körper als eine temporäre, materielle Form an, die zur Zerstörung verdammt ist und wieder in ihre Elemente zerlegt wird. Er sieht auch den Geist als temporäre geistige Form des Daseins an, hinter der sich keine unwandelbare Seele verbirgt.

Ein getäuschter Geist neigt entweder dazu, den Körper als das Selbst anzusehen und seinen materiellen Interessen nachzueifern; oder er glaubt, dass der Geist abhängig ist von einer Seele bzw. einem Ego. Diejenigen, die sich den sinnlichen Genüssen ergeben, bewusst oder unbewusst, halten den Körper für das Selbst und bleiben ein Leben lang Sklaven der Sinnesobjekte. Diejenigen, welche den Geist als abhängig von der Seele als Selbst ansehen, unterbewerten andererseits den Körper als reines Werkzeug, dessen sich die Seele bedient, und neigen dazu, das Leben als minderwertig anzusehen und als nicht lebenswert. Wir dürfen jedoch weder den Körper unterbewerten noch den Geist überbewerten. Es gibt keinen vom Körper isolierten Geist, noch einen vom Geist getrennten Körper. Jede Aktivität des Geistes erzeugt chemische und physiologische Veränderungen in den Nervenzentren, den Organen und letztlich im gesamten Körper. Ebenso wird jede körperliche Aktivität zweifellos entsprechende Veränderungen in den geistigen Funktionen hervorrufen und schließlich sogar in der gesamten Persönlichkeit. Wir haben die innerliche Erfahrung von Trauer, wenn wir gleichzeitig äußerlich die Erscheinung von Tränen und Blässe zeigen; wenn wir äußerlich einen wilden Blick und kurzen Atem aufweisen, haben wir innerlich zur gleichen Zeit das Gefühl von Ärger. Der Körper ist somit außen wahrgenommener Geist mit Bezug auf die Sinne; der Geist ist innerlich ausgedrückter Körper in seiner Beziehung zur Introspektion. Wer könnte eine klare Grenze zwischen Körper und Geist ziehen? Wir sollten zugeben, soweit es unser gegenwärtiges Wissen betrifft, dass der Geist, der nicht mit den Fingern zu greifen ist, sich so entwickelt hat, dass er Materie wie eine Kleidung anlegt, um überhaupt eine verständliche Existenz zu bekommen. Materie, das Solide, schwindet bei genauerer Untersuchung ihrerseits in Formlosigkeit dahin, genau wie der Geist. Zen glaubt an die gegenseitige Identifizierung von Geist mit Körper, wie es bei Dôgen heißt:[173] „Der Körper ist identisch mit dem Geist; Erscheinung und Wirklichkeit sind ein und dasselbe."

Bergson leugnet die Gleichsetzung von Geist und Körper und sagt:[174] „Erfahrung zeigt uns die wechselseitige Abhängigkeit des Geistigen und Körperlichen, die Notwendigkeit eines bestimmten geistigen Substrats für den psychischen [*psychical*; evtl. ein Druckfehler und gemeint ist *physical*, d.h. physiologischen] Zustand – nicht mehr. Aus dem Umstand, dass zwei Dinge voneinander abhängen, folgt aber nicht, dass sie identisch sind. Nur weil eine bestimmte Schraube für eine Maschine notwendig ist und weil die Maschine läuft, wenn die Schraube vorhanden ist, und anhält, wenn die Schraube fehlt, sagen wir ja auch nicht, dass die Schraube der Maschine gleichwertig ist." Bergsons Vergleich von der Schraube und der Maschine ist sehr unpassend, um die gegenseitige Abhängigkeit von Körper und Geist aufzuzeigen, denn die Schraube veranlasst zwar die Maschine zur Arbeit, aber die Maschine nicht die Schraube; ihr Verhältnis ist also nicht das einer wechselseitigen Abhängigkeit. Im Gegenteil: Der Geist veranlasst den Körper zur Arbeit, und zur gleichen Zeit veranlasst der Geist den Körper zur Arbeit. Ihre Beziehung ist damit vollkommen wechselseitig voneinander abhängig und nicht die einer Zugabe des Geistes zum Körper oder des Körpers zum Geist, so wie die Schraube der Maschine hinzugefügt wird. Bergson hätte die Arbeit der Maschine mit dem Geist vergleichen müssen und die Maschine selbst mit dem Körper, wenn er den wahren Umstand aufweisen wollte. Darüber hinaus liegt er falsch mit der Behauptung, „aus dem Umstand, dass zwei Dinge voneinander abhängen, folgt aber nicht, dass sie identisch sind", denn es gibt viele Arten von Abhängigkeit, und in manchen davon können zwei Dinge identisch sein. Zum Beispiel hängen Ziegel gegenseitig voneinander ab, wenn sie einen Bogen bilden, aber die beiden sind dennoch nicht miteinander identisch; aber Wasser und Wellen hängen ebenfalls voneinander ab und sind miteinander identisch. Selbiges gilt für

[173] Dôgen verdammt im *Shôbôgenzô* entschieden die Unsterblichkeit der Seele als ketzerische Lehre. Das gleiche Argument findet sich in *Muchû mondô* von Musô Kokushi.
[174] *Schöpferische Evolution*, S. 354/55.

Feuer und Hitze, Luft und Wind, eine Maschine und ihre Arbeit, Geist und Körper.[175]

6.3 DIE IRRATIONALITÄT DES GLAUBENS AN UNSTERBLICHKEIT

Westliche Menschen glauben an eine geheimnisvolle Entität unter der Bezeichnung „Seele", so wie die indischen Denker an den so genannten „subtilen Körper" glauben, der ganz verschieden ist vom grobstofflichen Körper aus Fleisch und Blut. Seele ist dieser Anschauung zufolge ein aktives Prinzip, welches Körper und Geist vereint, um ein harmonisches Ganzes mentaler und physischer Aktivitäten zu bilden. Sie agiert durch die Werkzeuge des Geistes und Körpers im gegenwärtigen Dasein und erfreut sich des ewigen Lebens jenseits des Grabes. Es ist diese Vorstellung der Seele, auf der der Glaube individueller Unsterblichkeit basiert. Sie ist das unsterbliche Selbst.

Ohne nun näher auf den Ursprung des Glaubens an eine Seele einzugehen, ist dieser langgehegte Glaube doch kaum zu irgendetwas nütze. Zunächst einmal erhellt er die Beziehung zwischen Geist und Körper in keiner Weise, denn Seele ist nur ein leerer Begriff für die Einheit von Geist und Körper, und kann nichts erklären. Im Gegenteil fügt er der bereits mysteriösen Beziehung zwischen Geist und Körper nur ein weiteres Geheimnis hinzu. Zweitens sollte Seele als eine psychische Individualität verstanden werden, räumlichen Bestimmungen unterworfen; aber da sie durch den Tod ihres Körpers beraubt wird, der sie individualisiert, endet damit zur Enttäuschung ihrer Gläubigen auch ihre Individualität. Wie sollte etwas rein Geistiges und Formloses vorstellbar sein, dass ohne Vermischung mit anderen Dingen existiert? Drittens vermag es nicht das

[175] Bergson argumentiert gegen die Abhängigkeit des Geistes vom Gehirn: „Wir leugnen nicht, dass eine enge Verbindung zwischen einem Zustand des Bewusstseins und dem Gehirn besteht. Aber es gibt auch eine enge Verbindung zwischen einem Mantel und dem Nagel, an dem er hängt, denn wenn der Nagel herausgezogen wird, fällt der Mantel zu Boden. Sollen wir deshalb sagen, dass die Form des Nagels die Form des Mantels bestimmt oder ihr in irgendeiner Weise entspricht? Ebenso wenig sind wir berechtigt aus dem Umstand, dass psychische Zustände an geistigen Zuständen hängen, zu folgern, dass es einen Parallelismus zwischen den psychologischen und physiologischen Reihen gibt." Wir müssen uns fragen, in welcher Weise die Beziehung zwischen Geist und Körper derjenigen zwischen Mantel und Nagel entspricht.

vom Gläubigen hochgehaltene Verlangen zu befriedigen, sich an einem ewigen Leben zu erfreuen, denn die Seele muss den Körper aufgeben, der das einzige wesentliche Medium darstellt, durch den sie sich am Leben erfreuen könnte. Viertens wird die Seele als ein Objekt angesehen, welches in zukünftigen Leben durch Gott die Belohnung oder Strafe für das Handeln in diesem Leben erfährt; doch insbesondere die Idee einer ewigen Bestrafung verträgt sich nicht mit der grenzenlosen Liebe Gottes. Fünftens steht ganz außer Frage, dass die Seele als eine Entität wahrgenommen wird, welche zahlreiche geistige Fähigkeiten vereint und als die Grundlage der individuellen Persönlichkeit existiert. Die Existenz einer solchen Seele ist jedoch gänzlich unvereinbar mit der wohlbekannten pathologischen Tatsache, dass ein Individuum zwei oder drei oder mehr Persönlichkeiten aufzeigen kann. In diesem Sinne erweist sich der Glaube an eine Seele im herkömmlichen Sinne nicht nur als irrational, sondern als nutzlose Last eines religiösen Geistes. Darum erklärt Zen, dass es so etwas wie eine Seele nicht gibt und dass Körper und Geist eine Einheit darstellen. Um ein Beispiel zu geben: Hwui Chung (Echû), ein berühmter Schüler des sechsten Patriarchen in China, fragte eines Tages einen Mönch: „Woher kommst du?“ – „Ich komme von Süden, Herr“, antwortete der Mönch. „Welche Lehre verkünden die Meister im Süden?“ fragte Hwui Chung weiter. „Sie lehren, Herr, dass der Körper sterblich, aber der Geist unsterblich ist“, war die Antwort. „Das“, sagte der Meister, „ist die ketzerische Lehre des Atman!“ – „Was lehrt Ihr, o Herr, diesbezüglich?“ fragte der Mönch. „Ich lehre, dass Körper und Geist eins sind“, war die Antwort.[176]

Fiske verurteilt in seiner Argumentation gegen den Materialismus die Leugnung der Unsterblichkeit und sagt:[177] „Die materialistische Behauptung, dass es keine solchen Zustände gibt und dass das Leben der Seele gemeinsam mit dem Leben des Körpers endet, ist vielleicht der größte Fall grundloser Behauptungen, der in der Geschichte der Philosophie bekannt ist.“ Aber mit gleichem Recht können wir sagen, dass die herkömmliche Behauptung, dass das Leben der Seele über den Tod hinaus fortdauert, den größten Fall grundloser Behauptungen in der Geschichte

---

[176] Für weiterführende Erläuterungen siehe *Shôbôgenzô* und *Muchû mondô*.

[177] *The Destiny of Man*, S. 110. [John Fiske, 1842-1901, amerikanischer Philosoph und Gelehrter.]

der Philosophie darstellt, weil es keinen wissenschaftlichen Beleg gibt, der diese Behauptung untermauert, und sogar die Spiritisten zögern, die Existenz von Geistern oder Seelen zu behaupten. Weiterhin sagt Fiske: „Mit der unrechtmäßigen Annahme der Auslöschung überschreitet der Materialist die Grenzen der Erfahrung so weit, wie der Dichter, der vom Neuen Jerusalem mit seinem Fluss des Lebens und Straßen aus Gold singt. Wissenschaftlich gesehen gibt es nicht den geringsten Hinweis für die eine oder andere Sichtweise." Das ist identisch damit zu sagen, dass es wissenschaftlich gesprochen nicht den geringsten Hinweis gibt für die herkömmliche Sichtweise der Seele, weil die Beschreibung des Dichters vom Neuen Jerusalem nichts anderes ist als das Ergebnis des herkömmlichen Glaubens an die Unsterblichkeit.

6.4 DIE UNTERSUCHUNG DER WAHRNEHMUNG DES SELBST

Der Glaube an die Unsterblichkeit basiert auf dem starken Instinkt der Selbsterhaltung, der ein unstillbares Verlangen nach Langlebigkeit hervorruft. Es ist eine andere Form von Egoismus, eines der Relikte unserer brutalen Vorfahren. Wir dürfen nicht vergessen, dass diese Illusion des Selbst die Grundlage für jede Form von Unsterblichkeit ist. Ich fordere meine Leser auf, in der gesamten Geschichte der Menschheit ein einziges Verbrechen zu finden, welches nicht auf Egoismus basiert. Übeltäter waren in der Regel vergnügungssüchtige, geldgierige, selbstsüchtige Personen, gekennzeichnet durch Verlangen, Wahn und Grausamkeit. Hat jemals einer Diebstahl begangen, um die Interessen seines Dorfes voranzubringen? Gab es jemals einen Nebenbuhler, der sich selbst beschämt hätte, um seinen Nachbarn zu helfen? Hat es je einen Verräter gegeben, der sein unedles Verhalten zeigte um den Wohlstand seines Landes oder der Gesellschaft als Ganzes zu befördern?

Um erleuchtet zu werden, müssen wir daher zuallererst unsere Wahrnehmung unser Selbst betreffend korrigieren. Der individuelle Körper und Geist sind nicht die einzigen wichtigen Bestandteile des Selbst. Es gibt viele weitere unverzichtbare Anteile in der Wahrnehmung des Selbst. Zum Beispiel ist mein Dasein eine andere Form meiner Eltern. Ich bin sie und kann zurecht als eine Reinkarnation von ihnen bezeichnet werden.

Und mein Vater wiederum ist eine andere Form seiner Eltern; meine Mutter ihrer Eltern; seine und ihre Eltern von ihren jeweiligen Eltern; und so immer weiter. Kurz gesagt leben alle Vorfahren in mir weiter. Ich kann daher nicht anders, als mein körperliches Dasein als das Ergebnis der Summe meiner guten und schlechten Taten meiner vergangenen Leben anzusehen, die ich in der Form meiner Vorfahren gelebt habe, und des Einflusses, den ich von ihnen erhalten habe (das ist das Gesetz des Karma). Ebenso ist mein psychischer Zustand das Resultat dessen, was ich in meinen vergangenen Existenzen in der Person meiner Ahnen empfangen, gefühlt, vorgestellt, wahrgenommen, erfahren und gedacht habe.

Darüber hinaus sind meine Brüder, meine Schwestern, meine Nachbarn – ja, alle meine Mitmenschen – nichts anderes als die Reinkarnation ihrer Eltern und Vorfahren, die auch die meinen sind. Dasselbe Blut kräftigt den König wie den Bettler; dieselben Nerven regen weiße und schwarze Männer an; dasselbe Bewusstsein belebt den Weisen und den Narren. Es ist unmöglich, sich als unabhängig von seinen Mitmenschen wahrzunehmen, denn sie sind ich und ich bin sie – das heißt, ich lebe und bewege mich in ihnen, und sie leben und bewegen sich in mir.

Es ist reiner Unsinn zu sagen, man ginge nicht zur Schule, um zu einem Mitglied der Gesellschaft erzogen zu werden, sondern um sein egoistisches Bedürfnis nach Wissen zu stillen; oder dass man ein Vermögen macht, nicht um ein wohlsituiertes Leben in der Gesellschaft zu führen, sondern nur um seinen persönlichen Geldgier-Instinkt zu befriedigen; oder dass man die Wahrheit sucht, nicht um seinen Zeitgenossen oder zukünftigen Generationen Gutes zu tun, sondern nur aus persönlicher Neugier; oder dass man nicht lebt, um mit seiner Familie oder Freunden oder sonst wem zusammen zu sein, sondern nur für sich alleine. Es ist eine ziemliche Absurdität zu behaupten, dass man ein von der Gesellschaft völlig unabhängiges Individuum sei, so wie zu sagen, man sei ein Ehemann ohne Ehefrau, oder ein Sohn ohne Eltern. Was immer man auch tut, trägt direkt oder indirekt zum Schicksal aller Menschen bei; was immer jemand anderes tut, bestimmt direkt oder indirekt auch mein Schicksal. Darum müssen wir erkennen, dass unser Selbst notwendigerweise alle anderen Mitglieder der Gemeinschaft einschließt, während die Selbste der anderen Mitglieder auch uns umfassen.

Weiterhin ist der Mensch aus der Natur in die Existenz getreten. Er ist ihr Kind. Sie versorgt ihn mit Nahrung, Kleidung und Obdach. Sie ernährt ihn, stärkt ihn, belebt ihn. Gleichzeitig diszipliniert, bestraft und lehrt sie ihn. Sein Körper entspringt ihrer Formung, sein Wissen ihren eigenen Gesetzen, und seine Aktivitäten sind die Antworten auf die von ihr an ihn gestellten Fragen. Manche sagen, die moderne Zivilisation sei die Eroberung der Natur durch den Menschen; tatsächlich jedoch ist sie die Folge von treuem Gehorsam ihr gegenüber. „Bacon sagt zu Recht“, bemerkt Eucken, „dass der Mensch, um die Natur zu beherrschen, ihr zuerst dienen muss. Er hat jedoch vergessen hinzuzufügen, dass er sogar als ihr Herrscher ihr noch dienen muss.“[178] Sie kann von niemanden angegriffen werden, der sich nicht streng an ihre Gesetze hält. Irgendetwas gegen ihre Gesetzmäßigkeiten auszurichten ist ebenso unmöglich, wie im Wald Fische zu fangen oder aus Steinen Brot zu backen. Wie viele Tierarten sind umgekommen infolge ihres eigenen Unvermögens, ihrem Weg zu folgen? Welch unermessliche Reichtümer sind sinnlos vergeudet worden, weil die Menschen die Anweisungen der Natur ignoriert haben? Wie viele Menschen sind von der Erde verschwunden aufgrund ihres Ungehorsams gegenüber deren unbeugsamem Willen! Sie ist nichtsdestotrotz wahr für diejenigen, welche ihren Gesetzen gehorchen. Hat die Wissenschaft nicht bewiesen, dass sie wahrhaftig ist? Hat die Kunst nicht befunden, dass sie wunderschön ist? Hat nicht die Philosophie verkündet, dass sie spirituell ist? Hat nicht die Religion behauptet, dass sie gut ist? In jedem Fall ist sie die Mutter alles Seienden. Sie lebt in allem, was ist, und alles lebt in ihr. Alles, was sie besitzt, gehört den Objekten [des Seins, d.h. allem, was ist], und sie unterstützt alles, was sie wünschen. Ihr Leben ist die gleiche Vitalität, welche alle fühlenden Wesen antreibt. Zhunagzi (Sôshi) hat Recht, wenn er sagt: „Himmel, Erde und ich [der Mensch] wurden zusammen geschaffen, und alles Seiende und Ich sind eins.“ Und weiter: „Wenn alles Seiende mit Liebe angesehen wird, sind Himmel und Erde mit mir vereint.“ Sang Chao (Sôjô) sagt auch: „Himmel und Erde haben mit mir eine Wurzel. Alle Dinge der Welt besitzen eine Substanz mit mir.“

[178] Eucken, *Eine Philosophie des Lebens*, engl. Übers. von W. R. Royce Gibbon, S. 51.

Wenn es weder im Körper noch im Geist eine individuelle Seele gibt, wo findet sich die Persönlichkeit dann? Was ist das wahre Selbst? Wie unterscheidet es sich von einer Seele? Selbst ist lebendiges Sein, nicht unwandelbar wie eine Seele, sondern sich wandelndes und immer veränderndes Leben, welches sich als Körper zeigt, wenn mit den Sinnen beobachtet, und als Geist, wenn mittels Introspektion erfahren. Es ist keine Entität hinter Körper und Geist, sondern das Leben/Dasein selbst als die Einheit von Körper und Geist. Es existierte in unseren Vorvätern in der Vergangenheit, existiert in der Gegenwart, und wird in zukünftigen Generationen existieren. Es enthüllt sich in gewissen Ausmaß auch in Pflanzen und Tieren und zeichnet sich schattenhaft sogar in der anorganischen Natur ab. Es ist Kosmisches Leben und Kosmischer Geist und zur gleichen Zeit individuelles Leben und individueller Geist. Es ist ein und dasselbe Leben, welches Menschen und Natur umfängt. Es ist das selbst-existierende, kreative, universelle Prinzip, welches sich von Ewigkeit zu Ewigkeit bewegt. Als solches wird es Geist oder Selbst von den Zen-Adepten genannt. Pan Shan (Banzan) sagt: „Der Mond des Geistes versteht das ganze Universum in seinem eigenen Licht.“ Einer fragte Chang Sha (Chôsha): „Wie kann man das phänomenale Universum in das Selbst verwandeln?“ – „Wie kannst du das Selbst in das phänomenale Universum verwandeln?“, antwortete der Meister.

Wenn wir Einsicht in das Selbst erlangen, sind wir fähig, die Wundertür zu den Geheimnissen des Universums zu öffnen, denn die Natur eines einzigen Tropfen Wassers zu verstehen bedeutet, die Natur des Flusses zu verstehen, der Seen und der Ozeane, ja, sogar von Dampf, Wolken und Nebel; in anderen Worten, Einsicht in ein individuelles Dasein zu erlangen ist der Schlüssel zum Geheimnis des gesamten Universums. Wir dürfen das Selbst nicht auf die armselige Erscheinung des Körpers begrenzen. Dies wäre die Wurzel für den ärmsten und übelsten Egoismus. Wir sollten diesen Egoismus ausweiten in Familien-Egoismus, dann in Nationen-Egoismus, dann in Völker-Egoismus, dann in Menschen-Egoismus, dann in Lebewesen-Egoismus und zuletzt in Universum-Egoismus, was in keiner Weise mehr Egoismus ist. So leugnen wir die Unsterblichkeit der Seele, wie sie für gewöhnlich verstanden wird, aber beanspruchen die Unsterblichkeit der Großen Seele, welche alle fühlenden Wesen belebt, vitalisiert und ihnen Geistigkeit verleiht. Es war der Hinayana-Buddhismus, der zuerst die Existenz eines *atman* oder Selbst zurückwies, welche die Upanischaden so eindringlich einzuimpfen versuchten; der Hinayana-Buddhismus ebnete den Weg für die allgemeine Vorstellung eines Universellen Selbst, mit dessen Lobpreisungen praktisch jede Seite der Mahayana-Texte gefüllt ist.

6.7 DAS ERWACHEN DER INNERSTEN WEISHEIT

Nachdem wir uns nun von dem Missverständnis das Selbst betreffend befreit haben, müssen wir als nächstes unsere innerste Weisheit erwecken, rein und göttlich, welche von den Zen-Meistern Buddha-Geist,[179] *bodhi*[180] oder *prajna* (höchste Weisheit) genannt wird. Sie ist das göttliche Licht, der innere Himmel, der Schlüssel zu aller moralischen Fähigkeit, das Zentrum des Denkens und Bewusstseins, die Quelle allen Einflusses und aller Kraft, der Sitz von Güte, Gerechtigkeit, Mitgefühl, unbedingter Liebe, Menschlichkeit und Gnade, das Maß aller Dinge. Wenn diese innerste Weisheit gänzlich erwacht ist, erkennen wir, dass jeder von uns im Geiste derselbe ist, seinem eigentlichen Wesen nach, in Einheit mit dem Universellen Leben oder Buddha, dass jeder von uns von Angesicht zu Angesicht mit dem Buddha lebt, dass jeder von uns von der überfließenden Güte des Buddha umgeben ist, dass er seine moralische Natur erhebt, dass er sein geistiges Auge öffnet, dass er seine neuen Möglichkeiten entfaltet, dass er seine Mission erfüllt, und dass das Leben kein Ozean von Geburt, Krankheit, Alter und Tod ist, noch ein Tal der Tränen, sondern der heilige Tempel des Buddha, das Reine Land (Sukhavati, das Land der Glückseligkeit), wo man sich der Seligkeit des Nirwana erfreuen kann.

Dann erfährt unser Geist eine vollständige Erneuerung. Wir werden nicht mehr durch Ärger und Hass bedrängt, sind nicht mehr angestachelt durch Neid und Verlangen, nicht mehr getroffen durch Kummer und

---

[179] Zen wird oft die „Schule des Buddha-Geistes“ genannt, da sie viel Wert legt auf die Erweckung des Geistes eines Buddha. Der Ausdruck „Buddha-Geist“ stammt von einer Passage aus dem *Lankavatara-Sutra*.

[180] Das Wissen, welches einen erleuchtet.

Gram, nicht mehr überwältigt von Melancholie und Verzweiflung. Nicht dass wir gefühllos oder rein intellektuell werden würden, sondern wir haben geläuterte Leidenschaften, welche, anstatt uns in Unruhe zu versetzen, uns mit edlen Bestreben erfüllen, wie z. B. Ärger und Hass gegen Ungerechtigkeit, Grausamkeit und Unredlichkeit, Gram und Kummer über menschliche Schwäche, Fröhlichkeit und Freude über das Wohlergehen unserer Mitmenschen, Mitleid und Sympathie für leidende Kreaturen. Derselbe Wandel reinigt unseren Geist. Skeptizismus und Sophisterei weichen Überzeugung; Kritizismus und Mutmaßungen weichen rechtem Urteil; Schlussfolgerung und Argumentation werden durch Verwirklichung abgelöst.

Was wir vorher kaum wahrgenommen hatten, berühren wir nun direkt mit dem Herzen. Was wir vorher nur unter dem Gesichtspunkt der Unterscheidung gekannt hatten, verstehen wir jetzt auch als Einheit. Wie sich etwas ereignet, war bislang unser hauptsächliches Anliegen, aber jetzt denken wir genauso darüber nach, welchen Wert etwas hat. Was vorher außerhalb von uns war, befindet sich nun in uns. Was vorher tot und undifferenziert war, wächst nun liebenswert in uns heran. Was früher bedeutungslos und nichtig war, ist nun wichtig und hat eine tiefe Bedeutung. Überall finden wir Schönheit, überall treffen wir auf Gutes; was immer uns zustößt, nehmen wir dankbar an. Das ist der Grund, warum die Zen-Adepten nicht nur alle Menschen als ihre Wohltäter ansehen, sondern sogar Dankbarkeit gegenüber Brennholz und Wasser empfinden. Ich kenne einen zeitgenössischen Zen-Anhänger, der nicht einmal eine Tasse Wasser trinkt, ohne sich zuerst vor ihr zu verbeugen. Solch eine Einstellung des Zen gegenüber den Dingen wird gut durch folgende Anekdote illustriert: Süeh Fung (Seppô) und Kin Shan (Kinzan) reisten einstmals durch ein bergiges Land und sahen ein Rübenblatt den [aus den Bergen kommenden] Fluss hinabtreiben. Daraufhin sagte Kin Shan: „Lass und den Fluss entlang ziehen, lieber Bruder, dass wir einen Weisen finden, der in den Bergen wohnt. Ich hoffe, wir haben in ihm einen guten Lehrer.“ – „Nein“, erwiderte Süeh Fung, „denn er kann kein Weiser sein, wenn er noch das Blatt einer Rübe verschwendet. Er wird uns kein guter Lehrer sein.“

Zen könnte, wenn man es nach den Aussprüchen alter Zen-Meister beurteilt, auf den ersten Blick als eine extreme Form des Idealismus erscheinen, da sie sagen: „Der Geist ist Buddha" oder „Buddha ist der Geist" oder „Es gibt nichts außerhalb des Geistes" oder „Die drei Welten sind nichts als der Geist". Und es kann auch vorkommen, dass sie nihilistisch erscheinen, wenn sie sagen: „Noch nie hat irgendetwas existiert", „Durch Täuschung erscheint die Festung der drei Welten; durch Erleuchtung erkennt man nichts als Leerheit in allen Richtungen".[181] Tatsächlich ist Zen weder idealistisch noch nihilistisch.[182] Zen macht Gebrauch von der nihilistischen Idee des Hinayana-Buddhismus und macht seine Schüler aufmerksam auf den Wandel und die Vergänglichkeit des Lebens und der Welt; zunächst, um den Irrtum der Beständigkeit zu zerstören, dann um das Anhaften an den Sinnesobjekten zu beseitigen.

Es ist eine irrtümliche Tendenz unseres Geistes, die Dinge so wahrzunehmen, als ob sie beständig und unwandelbar wären. Wir ignorieren dabei häufig konkrete und sich verändernde Objekte und betonen den allgemeinen, abstrakten und unveränderlichen Aspekt der Erscheinungen. Der Geist neigt zu Verallgemeinerungen und Abstraktion. Er sieht häufig nicht auf dieses oder jenes Ding, sondern auf die Dinge im Allgemeinen. Er liebt es, nicht an ein konkretes gutes oder schlechtes Ding zu denken, sondern an das Gute oder Schlechte im Allgemeinen. Diese intellektuelle Tendenz erschwert und versteinert die lebendige und wachsende Welt und führt uns dazu, das Universum als ein totes Objekt aufzufassen, inaktiv und statisch. Dieser Irrtum der Unwandelbarkeit kann durch die Lehre der Vergänglichkeit korrigiert werden, wie sie der Hinayana-Buddhismus lehrt. Aber so wie eine Arznei, im falschen Maß eingenommen, sich in ein Gift verwandeln kann, so kann die Lehre der Vergänglichkeit die Anhänger des Hinayana zur selbstmörderischen Schlussfolgerung des

---

[181] Diese Worte wurden von Zen-Anhängern aller Zeiten in China und Japan gemurmelt. Chwen Hih (Fudai-shi) drückte exakt diese Idee in seinem *Sin Wang Ming* (*Shinômei*) zur Zeit von Bodhidharma aus.

[182] Die Rinzai-Lehrer verwenden meistens die Lehre der Nicht-Wirklichkeit aller Dinge, wie sie in den *Prajnaparamita-Sutras* gelehrt wird. Wir müssen anmerken, dass es einige Unterschiede zwischen der Mahayana-Lehre der Nicht-Wirklichkeit und der Hinayana-Lehre der Nicht-Wirklichkeit gibt.

Nihilismus verleiten. Ein bekannter Gelehrter und Anhänger des Zen, Kwei Fung (Keihô), sagt in seiner Widerlegung des Nihilismus:[183]

„Wenn sowohl der Geist wie auch die äußeren Objekte unwirklich sind, wer weiß dann davon, dass dies so ist?“ Und weiter: Wenn nichts im Universum wirklich ist, was ist es dann, das die unwirklichen Objekte erscheinen lässt? Wir bezeugen die Tatsache, dass es kein einziges unwirkliches Ding auf Erden gibt, welches nicht durch etwas Wirkliches in Erscheinung tritt. Wenn es kein Wasser von unwandelbarer Flüssigkeit gibt, wie könnte es dann die unwirklichen und temporären Formen des Wassers geben? Wenn es keinen unwandelbaren Spiegel gibt, strahlend und rein, wie könnten sich dann die verschiedenen, unwirklichen und zeitweiligen Bilder darin widerspiegeln? Wenn der Geist und alle äußeren Objekte nicht und Nichts sind, kann niemand sagen, was es ist, das diese unwirklichen Erscheinungen veranlasst. Daher kann diese Lehre (der Nicht-Wirklichkeit aller Dinge) niemals klar die geistige Realität enthüllen. So heißt es im *Mahabheri-harakaparivarta-Sutra*: „Alle Sutras, welche die Unwirklichkeit der Dinge lehren, gehören zur unvollkommenen Lehre (von Shakyamuni).“ Und im *Mahaprajna-paramita-Sutra* heißt es: „Die Lehre der Nicht-Wirklichkeit ist das Eingangstor zum Mahayana.“

6.9 ZEN IST NICHT IDEALISTISCH

Weiterhin bedient sich Zen eines Idealismus, wie ihn die *Dharmalaksana*-Schulrichtung des Mahayana-Buddhismus erläutert.[184] Zum Beispiel sagt der vierte Patriarch: „Hunderte und Tausende von Phänomenen entstehen mit dem Geist. Unzählige mysteriöse Tugenden schreiten aus der geistigen Quelle fort.“ Niu Teu (Gozu) sagt auch: „Wenn der Geist aufkommt, kommen diverse Dinge auf; wenn der Geist aufhört zu existieren, hören die Dinge auf zu existieren.“ Tsao Shan (Sôzan) hat es so weit damit getrieben, dass er beim Klang der Glocke ausrief: „Es schmerzt, es tut weh!“ Einer seiner Begleiter fragte: „Was ist der Grund dafür?“ – „Es ist mein Geist“, sagte Sôzan, „der geschlagen wird“ (*Zenrin-ruishu*).

---

[183] Siehe *Gen-nin-ron*, Kapitel II, *Die Mahayana-Lehre des Nihilismus.*

[184] Siehe *Gen-nin-ron*, Kapitel II, *Die Mahayana-Lehre der Dharmalaksana.*

Wir anerkennen die Wahrheit folgender Überlegungen: Es gibt keine Farbe, keinen Ton, keinen Geruch in der objektiven Welt, aber es gibt Vibrationen des Äthers, Wellenbewegungen der Luft oder die Reizung des sensorischen Systems durch Geruch. Farbe ist nichts anderes als die Übersetzung der Stimuli in Wahrnehmung durch die optischen Nerven, und ebenso Ton durch das auditive System und Geruch durch das olfaktorische System. Daher existiert nichts in exakt der Weise, wie es von den Sinnen wahrgenommen wird, sondern alles ist subjektiv. Nehmen wir zum Beispiel Elektrizität: sie erscheint mit den Augen wahrgenommen als Licht; sie erscheint als Ton mit den Ohren wahrgenommen; sie erscheint als Geschmack, wenn mit der Zunge gespürt; aber Elektrizität ist in Wirklichkeit weder Licht noch Ton oder Geschmack. Ebenso ist ein Berg weder hoch noch niedrig, ein Fluss weder tief noch seicht, ein Haus weder groß noch klein, ein Tag nicht lang oder kurz; sie erscheinen nur so durch Vergleich. Es ist nicht die objektive Wirklichkeit, welche das phänomenale Universum vor uns offenbart, sondern unser Geist spielt darin eine entscheidende Rolle. Nehmen wir einmal an, wir hätten nur ein Sinnesorgan, das Auge, dann würde das gesamte Universum nur als Farbe und Form existieren. Wenn wir annehmen, wir wären mit dem sechsten Sinn ausgestattet, der unseren fünf Sinnen gänzlich entgegensteht, dann würde die gesamte Welt anders erscheinen. Davon abgesehen ist es unsere Vernunft, welche das Gesetz von Ursache und Wirkung in der objektiven Welt entdeckt und das Gesetz der Einheitlichkeit in der Natur enthüllt sowie wissenschaftliche Gesetze im Universum aufgedeckt hat, welche einen Kosmos ergeben. Manche Gelehrte behaupten, dass wir die Nicht-Existenz des Raumes nicht denken können, selbst wenn wir alle Objekte daraus entfernen; ebenso können wir die Existenz der Zeit nicht leugnen, denn die Existenz des Geistes selbst setzt die Zeit voraus. Gerade diese Argumente beweisen jedoch die Subjektivität von Raum und Zeit, denn wenn sie objektiv wären, sollten wir in der Lage sein, sie als nicht-existent zu denken, so wie wir es auch mit anderen externen Objekten tun können. Selbst Raum und Zeit sind darum also lediglich subjektiv.

6.10 IDEALISMUS IST EINE WIRKSAME MEDIZIN FÜR SELBSTGESCHAFFENES GEISTIGES LEIDEN

Insofern sich der buddhistische Idealismus auf die Welt der Sinne bezieht und insofern er nicht behauptet, dass etwas zu kennen damit identisch ist, dass es existiert, und insofern er nicht unterstellt, dass das phänomenale Universum ein Traum oder eine Erscheinung ist, können wir ihm zustimmen. Auf der einen Seite dient er uns zur Reinigung unserer durch den Materialismus verschmutzten Herzen und erhebt uns über den Schmerz des Sensualismus; auf der anderen Seite zerstört er Aberglauben, der aus Unwissenheit und einem Mangel an idealistischer Konzeption der Dinge entsteht.

Es ist ein bedauernswerter Umstand, dass jedes Land voll von solch abergläubischen Menschen ist, wie sie einer der der Neuen Denker (*New Thought writer*) beschreibt: „Zehntausende von Frauen in diesem Land glauben, dass wenn zwei Menschen zur gleichen Zeit in den Spiegel blicken, oder eine der anderen für eine Stricknadel dankt, oder jemand ein Messer oder ein scharfes Werkzeug an einen Freund gibt, es die Freundschaft zerstören wird. Wenn eine junge Frau mit einem Fingerhut vorgestellt wird, wird sie eine alte Jungfer werden. Manche Menschen glauben, dass wenn man das Haus verlassen hat, es Unglück bringt, noch einmal umzukehren, um etwas zu holen, was man vergessen hat – wenn man dazu genötigt ist, sollte man sich auf einen Stuhl setzen, bevor man das Haus wieder verlässt; oder dass es Unglück bringt, seinen Platz am Tisch zu wechseln. Ein Mann nahm einen Opal zu einem Juwelier in New York mit und bat ihn, diesen abzukaufen. Er sagte, dass er ihm nur Pech gebracht hätte, dass er, seit er sich in seinem Besitz befände, nur schlechte Geschäfte gemacht hätte, dass es viel Krankheit in seiner Familie gegeben hätte und dass ihn noch allerlei andere Arten von Unglück befallen hätten. Er wolle das verfluchte Stück nicht länger behalten. Der Juwelier untersuchte den Stein und erkannte, dass es sich nicht um einen Opal handelte, sondern um eine Fälschung.“

Idealismus ist eine höchst potente Arznei für diese selbstgeschaffenen mentalen Leiden. Er treibt erfolgreich Teufel und Geister aus, die unwissende Köpfe regelmäßig befallen, so wie Jesus es in den alten Tagen gemacht hat. Zen gebraucht moralischen Idealismus, um all solche eitlen

Träumereien und illusorischen Fantasien mit Wurzel und Zweigen auszurotten, und eröffnet den Weg zur Erleuchtung.

6.11 IDEALISTISCHER SKEPTIZISMUS HINSICHTLICH OBJEKTIVER REALITÄT

Extremer Idealismus jedoch identifiziert „Sein" (*to be*) mit „Bekannt-Sein" (*to be known*), und sieht alle Phänomene als Vorstellungen an, so wie es im *Mahayana-vidyamatra-siddhi-tridasa-sastra*[185] und *Vidyamatra-vimsati-sastra*[186] von Vasubandhu ausgeführt wird. Damit befindet er sich notwendig in teilweiser Gesellschaft des Zen, welches an das Universelle Leben glaubt, das *in* allen Dingen existiert anstatt dahinter. Idealismus zeigt seine dunkle Seite in drei skeptischen Sichtweisen: (1) Skeptizismus bezüglich der objektiven Realität; (2) Skeptizismus bezüglich der Religion; (3) Skeptizismus bezüglich der Moral.

Zuerst behauptet der Idealismus, dass Dinge nur insofern existieren, als sie uns bekannt sind. Es ist eine Selbstverständlichkeit, dass wenn ein Baum überhaupt existiert, er als mit einem langen oder kurzen Stamm bekannt ist, mit großen oder kleinen Zweigen, gelben oder grünen Blättern, gelben oder roten Knospen usw., was alles Vorstellungen sind. Aber all das impliziert nicht im Geringsten, dass „bekannt sein" gleichbedeutend mit „existierend sein" wäre. Vielmehr sollten wir sagen, dass Bekanntsein Existentsein voraussetzt, denn wir können nichts kennen, das nicht existiert, selbst wenn wir nur zugeben, dass die Axiome der Logik fortbestehen. Wiederum kann ein Baum einem Wissenden als Baum erscheinen, aber er kann zur gleichen Zeit als Obdach in Beziehung zu Vögeln gelten, oder als Nahrung für manche Insekten, als eine ganze Welt mit Blick auf einige winzige Würmer, als ein verwandter Organismus bezüglich anderer Pflanzen. Wie könnte man sagen, dass seine Beziehung zu einem Erkenner die einzige und fundamentale Bezie-

---

[185] Ein philosophisches Werk zum buddhistischen Idealismus von Vasubandhu, ins Chinesische übersetzt von Hiuen Tsang im Jahr 648. Es gibt einen berühmten Kommentar dazu von Dharmapala, Übersetzung ins Chinesische 659 von Hiuen Tsang. Siehe den Katalog von Nanjô, Nr. 1197 und 1125.

[186] Ein einfacheres Werk zum Idealismus, Übersetzung ins Chinesische 661 von Hiuen Tsang. Siehe den Katalog von Nanjô, Nr. 1238, 1239 und 1240.

hung für die Existenz eines Baumes ist? Das Verschwinden des Erkennenden wirkt sich auf den Baum nicht mehr aus als dasjenige eines Ernährenden; ebenso wirkt sich die Erscheinung eines Erkennenden auf den Baum nicht mehr aus als das Erscheinen von ähnlichen Pflanzen.

Extremer Idealismus schließt irrtümlich, dass das, was wirklich existent ist oder was sich unmittelbar als existent erweist, nur unsere Wahrnehmungen, Vorstellungen und Gedanken seien; dass die äußere Welt nicht mehr ist als das reflektierte Bild im Spiegel des Geistes, und dass die objektive Realität der Dinge daher zweifelhaft ist – nein, mehr noch, sie ist unwirklich, illusorisch und traumgleich. Wenn dem so ist, können wir das Reale nicht mehr vom Vorgestellten unterscheiden; das Wachen vom Träumen; den Gesunden vom Kranken; das Wahre vom Falschen. Wir können nicht mehr erkennen, ob das Leben wirklich ist oder nur ein leerer Traum.

6.12 IDEALISTISCHER SKEPTIZISMUS HINSICHTLICH RELIGION UND MORAL

Das Gleiche ist der Fall bezüglich Religion und Moral. Wenn wir den extremen Idealismus als wahr anerkennen, kann es nichts wahrhaft Objektives geben. Gott ist dann nicht viel mehr als eine mentale Vorstellung. Er ist ein Geschöpf des Geistes, anstatt: der Schöpfer. Er ist keine objektive Realität. Er existiert, wenn wir glauben, dass er existiert. Er existiert nicht, wenn wir nicht glauben, dass er existiert. Er ist von der Gnade unseres Denkens abhängig. Um wie viel unwirklicher muss dann erst die Welt sein, welche von einem unwirklichen Gott geschaffen sein soll! Vorsehung, Erlösung und göttliche Gnade – wo sind sie hin? Nichts als ein Traum in einem Traum in einem Traum!

Was ist Moral dann? Sie ist subjektiv. Sie besitzt keine objektive Gültigkeit. Ein moralisches Verhalten, welches von unseren Vätern hoch gelobt wurde, kann für uns nun unmoralisch sein. Handeln, welches wir heute als zutiefst unmoralisch zurückweisen, kann von unseren Nachkommen als moralisch beurteilt werden. Gute Taten von Wilden sind nicht zwangsläufig gute Taten in den Augen zivilisierter Menschen, und böse Taten von Orientalen sind nicht zwangsläufig böse vor dem Ansehen westlicher Menschen. Es folgt daraus, dass es zu keiner Zeit und an keinem Ort einen absoluten Standard der Moral gibt.

Wenn Moral rein subjektiv ist und es keinen objektiven Maßstab gibt, wie kann man dann das Böse vom Guten unterscheiden? Wie kann man die Engel von den Teufeln trennen? War Sokrates nicht ein verurteilter Krimineller? War nicht auch Jesus ein Verbrecher? Woher wissen wir, dass er ein göttlicher Mensch war, anders als die mit ihm gekreuzigten Verbrecher? Kann ich nicht das, was du für ehrenwert hältst, als unwürdig abtun? Kann nicht das, was für dich Pflicht ist, für mich Sünde sein? Jede Form von Idealismus ist letztendlich dazu verdammt, in solcher Verwirrung und solchem Skeptizismus zu enden. Wir können keinen radikalen Idealismus annehmen, der eine solche dreifach skeptische Sichtweise mit sich bringt.

6.13 EINE TÄUSCHUNG HINSICHTLICH ERSCHEINUNG UND WIRKLICHKEIT

Um zur Erleuchtung zu finden, müssen wir als nächstes eine Täuschung bezüglich Erscheinung und Wirklichkeit ausräumen. Gemäß einigen Religionen sind alle Phänomene des Universums dem Wandel unterworfen. Alle weltlichen Dinge sind samt und sonders vergänglich. Sie sind nichts auf lange Sicht. Schneebedeckte Bergspitzen können auf den Grund der Meere absinken, während der Sand der unermesslichen Ozeane zur gleichen Zeit in den azurblauen Himmel aufsteigen kann. Blühende Blumen sind dazu verdammt, dahinzuschwinden, um nächstes Jahr aufs Neue zu erblühen. Das gleiche Schicksal ist den Bäumen bestimmt, aufstrebenden Generationen, gedeihenden Nationen, glühenden Sonnen, Monden und Sternen. Die Anhänger oben genannter Religionen würden sagen, dass dies nur die Erscheinungen betrifft, aber nicht ihre eigentliche Wirklichkeit. Wachstum und Verfall, Geburt und Tod, Aufstieg und Niedergang – all dies sind lediglich Ebbe und Flut im Ozean der Wirklichkeit, der immer derselbe ist. Blumen mögen welken und zu Staub zerfallen, aber aus diesem Staub entstehen neue Blumen. Bäume können sterben, und doch erschaffen sie sich woanders neu. Es mag die Zeit kommen, wo die Erde eine tote Sphäre darstellt, ungeeignet für menschliche Bewohnung, und die gesamte Menschheit untergeht; aber wer weiß schon, ob sich nicht eine neue Erde als Zuhause des Menschen erweist? Die Sonne mag ihren Anfang und ihr Ende haben, ebenso wie Sterne und Monde die ihrigen; aber ein ewiges Universum hat weder einen Anfang noch ein Ende.

Weiterhin sagen sie, dass Wandel zur Welt der phänomenalen Erscheinungen gehört, aber nicht zur wahren Wirklichkeit. Ersterer stellt die sinnlich wahrnehmbaren Phasen von Letzterer dar. Folglich sind sie immer durch unsere Sinne limitiert und modifiziert, so wie Spiegelbilder immer durch den Spiegel limitiert und modifiziert sind, der sie reflektiert. Aus diesem Grund sind die Erscheinungen beschränkt, während die Wirklichkeit unbeschränkt ist. Und es folgt daraus auch, dass Erstere unvollkommen sind, während Letztere vollkommen ist; Erstere sind vergänglich, Letztere ist ewiglich; Erstere sind relativ, Letztere ist absolut; Erstere sind weltlich, Letztere ist überweltlich (*holy*); erstere sind erkennbar, letztere ist unerkennbar.

Diese Überlegungen führen uns ganz natürlich zu der Annahme, dass die Welt der Erscheinungen wertlos ist, da sie begrenzt ist, kurzlebig, unvollkommen, leidhaft, sündig, hoffnungslos und miserabel. Das Reich der Wahrheit hingegen ist erstrebenswert, denn es ist ewig, vollkommen, behaglich, voller Hoffnung, Freude und Frieden – daher die ewige Trennung von Erscheinung und Wahrheit. Solch eine Sichtweise des Lebens neigt dazu, den Wert des Menschen zu minimieren, die gegenwärtige Existenz zu verleugnen und nach einer zukünftigen zu verlangen.

Manche Religiösen erzählen uns, dass wir Menschen hilflos sind, sündige, hoffnungslose und erbärmliche Kreaturen. Weltlicher Reichtum, vergängliche Ehren, soziale Positionen, sogar Erhabenes und Schönes der gegenwärtigen Existenz gilt es da zu ignorieren und abzulehnen. Wir haben keinen Grund, uns um derartige Dinge zu kümmern, welche in einem Augenblick vorbei sind. Wir müssen uns auf das zukünftige Leben vorbereiten, welches ewig währt. Wir müssen Reichtum für diese nächste Existenz ansammeln. Wir müssen uns bemühen, darin einen Rang zu erhalten. Wir müssen nach der Erhabenheit und Schönheit dieser nächsten Welt streben, so heißt es.

Untersuchen wir nun, wo die Wurzel der Illusion aus der Sichtweise dieser Religiösen liegt. Sie liegt tiefverwurzelt in der Fehldeutung der Realität, wächst in die trügerischen Vorstellungen über die Erscheinungen hinein und wirft ihren dunklen Schatten auf das Leben. Der tiefgründigste Irrtum besteht darin, dass diese Religiösen die Wirklichkeit als etwas Unerkennbares hinter den Erscheinungen konstruieren.

Gemäß ihrer Meinung ist alles, was wir von der Welt wissen oder von ihr wahrnehmen, fühlen oder uns vorstellen, nur Erscheinung und Phänomen, aber nicht die Wirklichkeit selbst. Erscheinungen sind „Dinge bekannt als", aber nicht „Dinge, wie sie sind". Das Ding-für-sich, die Wirklichkeit, läge für immer unserem Gesichtskreis verschlossen hinter den Erscheinungen. Dies ist vielleicht die tiefgründigste metaphysische Falle, in die philosophische Geister auf ihren spekulativen Wegen jemals geraten sind. Die Dinge erscheinen uns, würden sie sagen, wie wir sie mit unseren begrenzten Sinnen wahrnehmen; aber sie müssten uns verschiedenen Sinnen gänzlich andere Aspekte enthüllen, so wie die Schwingungen des Äthers uns als Farbe erscheinen, aber dem farbenblinden oder kurzsichtigen Menschen ganz andere Aspekte präsentieren. Das phänomenale Universum ist so, wie es dem menschlichen Geist erscheint, und wenn sich unsere mentale Verfassung ändern würde, wäre auch das Universum ein komplett anderes.

Dieses Argument ist jedoch weit davon entfernt zu beweisen, dass die Wirklichkeit unerkennbar ist oder dass sie hinter den Erscheinungen oder Vorstellungen verborgen liegt. Nehmen wir zum Beispiel eine Wirklichkeit, die als Strahl einer Sonne erscheint. Wenn er durch eine Scheibe Glas fällt, scheint er farblos, aber wenn er durch ein Prisma fällt, offenbart er ein wunderbares Spektrum. Darum nehmen wir nun an, dass eine Wirklichkeit, die als Sonnenstrahlen erscheint, in sich selbst weder farblos noch farbig ist, da diese Erscheinungen gänzlich von dem Unterschied der Glasscheibe und dem Prisma abhängen.

Wir behaupten jedoch, dass dieser Umstand nicht die Existenz einer Wirklichkeit namens Sonnenstrahl hinter oder jenseits des weißen Lichts beweist, noch seine Existenz jenseits oder hinter dem Spektrum. Es ist offenkundig, dass die Wirklichkeit als weißes Licht existiert und als weißes Licht bekannt ist, wenn sie durch eine Glasscheibe fällt; und dieselbe Wirklichkeit existiert in dem Spektrum, und ist bekannt als Spektrum, wenn sie durch ein Prisma fällt. Die Realität ist bekannt als das weiße Licht auf der einen Seite, und als das Spektrum auf der anderen. Sie ist nicht unerkennbar, sondern erkennbar.

Nehmen wir an, dass ein und dieselbe Wirklichkeit einen Aspekt offenbart, wenn sie in Beziehung zu einem anderen Objekt steht; zwei Aspekte, wenn sie in Beziehung zu zwei verschiedenen Objekten steht; drei Aspekte, wenn sie in Beziehung zu drei verschiedenen Objekten steht. Die Realität des einen Aspekts beweist niemals die Unwirklichkeit eines anderen Aspekts, denn alle diese Aspekte sind gleichermaßen wirklich. Ein Baum erscheint uns als eine Pflanze; manchen Vögeln kommt er wie eine Unterkunft vor; und manchen Würmern als Nahrung. Die Wirklichkeit seines Aspekts als Pflanze beweist niemals die Unwirklichkeit seines Aspekts als Nahrung, und die Realität seines Aspekts als Nahrung disqualifiziert nicht die Wirklichkeit seines Aspekts als Unterkunft. Wir können uns nur auf seine Realität verlassen und daraus Fruchtbares ableiten. Zur gleichen Zeit können die Vögel sich auf seine Realität als Unterkunft verlassen und ihr Nest darin bilden; und die Würmer können sich auf seine Realität als Nahrung verlassen und sich bis zur Befriedigung daran laben. Eine Realität, welche mir als meine Frau erscheint, ist für meinen Sohn seine Mutter und niemals seine Frau. Aber in der Frau und der Mutter befindet sich die gleiche wirkliche Frau, keine davon ist unwirklich.

6.15 DAS DING-AN-SICH BEDEUTET ERKENNER-FREIHEIT

Wie sind die Philosophen dann darauf gekommen, die Realität als unerkennbar zu beurteilen und verborgen hinter oder jenseits den Erscheinungen? Sie untersuchten alle möglichen Präsentationen in unterschiedlichen Beziehungen, stellten sie alle als getrennte Erscheinungen beiseite, brüteten über dem Ding-an-sich, ausgeschlossen von jeglicher Beziehung, und erklärten es als unerkennbar. „Ding-an-sich“ bedeutet ein Ding ohne irgendwelche Beziehungen. Anders ausgedrückt: Ding-an-sich bedeutet ein Ding, ohne Beziehung zu jemandem, der es erkennt – das heißt sozusagen „Erkenner-frei“ (*thing-knowerless*). Das Ding-an-sich als unerklärbar zu deklarieren bedeutet also so viel wie Ding-Unerkennbarkeit (*thing-unknowable*) als unerkennbar zu deklarieren; daran besteht zwar kein Zweifel, doch was beweist es?

Man mache sich einmal von allem möglichen Beziehungen frei und schaue dann, wer man ist. Stell dir vor, du seist nicht der Sohn deiner Eltern, nicht der Ehemann deiner Ehefrau, nicht der Vater deiner Kinder, kein Verwandter der Verwandtschaft, kein Freund der Bekannten, kein Lehrer der Schüler, kein Bürger einer Stadt, kein individuelles Mitglied der Gesellschaft, kein Geschöpf Gottes, dann wirst du du-in-dir-selbst. Und jetzt frage dich, was du-in-dir-selbst bedeutet? Diese Frage ist niemals zu beantworten. Sie ist unlösbar, denn sie ist von allen erkennbaren Beziehungen abgeschnitten. Wie könnte man demnach beweisen, dass man-in-sich-selbst jenseits oder hinter sich selbst existiert?

Auf die gleiche Weise erscheint unser Universum uns menschlichen Wesen als die phänomenale Welt oder Gestaltung. Es kann anderen Wesen mit einer anderen geistigen Verfasstheit anders erscheinen. Wir können nicht ermitteln, wie es *devas*, *asuras*, Engeln oder dem Allmächtigen erscheint, sollte es solche Wesen geben. Wie verschieden es solchen Wesen auch erscheinen mag, impliziert dies jedoch nicht, dass die phänomenale Welt unwirklich oder das Reich der Realität unerkennbar ist.

„Wasser", heißt es in der indischen Tradition, „erscheint einem Menschen als etwas Trinkbares, *devas* als ein Diamant, *pretas* als blutiger Ausfluss, Fischen als Heimstatt". Wasser ist kein bisschen weniger wirklich, weil es Fischen als eine Heimstatt erscheint, und die Heimstatt der Fische ist nicht weniger wirklich, weil sie *devas* als Diamanten erscheint. Nichts davon beweist die Unwirklichkeit des Wassers. Es ist ein grober Fehler, die Wirklichkeit als hinter den Erscheinungen verborgen anzunehmen. Die Realität existiert in ihren Erscheinungen, und Erscheinungen sind den Menschen bekannte Realitäten. Man kann nicht Erscheinungen von den Realitäten trennen und Letztere als Gegenstand des Erstrebens auf Kosten der Ersteren hochhalten. Man muss zugeben, dass das so genannte Reich der Wirklichkeit, nach dem man strebt und welches man außerhalb oder hinter dem phänomenalen Universum sucht, hier auf Erden besteht. Man möge sich von Zen-Lehrern sagen lassen, dass „die Welt von Geburt und Tod die Sphäre des Nirwana ist" und „diese Welt das Reine Land der Buddhas".

6.16 DIE VIER ALTERNATIVEN UND FÜNF KATEGORIEN

Es gibt dem Zen zufolge vier Klassen religiöser und philosophischer Sichtweisen, welche mit dem Fachausdruck der „vier Sichtweisen" (*shiryôken*) des Daseins und der Welt bezeichnet werden.[187] Die erste ist „der Entzug des Subjekts und der Nicht-Entzug des Objekts" – d.h. die Leugnung des Subjekts (oder Geistes, *atman*, Seele) und die Nicht-Leugnung des Objekts (Materie, Dinge); eine Sichtweise, welche die Realität des Geistes leugnet und die Existenz der Dinge behauptet. Diese Sichtweise wurde von einer bestimmten Hinayana-Schule, den Sarvastivada, vertreten und wird immer noch von einigen Philosophen, den Materialisten oder Naturalisten, angenommen. Die zweite Sichtweise ist diejenige des „Entzugs des Objekts und Nicht-Entzugs des Subjekts" – d.h. die Leugnung des Objekts (der Materie, Dinge) und die Nicht-Leugnung des Subjekts (Geist, Bewusstsein); eine Sichtweise, welche die Realität der materiellen Objekte nicht anerkennt, aber die Existenz des Geistes oder von Ideen annimmt. Solch eine Sichtweise wurde von der Dharmalaksana-Schule des Mahayana vertreten und wird noch immer von einigen Philosophen, den so genannten Idealisten, eingenommen. Die dritte Sichtweise ist der „Entzug sowohl des Subjekts wie des Objekts" – d.h. die Leugnung sowohl des Geistes wie auch der Materie; es handelt sich um eine Sichtweise, welche die Realität physischer und mentaler Phänomene leugnet und stattdessen die Existenz einer Realität annimmt, die das phänomenale Universum übersteigt. Solch eine Sichtweise wurde von der Madhyamika-Schule des Mahayana vertreten, ebenso wie von einigen Religiösen und Philosophen der Gegenwart. Die vierte Sichtweise ist diejenige des „Nicht-Entzugs von Subjekt und Objekt" – d.h. die Nicht-Leugnung von Subjekt und Objekt; eine Sichtweise, welche Geist und Körper als ein und dieselbe Wirklichkeit ansieht. Geist ist dieser Sichtweise zufolge innerlich durch Introspektion erfahrene Realität, während Körperlichkeit dieselbe, äußerlich mit den Sinnen wahrgenommene Realität darstellt. Sie sind eine Realität und ein Dasein. Es existieren auch andere Personen und Wesen, welche zu demselben Dasein und derselben

[187] Diese Klassifikation wird hauptsächlich von den Rinzai-Zen-Meistern verwendet. Für genauere Informationen siehe *Kigai-kwan* von K. Watanabe.

Realität gehören; folgerichtigerweise teilen sich alle Dinge eine Realität und ein Dasein in Gemeinschaft miteinander. Diese Realität oder dieses Dasein ist nicht jenseits des Bewusstseins oder des Körpers, oder jenseits von Geist und Materie, sondern besteht in der Einheit der beiden. Mit anderen Worten: Diese unsere phänomenale Welt ist das Reich der Wirklichkeit. Diese Sichtweise wurde von der Avatamsaka-Schule des Mahayana und wird immer noch von den Anhängern des Zen vertreten. Damit ist Zen in seiner Sichtweise auf die Welt weder materialistisch noch idealistisch und auch nicht nihilistisch, sondern realistisch und monistisch.

Es gibt einige Gelehrte, die fälschlicherweise annehmen, Zen würde auf der Lehre von der Unwirklichkeit aller Dinge basieren, wie sie von Kumarajiva und seinen Anhängern dargelegt wurde. Kôben, bekannt als Myôye Shônin, hat vor 600 Jahren gesagt:[188] „Yang Shan (Kyôzan) fragte Wei Shan (Isan): ‚Was sollen wir tun, wenn uns Hunderte, Tausende, Millionen von Dingen alle auf einmal bedrängen?' – ‚Die Blauen sind nicht die Gelben', erwiderte Wei Shan, ‚die Langen sind nicht die Kurzen. Alles hat seinen eigenen Platz. Es hat nichts mit dir zu schaffen.'" Wei Shan war ein großer Zen-Meister. Er lehrte nicht die Unwirklichkeit aller Dinge. Wer könnte sagen, dass Zen nihilistisch sei?

Außer den „vier Sichtweisen" verwendet Zen auch noch die „fünf Kategorien" um die Beziehung zwischen der Realität und der phänomenalen Welt zu erklären.[189] Die erste Kategorie ist „das Relative im Absoluten". Damit ist gemeint, dass das Universum aus relativen Aspekten zu bestehen scheint, entsprechend unserem relativen Wissen; aber diese relativen Aspekte basieren auf einer absoluten Realität. Die zweite Kategorie ist „das Absolute im Relativen", d.h. die absolute Realität bleibt nicht untätig, sondern manifestiert sich selbst als relative Phänomene. Die dritte Kategorie ist „das Relative aus dem Absoluten". Damit ist gemeint, dass die absolute Wirklichkeit alles zusammen ist, und relative Phänomene gehen aus ihr als nachrangige oder untergeordnete Formen hervor. Die

[188] Ein renommierter Gelehrter der Avatamsaka-Schule des Mahayana, Lebensdaten 1173-1232.

[189] *Go-i* auf Japanisch, vorwiegend von der Sôtô-Schule des Zen verwendet. Eine ausführliche Erklärung findet sich in *Go-i ken ketsu*. [Für eine Erläuterung dieser fünf Sichtweisen siehe beispielsweise Alfonso Verdu, *Abstraktion und Intuition als Wege zur Wahrheit im Yoga und Zen*.]

vierte Kategorie ist „das Absolute bis zum Relativen“, was meint, dass relative Phänomene immer eine wichtige Rolle auf der Bühne der Welt spielen. Es sind diese relativen Phänomene, durch welche die absolute Wirklichkeit verstanden werden kann. Die fünfte Kategorie ist „die Einheit des Absoluten und des Relativen“. Damit ist gemeint, dass das Absolute nicht die Grundlage oder die Substanz der relativen Phänomene ist, und dass relative Phänomene der absoluten Wirklichkeit nicht nach- oder untergeordnet sind. Das heißt, sie sind ein und dasselbe kosmische Leben, wobei die absolute Wirklichkeit das innerliche, durch Introspektion erfahrene Leben darstellt, während die relativen Phänomene dasselbe Leben sind, aber äußerlich und mit den Sinnen wahrgenommen. Die ersten vier Kategorien werden gelehrt, um den Geist des Schülers für die Akzeptanz der letzten vorzubereiten, welche die tiefgründigste Wahrheit enthüllt.

6.17 PERSONALISMUS NACH B. P. BOWNE

B. P. Bowne sagt:[190] „Sie (die Phänomene) sind nicht Illusionen oder Fantasien, noch sind sie Masken einer dahinter verborgenen Realität, welche versucht, durch sie hindurch zu erscheinen.“ Er fährt fort: „Die Antithese von *phänomena* und *noumena* basiert auf der Fantasie, dass es etwas gibt, das sich hinter den Phänomenen befindet und das wir versuchen wahrzunehmen, es aber nicht können, weil sich die maskierenden Phänomene zwischen die Wirklichkeit und uns selbst schieben.“ Soweit stimmen wir mit Bowne überein, aber wir denken, er irrt sich, wenn er scharf zwischen dem Körper und dem Selbst unterscheidet und sagt: „Wir selbst sind unsichtbar. Der physische Organismus ist nur ein Werkzeug, um das innere Leben auszudrücken und zu manifestieren, aber das lebendige Selbst wird nie gesehen.“ Er argumentiert weiter: „Menschliche Gestalt als ein Objekt im Raum, getrennt von unserer Erfahrung, als Werkzeug und Ausdruck des persönlichen Daseins, besitzt wenig Schönheit oder Anziehungskraft; wenn sie in anatomischen Begriffen beschrieben wird, findet sich darin nichts, nach dem es uns verlangen lässt. Das

[190] *Personalism*, S. 94 [Gemeint ist Borden Parker Bowne, 1847-1910, amerikanischer christlicher Philosoph und Prediger. Bowne steht in der Tradition von Hermann Lotze; er war neun Mal für den Nobelpreis nominiert. Trotz seiner regen schriftstellerischen Tätigkeit scheint keines seiner Werke ins Deutsche übersetzt worden zu sein.]

Geheimnis ihrer Schönheit und ihr Wert liegen im unsichtbaren Reich." Und weiter: „Dasselbe gilt für Literatur. Ihr Wert existiert nicht im Raum, der Zeit, oder in Büchern oder Bibliotheken ... Alles, was man dort finden kann, sind schwarze Flecken auf weißen Papier und ganze Bündel von diesen Punkten in verschiedenen Formen, die alles darstellen, was die Augen sehen können. Aber das ist noch keine Literatur, denn die Literatur existiert nur im Geist, und sie ist unmöglich und völlig bedeutungslos, wenn man sie vom Geist trennt." Er gibt noch ein anderes Beispiel: „Unsere menschliche Geschichte existierte niemals im Raum und kann es auch gar nicht. Wenn ein Besucher vom Mars zur Erde käme und alles sehen würde, was sich an Verbindungen zwischen den Menschen im Raum abspielt, würde er niemals der wahren Bedeutung davon auf die Spur kommen. Er wäre beschränkt auf das Zusammenfügen und Auseinandergehen von Materie und Bewegung. Er würde die Massen und Gruppierungen der Materie beschreiben, aber mit all dem würde er keine Ahnung vom inneren Leben erhalten, welches all dem, was er sieht, Bedeutung verleiht. So wie es vorstellbar ist, dass ein Vogel auf einem Telegrafen sitzt und alle Klicks der Maschine wahrnimmt, ohne den geringsten Verdacht der Existenz oder Bedeutung einer Nachricht; oder wie ein Hund all das sehen kann, was ein menschliches Auge in einem Buch sieht, ohne die Spur einer Ahnung zu haben, was es bedeutet; oder wie ein Wilder auf die gedruckten Noten einer Oper blicken kann, ohne irgendetwas von ihrer Bedeutung für die Musik zu verstehen – so auch wäre der Besucher vom Mars durch eine unüberwindliche Kluft vom wahren Sitz und der Bedeutung der menschlichen Geschichte entfernt. Das große Drama des Daseins, mit seinen Vorlieben und Abneigungen, seiner Liebe und seinem Hass, seinen Ambitionen und Bemühungen und vielfältigen Ideen, Inspirationen und Sehnsüchten, ist dem bloßen Raum gänzlich fremd und kann niemals auf irgendeine Art und Weise dort entdeckt werden. So hat die menschliche Geschichte ihren Sitz im Unsichtbaren."

Erstens ist Bownes Vorstellung des physischen Organismus als lediglich ein Instrument zum Ausdruck des inneren, persönlichen Lebens (so wie ein Telegraf lediglich der Apparat zum Ausdruck der Nachrichten ist) fehlerhaft, weil der Körper nicht nur ein Instrument des inneren, persönlichen Lebens ist, sondern ein essentieller Teil davon. Wer könnte leugnen, dass die physischen Bedingungen auch den Charakter bzw. Persönlichkeit eines Menschen mitbestimmen? Wer könnte darüber hinwegsehen, dass sich die körperlichen Bedingungen aktiv auf das persönliche Leben auswirken? Es gibt in der ganzen Erfahrungswelt keinen physischen Organismus, der nicht mehr als ein rein mechanisches Instrument des inneren Lebens wäre. Darüber hinaus ist Individualität (oder Persönlichkeit, Selbst, inneres Leben, wie auch immer man es nennen will), welche als absolut unabhängig von der physischen Verfasstheit begriffen wird, eine reine Abstraktion. Es gibt keine derartige Persönlichkeit oder Individualität innerhalb unserer Erfahrung.

Zweitens versteht Bowne den physischen Organismus lediglich als Zeichen oder Symbol und das innere persönliche Leben als dasjenige, was ausgedrückt oder symbolisiert wird. Auf diese Weise vergleicht er physische Formen mit Papier, Buchstaben, Büchern und Bibliotheken und das innere Leben mit der Literatur. Dabei übersieht er jedoch die untrennbare Verbindung zwischen dem physischen Organismus und dem inneren Leben. Denn es gibt keine essentielle und untrennbare Verbindung zwischen einem Zeichen oder Symbol und dem Ding, welches ausgedrückt oder symbolisiert wird, das Ding könnte auch jedes andere Zeichen oder Symbol annehmen. Die schwarzen Punkte auf dem weißen Papier, um sein Beispiel zu gebrauchen, sind nicht wesentlich für Literatur. Literatur kann auch durch Singen ausgedrückt werden, durch Sprache oder durch eine Reihe von Bildern. Aber gibt es inneres Leben, welches irgendwie anders als durch physische Organismen ausgedrückt wird oder überhaupt ausgedrückt werden könnte? Wir müssen daher anerkennen, dass das innere Leben identisch ist mit dem physischen Organismus, und dass die Realität als Erscheinung ein und dieselbe ist.

6.18 ALLE WELTEN IN DEN ZEHN RICHTUNGEN SIND DAS REINE LAND BUDDHAS

Wir fassen die Problematik in folgenden Kapitel zusammen. An dieser Stelle ist es ausreichend darauf hinzuweisen, dass es das Gesetz des Universellen Lebens ist, welches die Vielfalt in der Einheit und die Einheit in der Vielfalt darstellt; Unterscheidung in Übereinstimmung und Übereinstimmung in Unterscheidung; Konflikt in Harmonie und Harmonie im Konflikt; Teile innerhalb des Ganzen und das Ganze innerhalb der Teile; Beständigkeit im Wandel und Wandel im Beständigen; das Gute findet sich im Bösen und das Böse im Guten; Integration in Segregation und Segregation in Integration; Frieden in der Unruhe und Unruhe im Frieden. Wir können das Himmlische auf Erden finden. Wir können etwas Erhabenes inmitten des Niedrigen und Degenerierten entdecken.

„Zwar gibt es überall Nesseln; aber sind nicht weiche grüne Gräser noch weitaus verbreiteter?“ Wer vermag etwas Ehrfurcht Gebietendes im Aufstieg und Fall der Nationen zu erkennen? Wer vermag etwas Ruhiges und Friedvolles inmitten der Unruhe und des Trubels zu erkennen? Hat nicht sogar Gras eine Bedeutung? Erzählt nicht selbst ein Stein das Mysterium des Lebens? Bewegt letzten Endes nicht das unveränderliche Gesetz des Guten die menschlichen Angelegenheiten, wie Tennyson sagt:

I can but trust that good shall fall
At last – far off – at last, to all.

Hat nicht jeder von uns ein Licht in sich, egal welcher Glanz sich auch zeigen mag? Lag Washington falsch, als er sagte: „Bemühe dich darum, den kleinen Funken himmlischen Feuers in deinem Herzen lebendig zu halten, der Bewusstsein heißt.“

Wir sind überzeugt, dass wir die himmlische Seligkeit in dieser Welt verwirklichen können, wenn wir das erleuchtete Bewusstsein lebendig halten, von dem Bodhidharma und seine Anhänger Zeugnis abgelegt haben. „Alle Welten in den zehn Richtungen sind das Reine Land Buddhas!“ Dieses Land der Seligkeit und Herrlichkeit existiert über uns, unter uns, um uns herum, in uns und ohne uns, wenn wir unsere Augen aufmachen, um es zu sehen. „Das Nirwana ist im Leben selbst“, wenn wir es mit Bewunderung und Liebe genießen. „Leben und Tod sind das Leben des Buddha“, hat Dôgen gesagt. Überall stehen die Tore zum Elysium offen, wenn wir sie nicht eigenhändig schließen. Sollen wir uns selbst aushungern, in dem wir die reiche Gabe verweigern, welche das heilige Leben uns anbietet? Sollen wir in der Dunkelheit des Skeptizismus untergehen, indem wir unsere Augen vor dem Licht des Tathagata verschließen? Sollen wir unzählige Qualen in der selbstgeschaffenen Hölle erleiden, wo Reue, Neid und Hass das Feuer der Wut schüren? Lasst uns zum Buddha beten, nicht nur in Worten, sondern in Taten der Großzügigkeit und Toleranz, durch einen noblen Charakter und Liebe, und mit einer erhabenen und guten Persönlichkeit. Lasst uns zum Buddha beten, dass er uns aus der Hölle von Gier und Wahn erlöst, uns von der Knechtschaft der Versuchung befreit. Lasst uns „das Allerheiligste in Bewunderung betreten".

7.1 EPIKUREISMUS UND LEBEN

Es gibt immer wieder Menschen, die geistig aufnahmefähig und von fröhlichem Auftreten sind, als wären sie geborene Optimisten. Und es gibt ebenso viele Personen, die wie geborene Pessimisten stets entmutigt und bedrückt sind. Erstere jedoch können ihre Heiterkeit verlieren und in tiefe Verzweiflung stürzen, wenn sie in widrige Umstände geraten. Und Letztere können ihr Strahlen wiedergewinnen und jubeln, wenn sie in günstige Bedingungen geraten. So wie es kein noch so kleines Übel gibt, welches nicht demjenigen zum Leiden wird, der seinen Geist (*heart*) nicht diszipliniert hat, so gibt es auch kein noch so großes Übel, welches denjenigen verzweifeln lassen könnte, der sein Gemüt unter Kontrolle hat. Ein lachendes Kind kann zu weinen und ein weinendes Kind zu lachen anfangen ohne einen hinreichenden Grund. „Es kann mit allem gehänselt oder erfreut werden." Ein Erwachsener hat sein Gemüt unter Kontrolle.

Wer mit seinem Geist zu nachsichtig ist, wenn er launisch und blind ist, wird als Sklave dieses Geistes sterben. Es ist von herausragender Wichtigkeit für uns, unseren Geist zu disziplinieren, ansonsten bestimmt er über uns.[191] Emotionen (*passions*) sind wie Beine. Sie sollten mit dem Auge der Vernunft überwacht werden. Keine kluge Schlange wird an der Taille geführt, kein kluger Mensch von seinen Emotionen. Emotionen, die als erstes auftauchen, sind häufig trügerisch und führen uns in die Irre. Wir müssen uns gegen sie wappnen. Um sie zu befriedigen, kommen mäßige Verlangen auf – das Verlangen, sich am Sehen, Hören, Riechen, Berühren und Schmecken zu erfreuen [d.h. das sinnliche Verlangen bzw. Vergnügen als Folge des geistigen Begehrens]. Diese fünf Verlangen verfolgen bzw. lenken uns ständig. Wir dürfen unser Leben nicht damit verbringen, den wundersamen Objekten hinterherzujagen, welche das sinnliche Vergnügen stillen. Wenn wir ein sinnliches Verlangen befriedigt haben, sind wir einfältig genug zu glauben, wir hätten wahre Glückseligkeit erlangt. Aber ein gestilltes Verlangen erzeugt nur ein noch grö-

[191] Vergleiche hierzu *Gakudô yôjin shû*, Kap. 1 und *Zen-kan saku shin.*

ßeres und unstillbares weiteres Verlangen. Durst, der mit Salzwasser gestillt wird, wird nur noch um so dringlicher.

Shakyamuni verglich einen Epikureer mit einem Hund, der einen trockenen Knochen kaut und der das Blut aus einer Wunde in seinem Mund für das des Knochens hält. Der Verfasser des *Mahaparinirvana-Sutra* verwendet folgende Parabel:[192] „Eines Tages begab sich ein Jäger, der sich besonders darauf verstand, Affen lebendig zu fangen, in den Wald. Er legte einen extrem klebrigen Gegenstand auf den Boden und versteckte sich im Unterholz. Langsam kam ein Affe heraus, um zu sehen, um was es sich handelt; in der Vermutung, es sei etwas Essbares, klebte das arme Geschöpf so sehr mit seiner Nase daran fest, dass es sich nicht mehr befreien konnte. Dann versuchte der Affe sich mit beiden Pratzen davon loszumachen, welche daraufhin ebenfalls festklebten; danach wollte er es mit den Füßen lostreten, die nun ebenfalls anhafteten. Der Jäger kam heraus, steckte einen Stock zwischen die Arme und Beine seines Opfers und trug ihn über seine Schulter gelegt nach Hause.“ Auf die gleiche Weise haftet ein Epikureer (der Affe), der von den Sinnesobjekten (dem klebrigen Gegenstand) verführt wird, an den fünf Sinnen (der Schnauze, den Pratzen und Füßen) und wird, gefangen durch die Versuchung (den Jäger) seine Weisheit verlieren.

Den Evolutionisten nach sind wir nicht mehr als eine Gattung von Affen. Nicht wenige bezeugen eine solche Sichtweise, indem sie sich durch „irgendetwas Essbares“ gefangen nehmen lassen. Wir haben die Sklaverei verboten und nennen uns selbst eine zivilisierte Nation. Aber haben wir nicht dennoch Zehntausende von Menschen, die ihr Leben lang Sklaven des Tabaks sind?[193] Haben wir nicht Hunderttausende von Menschen, die ihr ganzes Leben dem Alkohol verfallen sind? Haben wir nicht Millionen von Menschen, die Sklaven des Goldes sind? Und haben wir nicht unzählige Menschen unter uns, die ihr Leben lang Sklaven der Eitelkeit sind? Diese Sklaven sind wunderbar loyal ihren Herren gegenüber, für

---

[192] Übersetzung des Sutra ins Chinesische durch Hui Yen und Hui Kan zwischen 424 und 453.

[193] Im Englischen ist (wie im nächsten Kapitel) von Zigarren die Rede. Zur Zeit des Erscheinens des Buches war die Zigarette noch weit weniger verbreitet als die Zigarre. *[Anm. des Übers.]*

welche sie arbeiten und welche ihnen im Gegenzug unheilbare Krankheiten, Armut, Kummer und Enttäuschung schenken.

Ein armer Hund, dem eine leere Dose an den Schwanz gebunden ist, rennt und rennt, aus Furcht vor dem Lärm der Dose, wie es einst Thomas Carlyle notiert hat. Je schneller er rennt, um so mehr Lärm macht die Dose, bis er schließlich vor Erschöpfung zusammenbricht. Ist dies nicht exemplarisch für die so genannten „Großen" dieser Welt? Eitelkeit bindet eine leere Dose an der Menschen Hüfte, deren hohler Lärm sie durch das Leben treibt, bis sie hinstürzen und nicht mehr aufstehen. Wie elend!

Weder diese Weltmenschen noch buddhistische Asketen können Optimisten sein. Letztere versagen sich selbst rigoros sinnliche Genugtuung und halten sich weitab von allen freudvollen Objekten. Für sie ist Erfreutsein gleichbedeutend mit Sündigen und Lachen mit einem Fluch. Sie würden eher den Kopf einer Schlange berühren als ein Stück Geld.[194] Sie würden sich eher selbst in einen Brennofen werfen, als mit dem anderen Geschlecht in Kontakt zu kommen. Der Körper ist ein Sack voller Blut und Eiter für sie,[195] das Leben ein leerer oder böser Traum. Vegetarismus und Enthaltsamkeit sind ihre heiligen Vorrechte. Das Leben ist es nicht Wert, es zu besitzen; es zu einem Ende zu bringen ist ihre Erlösung.[196] Solch eine Sichtweise des Lebens verdient kaum unsere Aufmerksamkeit.

7.2 DIE IRRTÜMER DER PHILOSOPHISCHEN PESSIMISTEN UND RELIGIÖSEN OPTIMISTEN

Philosophische Pessimisten[197] behaupten, dass es auf Erden deutlich mehr Ursachen für Leiden gibt als für Freuden, und dass Schmerz eigenständig existiert, während Freude nur die Abwesenheit von Schmerz ist, da wir uns zwar der Krankheit bewusst sind, aber nicht der Gesundheit, des Verlustes, aber nicht des Besitzes von etwas. Im Gegensatz hierzu bestehen

[194] Dies ist die Richtschnur im *Vinaya* der Hinayana-Anhänger.

[195] Siehe *Mahasatipatthana-Sutta*, 2-13.

[196] Das ist die logische Konsequenz des Hinayana.

[197] Schopenhauer, *Die Welt als Wille und Vorstellung* (Übersetzung von R. B. Haldane und J. Kemp, Bd. 3, S. 384-386); Hartmann, *Philosophie des Unbewussten* (Übersetzung von W.C. Coupland, Bd. 3, S. 12-119).

religiöse Optimisten darauf, dass das Böse kein eigenständiges Dasein besitzt, sondern nur einen Entzug bzw. die Abwesenheit Gottes bedeutet – d.h. „das Böse ist nichts, nichtig, ist Stille, welche Ton voraussetzt".

Was auch immer die exakte Meinung solcher einseitigen Sichtweisen ist, sind wir sicher, dass wir sowohl Gutes wie Böses erfahren und Schmerz ebenso wie Freude. Weder können wir die wahren Leiden der Kranken dadurch mildern, dass wir ihnen erzählen, dass Krankheit nicht mehr als die Abwesenheit von Gesundheit ist; noch können wir die Armen damit um einen Cent reicher machen, dass wir ihnen erzählen, Armut sei lediglich die Abwesenheit von Reichtum. Wie könnten wir die Sterbenden retten, indem wir sie davon überzeugen, dass Tod nur der Entzug des Lebens ist? Ist es möglich, die Glücklichen dadurch zu entmutigen, dass man ihnen sagt, die Freude sei unwirklich, oder die Zufriedenen unzufrieden zu machen, indem man ihnen sagt, dass Zufriedenheit keine objektive Wirklichkeit besitzt, oder jemanden dazu zu bringen, das Böse willkommen zu heißen, indem man ihm sagt, dass es nur das Fehlen des Guten darstellt?

Man muss zugeben, dass es keine definitiven äußeren Gründe für Schmerz oder Freude gibt, denn ein und dieselbe Sache kann einmal Schmerz verursachen und zu einem anderen Zeitpunkt Freude. Der Anlass zur Freude der einen Person kann sich als Anlass zur Missgunst der anderen Person erweisen. Ein sterbender Geizhals kann sich vielleicht durch den Anblick von Gold wieder erholen; aber ein Diogenes würde sterben, ohne es überhaupt wahrzunehmen. Zigarren und Wein sind dem Unmäßigen Geschenke des Himmels,[198] aber ein verfluchtes Gift für den Mäßigen. Manche mögen ein langes Leben genießen, während andere es von Herzen vorbei wünschen. Manche stöhnen unter einem leichten Unwohlsein, während andere ein Leben voller ernsthafter Erkrankungen mühelos hinnehmen. Ein Epikureer kann durch Armut zu einem Gefangenen werden, während ein Anhänger Epiktets dieser furchtlos ins Gesicht blickt. Wie kann man dann aber die wahren Ursachen für Freude oder Schmerz erkennen? Wie kann man annehmen, die einen seien viel zahlreicher als die anderen?

---

[198] Der Autor des *Han Shu* (*Kan sho*) nennt Alkohol ein Geschenk des Himmels.

Man setze unterschiedlich skalierte Thermometer derselben Temperatur aus. Das eine zeigt, sagen wir, 60° an, ein anderes geht hoch bis 100°, wieder ein anderes zeigt lediglich 15° an. Setzen wir die Messfühler menschlicher Empfindungen, welche myriadenfach unterschiedlich sind, ein und derselben Umgebungstemperatur aus. Keine zwei werden dieselbe Messung anzeigen. Ein und dasselbe Klima, welches wir für gemäßigt halten, kann den Eskimo in seinem Schweiß stehen lassen, während der Hindu vor Kälte fröstelt. Auf die gleiche Weise können manchen unter ein und denselben Umständen extrem leiden und sie für unerträglich halten, während andere damit zufrieden oder sogar glücklich sind. Daraus können wir mit Gewissheit folgern, dass es keine definitiven äußeren Ursachen bzw. Umstände für Leid und Freude gibt, sondern dass es innere Ursachen geben muss, welche die äußeren Umstände modifizieren.

7.3 DAS GESETZ DER AUSGEWOGENHEIT

Die Natur regiert die Welt mit ihrem Gesetz der Ausgewogenheit (*balance*). Sie hält für alles ein Gegenüber bereit und lässt nichts alleine.[199] Positiv steht im Gegensatz zu negativ, Aktivität zu Passivität, männlich zu weiblich und so weiter. So kommen wir zur Ebbe im Gegensatz zur Flut, zur Zentrifugalkraft im Gegensatz zur Zentripetalkraft, zu Anziehung und Abstoßung, zu Wachstum und Verfall, zu Gift und Gegengift, Licht und Schatten, Aktion und Reaktion, Einheit und Vielfalt, Tag und Nacht, Belebtem und Unbelebtem. Sehen wir unsere eigenen Körper an: Das rechte Auge befindet sich neben dem linken, die linke Schulter gegenüber der rechten, der rechte Lungenflügel hat den linken neben sich, die linke Hirnhälfte wird ergänzt durch die rechte und so weiter.

Dieses Prinzip findet sich sogar in menschlichen Angelegenheiten: Vorteil geht immer mit Nachteil einher, Gewinn mit Verlust, Einverständnis mit Nicht-Einverständnis, Gutes mit Bösem, Aufstieg mit Fall, Wohlstand mit Ungemach, Tugend mit Bösartigkeit, Schönheit mit Hässlichkeit, Schmerz mit Freude, Jugend mit Alter, Leben mit Tod. „Wie eine hübsche junge Dame“, berichtet eine Parabel im *Mahaparinirvana-Sutra*, „welche ihren enormen Reichtum immer mit sich trägt und immer

---

[199] Zen-Anhänger sprechen von „Gegensatz-Paaren“.

von ihrer Schwester begleitet wird, einer hässlichen Frau in Lumpen, welche alles innerhalb ihrer Reichweite zerstört. Wenn wir Erstere für uns gewinnen, müssen wir auch Letztere nehmen.“ Ein Pessimist zeigt innige Abneigung gegenüber der Letzteren und vergisst die Erstere, Optimisten bewundern die Erstgenannte so sehr, dass sie Letztere übersehen.

7.4 DAS LEBEN BESTEHT AUS KONFLIKTEN

Das Leben besteht aus Konflikten. Solange der Mensch ein soziales Wesen ist, kann er nicht in Isolation leben. Alle individuellen Hoffnungen und Wünsche hängen von der Gesellschaft ab. Die Gesellschaft spiegelt sich im Individuum wieder, das Individuum in der Gesellschaft. Trotzdem treiben der dem Menschen angeborene freie Wille und die Liebe zur Freiheit ihn dazu, die sozialen Bande aufzulösen. Er ist auch ein moralisches Tier, begabt mit Liebe und Mitgefühl. Er liebt seine Mitgeschöpfe und ist bereit, ihr Wohlergehen zu befürworten; doch findet er sich zugleich im ständigen Kampf ums Dasein gegen sie begriffen. Er empfindet sogar Mitgefühl für ihm unterlegene Geschöpfe und wünscht sich von Herzen, sie zu beschützen; dennoch ist er Tag und Nacht dazu verdammt, ihr Leben zu zerstören. Er hat viele edle Sehnsüchte und erhebt sich häufig mit den Flügeln der Imagination in eine ideale Wirklichkeit; aber seine materiellen Bedürfnisse ziehen ihn zurück auf die Erde. Er lebt Tag für Tag weiter und setzt sein Dasein fort und rückt doch unausweichlich dem Tod jeden Moment ein Stück näher.

Je mehr er sich neue Freuden sichert, geistige oder materielle, desto mehr erleidet er bisher noch nicht gekannte Schmerzen. Ein beseitigtes Übel schafft lediglich Raum für ein neues; ein erlangter Vorteil erweist sich schnell als Nachteil. Seine eigene Vernunft ist die Ursache für Zweifel und Argwohn; sein Intellekt, mit dem er alles zu verstehen trachtet, erklärt sich selbst als unfähig, irgendetwas seiner wahren Natur nach zu erkennen. Seine feine Sensibilität, welche die alleinige Quelle subtiler Freuden ist, muss auch subtiles Leiden erfahren. Je mehr er sich behauptet, desto mehr muss er sich opfern. Diese Konflikte haben Kant letztlich dazu geführt, das Leben als „eine Zeit des Versuchens“ zu bezeichnen, „in dem die meisten unterliegen und in der sich selbst die Besten nicht am Dasein erfreuen können“. Und Fichte sagt: „Die Menschen gehen selbst auf die Jagd nach Glück ... Aber sobald sie sich in sich selbst zurückziehen und sich fragen, ob sie denn glücklich sind, kommt aus den Tiefen ihrer Seele die Antwort: O nein, du bist immer noch so leer und mittellos wie vorher! ... Dennoch werden sie auch im zukünftigen Leben so vergeblich nach Seligkeit suchen, wie sie es im gegenwärtigen Dasein tun."

Es ist nicht ohne Grund, wenn die pessimistischen Geister zu dem Schluss kommen, dass „die Unruhe des endlosen Wollens und Wünschens, von der jede Kreatur geleitet wird, an und für sich eine Form der Verdammung ist", und dass „jede Kreatur sich in ständiger Gefahr und Aufregung befindet, und das Ganze in seiner ruhelosen, bedeutungslosen Bewegung eine Tragödie höchst bedauerlicher Art ist". – „Eine Kreatur wie das Fleisch fressende Tier, welche nicht überleben kann, ohne ständig andere Kreaturen zu zerstören und zu zerreißen, mag ihre Brutalität nicht empfinden. Aber der Mensch, der auf andere Wesen Jagd macht wie ein solches Raubtier, ist intelligent genug, um seine grausame Lebensweise zu erkennen und zu empfinden. Welch grausames Schicksal!" Er muss die traurigste aller Kreaturen sein, denn er ist sich seines Elends am meisten bewusst. Weiterhin „erfährt er nicht nur das Unglück welches ihn akut befällt, sondern in seiner Vorstellung muss er auch noch jedes mögliche Übel erleiden". Daher kann niemand, von großen Königen und Kaisern bis hin zu namenlosen Bettlern, frei sein von Sorgen und Unruhe, welche „wie Geister ständig um einen herumschwirren".

7.5 DAS GEHEIMNIS DES LEBENS

Wir haben die unvermeidlichen Konflikte im Leben betont, um uns für eine Einsicht in die Tiefe des Daseins vorzubereiten. Wir sind weit davon entfernt, pessimistisch zu sein, denn wir glauben zwar, dass das Leben aus Konflikten besteht, Konflikte jedoch nicht in Streit enden müssen, sondern zu einer neuen Form von Harmonie führen können. Hoffnung nähert sich Konflikten mit Angst und ist oft davon bedroht, ihren Einfluss auf den Geist zu verlieren, doch dann erneuert sie ihr Wirken und greift noch tiefer als vorher. Friede wird häufig durch Kriege bedroht, aber dann gewinnt er festeren Grund als früher. Zufriedenheit wird häufig durch Melancholie erschüttert, dann erstarkt sie durch günstige Bedingungen erneut und mit doppelter Kraft. Geistigkeit wird durch Körperliches aus ihrem Bereich des idealen Daseins herabgerissen, dann, angereizt durch Scham, erhebt sie sich zu einem noch höheren Flug. Das Gute wird vom Bösen bedrängt, dann sammelt es noch mehr Kräfte und vertreibt den Feind. Wahrheit wird durch Falschheit verdeckt, dann erstrahlt sie mit noch mehr Helligkeit. Freiheit wird durch Tyrannei bedroht, bis sie diese mit blendendem Erfolg überwindet.

Vielfältigkeit behauptet sich kühn gegen Einheit, Unterschiedlichkeit gegenüber Einigkeit, Besonderheit gegen Allgemeinheit, Individualität gegen Gesellschaft. Anstatt die Einheit zunichte zu machen, bereichert Vielfältigkeit sie jedoch; anstatt Einigkeit zu zerstören, macht Unterschiedlichkeit sie vielfältiger; Besonderheit bedeutet nicht das Aus für die Allgemeinheit, sondern erhöht ihren Inhalt; Individualität zerstört nicht die Harmonie der Gesellschaft, sondern stärkt ihre Kraft.

Auf diese Weise verschluckt das Universelle Dasein die Unterschiede nicht und löscht sie auch nicht aus, sondern ist das einzige Mittel, um den ausführlichen Inhalt der Wirklichkeit zu seiner vollen Entwicklung zu bringen. Insbesondere verbietet es nicht die großen Gegensätze des Daseins und der Welt, sondern nimmt sie in sich selbst auf und setzt sie in fruchtbare Beziehungen zueinander. In diesem Sinne ist unser Leben eine geheimnisvolle Mischung von Freiheit und Notwendigkeit, von Macht und Begrenzung, Willkür und Gesetz; diese Gegensätze suchen und finden ständig eine wechselseitige Balance.

7.6 DIE NATUR BEVORZUGT NICHTS IM BESONDEREN

Es gibt noch eine andere Sichtweise auf das Dasein, welche dem Autor nicht wenig Befriedigung schenkt und von welcher er glaubt, dass sie einen von pessimistischen Beschwerden zu befreien vermag. Buddha bzw. das Universelle Dasein, wie es Zen konstatiert, ist nicht wie ein launenhafter Despot, der häufig gegen seine eigenen Gesetze verstößt. Die Manifestation von Buddha, wie sie sich im erleuchteten Bewusstsein zeigt, ist gesetzmäßig, unparteiisch und rational. Buddhisten glauben, dass selbst Shakyamuni nicht frei war vom Gesetz der Vergeltung der Taten, welches unserer Ansicht nach das Gesetz der Ausgewogenheit und der Verursachung beinhaltet.

Untersuchen wir nun kurz, wie das Gesetz der Ausgewogenheit das Leben und die Welt beherrscht. Wenn der indischen Legende zufolge ein Cakravartin, ein universeller Herrscher, vor dem Antritt seiner Herrschaft steht, gehört zu seinen Schätzen auch ein Rad, welches sich unaufhörlich überallhin fortbewegt und jeden Bereich der Welt befriedet. Buddha ist der spirituelle Cakravartin, dessen Rad das Rad des Gesetzes ist, mit dem er alles gleichermaßen und unparteiisch beherrscht. Schauen wir uns zuerst die einfachsten Fälle an, in denen das Gesetz der Ausgewogenheit zum Tragen kommt. Vier Menschen können in drei Tagen die gleiche Arbeit verrichten wie drei Männer in vier Tagen. Der Zuwachs in der Anzahl der Männer bewirkt eine Minderung in der Anzahl der Tage, eine Abnahme der Männer bedeutet eine Zunahme der Tage, das Ergebnis ist immer das Gleiche. Auf die gleiche Weise geht ein Zuwachs in der Schärfe eines Messers immer mit einer Abnahme seiner Beständigkeit einher, und die Zunahme seiner Beständigkeit mit einer Abnahme der Schärfe [d.h. ein relativ stumpfes Messer kann nicht mehr oder kaum noch abstumpfen, im Unterschied zu einem sehr scharfen Messer]. Um so schöner Blumen blühen, desto hässlicher sind ihre Früchte; je hübscher die Früchte, desto schlichter die Blumen. „Ein starker Soldat ist bereit zu sterben, ein starker Baum kann leichter brechen, hartes Leder verschleißt schneller. Doch die weiche Zunge überlebt die harten Zähne.“ Gehörnte Kreaturen haben keine Reißzähne, Tiere mit scharfen Zähne haben keine Hörner. Tiere mit Schwingen haben keine Pranken, Tiere mit Pranken haben keine Schwingen. Vögel mit einem wundervollen Gefieder haben keine süße Stimme, und süßlich klingende Singvögel haben kein besonderes Gefieder. Je besser die Qualität, desto geringer die Menge; je größer die Menge, desto gröber die Beschaffenheit.

Die Natur bevorzugt nichts im Besonderen. Auf diese Weise hat alles seine Vor- und Nachteile. Was man auf der einen Seite gewinnt, verliert man auf der anderen Seite. Der Ochse ist dazu geeignet, einen schweren Karren zu ziehen, aber ganz und gar nicht zum Fangen von Mäusen. Eine Schaufel ist gut zum Graben, aber nicht zum Ohrenreinigen. Flugzeuge sind gut zum Fliegen, aber schlecht zum Navigieren. Seidenraupen nähren sich an Maulbeerbäumen und bringen Seide hervor, aber können sonst nichts daraus herstellen. Auf diese Weise hat alles in der Natur seine besondere Eignung; wenn wir uns diese zunutze machen, ist nichts nutzlos, doch wenn nicht, ist alles nutzlos. „Der Hals des Kranichs mag einigen faulen Betrachtern als zu lang erscheinen, aber er ist nicht wirklich zu lang. Die Glieder der Schildkröte könnten zu kurz wirken, aber sie sind es nicht.“ Der Tausendfüßler mit seinen vielen Beinen hat dennoch keines zu viel; die Schlange ohne Beine empfindet keinen Mangel.

7.7 DAS GESETZ DER AUSGEWOGENHEIT IM LEBEN

Ebenso verhält es sich mit menschlichen Angelegenheiten. Hoher oder niedriger gesellschaftlicher Rang, weltliche oder geistliche Beschäftigungen, grobe oder feine Arbeit, perfekte oder unvollkommene Bildung, Bedürftigkeit oder Überfluss – alle haben ihre eigenen Vor- und Nachteile. Je höher die Position, desto größer die Verantwortung, je niedriger der Rang, desto leichter die Verpflichtung. Der Direktor einer großen Bank kann niemals so leichtfertig sein wie sein Laufbursche, der an der Straße haltmachen kann, um mit einem Stein nach einem Spatzen zu werfen; der Verwalter einer großen Plantage kann sich bei Regen nie einen so schönen Tag machen wie seine Tagelöhner, welche ihn mit Spielen zubringen. Die Anhäufung von Reichtum geht immer mit Nachteilen einher; ein Rothschild oder Rockefeller kann niemals so glücklich sein wie ein einfacher Hausierer.

Die Mutter vieler Kinder kann sich wegen ihrer lärmenden Kleinen aufregen und ihre kinderlose Freundin beneiden, welche ihrerseits ihre Einsamkeit beklagt. Wenn sie aber darüber nachdenken, was sie haben und was ihnen fehlt, werden sie feststellen, dass es in der Summe gleich viel ist. Das Gesetz der Ausgewogenheit duldet keine ausschließliche Glückseligkeit. Es berührt mit seinem Skorpion-Stachel jeden, der Freude empfindet. Überwältigende Freude lebt Tür an Tür mit noch größerem Kummer. „Wo viel Sonne ist“, hat Goethe gesagt, „da ist auch viel Schatten“. Unter der Schürze blühender Jugend lauert die untröstliche Welke des Alters. Der Feier des Geburtstags folgt das Gedenken des Todes. Die Hochzeit mag als der glücklichste Moment im Leben angesehen werden, aber die Tränen der Witwen und die Leiden der Waisen können ebenfalls ihre Folge sein. Der Tod der Eltern ist tatsächlich der traurigste Moment im Leben der Kinder, aber er kann zur Erbschaft eines Vermögens führen, welches alles andere als unglücklich macht. Der Tod eines Kindes kann die Eltern in die Verzweiflung treiben, aber es ist eine Tatsache, dass er die Mühen ihres Daseins auch mindert. Das Leben hat seine Freuden, aber auch seine Leiden. Der Tod hat keinen Anteil an den Freuden des Daseins, aber auch nicht an seinen Leiden. Wenn wir also ihr Lächeln und ihre Tränen gegeneinander aufwiegen, sind Leben und Tod gleichwertig. Es ist daher nicht weise, uns selbst das Leben zu nehmen, solange unsere Lebenszeit noch nicht vorbei ist, und ebenso ist es nicht weise, den Tod zu fürchten, wenn er unvermeidlich ist.

Das Gesetz der Ausgewogenheit erlaubt es nicht, dass sich ein einziger den Löwenanteil an den Gütern der Natur sichert. Schönheit im Äußeren geht einher mit einem deformierten Charakter. Intelligenz fehlt häufig die Tugend. „Anständige Frauen sind häufig zum Unglück bestimmt“, sagt ein japanisches Sprichwort, „und Männer von Begabung zur Krankheit.“ – „Wer keine Feinde hat, hat auch keine Freunde.“ – „Ehrlichkeit ist nahe der Dummheit.“ – „Männer von Geist“, sagt Longfellow, „sind in Gesellschaft häufig träge und leblos, so wie der glänzende Meteor, wenn er auf die Erde fällt, nur ein Stein ist.“ Ruhm und Ehre gehen Hand in Hand. Wissen und Tugend leben in Armut, während Wohlstand und Krankheit die Mitbewohner des Luxus sind.

Jedes Unglück bringt auch ein Glück hervor, während jedes Glück auch irgendein Unglück im Schlepptau führt. Wohlstand trägt immer auch den Samen von Armut in sich, während jeder Niedergang immer auch irgendeinen Aufstieg bedeutet. Wir brauchen daher in Tagen von Frost und Kälte nicht verzweifeln, sondern können uns an den Sonnenschein und die Blumen erinnern, welche ihnen wieder folgen werden. Und wir sollten in den Tagen der Jugend und Gesundheit nicht zu sorglos sein, sondern uns daran erinnern, dass Alter und Krankheit auch uns erwarten. Kurzum – von Kronen und Diademen bis herab zu Lumpen und Bettelschalen haben alle Menschen ihr eigenes Glück und teilen die gleichen himmlischen Freuden.

7.8 DIE ANWENDUNG DES GESETZES DER VERURSACHUNG AUF DIE MORAL

Auch wenn es hier nicht notwendig scheint, das Gesetz der Verursachung ausführlich darzustellen, ist es nicht gleichermaßen verzichtbar, ein paar Worte bezüglich seiner Anwendung auf die Moral als Gesetz der Vergeltung zu sagen, welches ein Streitthema sogar unter buddhistischen Gelehrten ist. Der Kern der Idee ist sehr einfach: wie die Samen, so die Früchte; wie die Ursache, so die Wirkung; wie die Handlung, so die Einwirkung. So wie frische Luft stärkt und verbrauchte Luft ermüdet, so bringt gutes Verhalten gute Auswirkungen mit sich und schlechtes Verhalten schlechte Auswirkungen.[200]

Gegenüber diesen Verallgemeinerungen erheben wir keine Einwände, aber im echten Leben gibt es viele Fälle von zweifelhafter Natur. Ein Akt der Wohltätigkeit z. B. kann anderen in gewisser Weise schaden, wie es häufig mit dem Geben von Almosen der Fall ist, welches die ungewünschte Folge zeitigt, den Bettler noch zu bestärken. Ein Akt der Liebe kann einen ungerechten Effekt mit sich bringen, so wie Mutterliebe häufig die Kinder verdirbt. Manche mögen meinen, dies wären Fälle von guter Ursache und schlechter Wirkung.[201] Wir müssen jedoch die Ursachen und Wirkungen genau analysieren, um ihre Beziehung zueinander herauszufinden. Im ersten Fall erzeugt die gute Handlung des Almosengebens die gute Wirkung der Minderung des Leidens des Armen, der dankbar für die erfahrene Wohltätigkeit sein sollte. Der Gebende wird seinerseits durch die Ruhe und die Befriedigung seines Gewissens belohnt. Die Armen jedoch neigen dazu, untätig zu werden und sich mit Betteln durchzuschlagen, wenn sie sich daran gewöhnen, Almosen zu erhalten. Daher ist die wirkliche Ursache der negativen Wirkung die Gedankenlosigkeit sowohl des Gebenden wie des Beschenkten, aber nicht die Wohltätigkeit selbst. Im zweiten Fall haben die Liebe und Freundlichkeit der Mutter einen positiven Effekt auf sie und ihre Kinder, machen sie glücklich und ermöglichen es ihnen, die Freuden des süßen

[200] Zen legt viel Wert auf diese Gesetzmäßigkeit. Siehe *Shushôgi* und *Eihei-kakun* von Dôgen.

[201] Dr. H. Katô scheint gedacht zu haben, dass gute Ursachen schlechte Auswirkungen haben können, als er Buddhisten in diesem Punkt attackierte.

Heims zu genießen. Aber Sorglosigkeit und Torheit auf Seiten der Mutter und Undankbarkeit auf Seiten der Kinder können den angesprochenen negativen Effekt herbeiführen.

Die Geschichte ist voll von guten Menschen, welche so unglücklich waren, einen miserablen Tod zu sterben oder ein Leben in äußerster Armut zu führen, Seite an Seite mit schlechten Menschen, welche ein Leben voller Wohlstand und Gesundheit hatten und sich eines langen Lebens erfreuten. Mit Blick auf solche Fälle sind manche der Meinung, dass es ein derartiges Gesetz der Vergeltung, wie es Buddhisten annehmen, nicht gibt. Selbst unter den buddhistischen Gelehrten gibt es einige, welche das Gesetz der Vergeltung nur als ein Ideal ansehen und nicht als ein tatsächlich wirksames Geschehen. Dies liegt vermutlich an einem Missverständnis der historischen Tatsachen. Es gibt keinen Grund, dass wer gut und ehrwürdig ist auch wohlhabend und gesund sein sollte; und es gibt keinen Grund, dass jemand, der schlecht ist, auch arm und krank sein müsste. Gut zu sein ist die eine Sache, gesund und reich zu sein eine andere. Ebenso ist es eine Sache, schlecht zu sein, und arm und krank zu sein eine andere Sache. Die Guten sind nicht unbedingt reich und gesund, und die Bösen sind nicht unbedingt krank oder arm. Gesundheit muss durch die strikte Befolgung hygienischer Regeln erhalten werden und nicht durch das Einhalten ethischer Vorschriften; Reichtum kann niemals durch bloße Moral angehäuft werden, sondern nur durch ökonomische und industrielle Aktivität. Das moralische Verhalten einer Person hat keine Auswirkung auf ihre Gesundheit oder ihren Wohlstand; ebenso hat das unmoralische Verhalten eines Menschen nichts mit seinem Wohlstand oder seiner Gesundheit zu tun.[202] Man sollte Moral nicht mit den physischen Gesetzmäßigkeiten verwechseln, denn erstere gehört nur zum menschlichen Leben, während letztere für die gesamte materielle Welt gelten.

Die Guten werden moralisch belohnt, nicht physisch; ihre eigenen Tugenden, Ehren, ihre geistige Ruhe und Befriedigung sind ausreichend Vergütung für ihre Gutheit. Konfuzius zum Beispiel hatte niemals einen hohen Rang inne und war auch nicht reich; moralisch jedoch war er mit

---

[202] Dies widerspricht freilich einer Vielzahl von Aussagen in Hinayana- wie Mahayana-Sutras, welche eben genau diese Verbindungen (körperliche Gesundheit und materielles Wohlergehen als Folge moralischen Handelns) propagieren. *[Anm. des Übers.]*

seinen Tugenden, Ehren und seiner Ruhe des Geistes belohnt. Der folgende Bericht von ihm, auch wenn er streng historische Tatsachen wiedergibt, erklärt gut seine geistige Verfassung in Tagen des Unglücks:[203]

> Als Konfuzius in eine Notlage zwischen Zhan und Cai geriet, hatte er sieben Tage lang keine gekochte Mahlzeit zu essen, nur einfache Gemüsesuppe ohne Reis darin. Er erweckte den Eindruck großer Erschöpfung, und doch spielte er im Inneren seiner Behausung weiter die Laute und sang dazu. Yan Hui sammelte draußen Essbares, als Zilu und Zigong miteinander sprachen und zu ihm sagten: „Der Meister wurde zwei Mal aus Lu vertrieben; er musste aus Wei fliehen; der Baum in Song, unter dem er sich auszuruhen pflegte, wurde gefällt; in Shang und Zhou erlitt er große Not; nun wird er zwischen Zhan und Cai gefangen gehalten. Er darf ohne Bestrafung getötet werden; jedermann darf ihn gefangen nehmen. Und dennoch spielt er weiterhin auf seiner Laute und singt. Wie kann ein herausragender Mensch nur so schamlos sein? Yan Hui gab ihnen keine Antwort, sondern ging ins Innere zu Konfuzius und erzählte ihm, was gesprochen worden war. Konfuzius legte seine Laute beiseite und sagte: „Das sind kleingeistige Männer. Ruf sie herein, ich werde es ihnen erklären!“ Als sie hereinkamen, sprachen sie: „Man kann doch wohl sagen, dass Ihr Euch in einer höchst unangenehmen Situation befindet!“
>
> Konfuzius entgegnete: „Was redet ihr da! Wenn der überragende Mensch sich in Übereinstimmung mit dem *dao* befindet, heiße ich das Erfolg; wenn er sich nicht in Übereinstimmung mit dem *dao* befindet, nenne ich es Scheitern. Ich aber umarme Menschlichkeit und Rechtschaffenheit und begegne damit dem Übel eines entarteten Zeitalters. Wieso sollte ich mich da in Not befinden? Ich schaue nach innen und prüfe mich selbst, ich habe keine Schwierigkeiten mit dem *dao*. Wenn ich Misslichkeiten begegne, verliere ich nicht meine Tugend. Erst in der Kälte des Winters zeigt sich, welche Kraft

[203] Der Bericht findet sich im Buch des Zhuangzi, Kap. XVIII [Übersetzung hier nach James Legge].

in Kiefer und Zypresse stecken. Die Notlage durch Zhan und Cai ist ein Glücksfall für mich.“ Dann nahm er wieder seine Laute, entlockte ihr einen klingenden Ton und begann zu singen. Zilu griff sich einen Schild und tanzte dazu. Zigong sprach: „Bis eben wusste ich nicht, wie hoch der Himmel und wie tief die Erde ist.“

Auf diese Weise sind die Guten unfehlbar mit ihrer eigenen Tugendhaftigkeit belohnt und den heilsamen Konsequenzen ihrer Handlungen für die Gesellschaft als Ganzes. Den Bösen wird ihr Handeln unvermeidlich durch ihre eigene Bösartigkeit und die verletzende Wirkung auf ihre Mitmenschen vergolten. Dies ist das unerschütterliche Verhängnis der Menschheit in Vergangenheit, Gegenwart und Zukunft. Es ist Knochen und Mark unserer moralischen Ideale. Es ist die Kristallisation ethischer Wahrheit, herausdestilliert durch die Erfahrungen aus der Zeit noch vor jeder Erinnerung bis zum heutigen Tag. Wir können ohne Zögern Edwin Arnold beipflichten, wenn er sagt:[204]

Siehe! Ein versteckter Samen sprießt
  nach regenlosen Jahren hervor,
und so kommen Gut und Böse,
  Freude und Leid, Liebe und Hass
und die Wirkungen aller vergangen Taten wieder hervor
und tragen strahlende Blüten,
  oder dunkle, süße oder saure Früchte.

Keine Tat, weder gut noch böse,
ist je vorbei, sondern hinterlässt irgendwo
ihre Spuren – einen Segen oder einen Fluch.

---

[204] Edwin Arnold, 1832-1904, amerikanischer Journalist und Dichter; vor allem bekannt für sein Buch *The Light of Asia*. *[Anm. des Übers.]*

7.9 VERGELTUNG[205] IN VERGANGENHEIT, GEGENWART UND ZUKUNFT

Dann stellt sich eine Frage: Wenn es keine Seele gibt, welche den Körper überdauert (wie es im vorherigen Kapitel gezeigt wurde), wer empfängt dann in diesem Leben die Vergeltung unserer Taten? Um diese Frage zu beantworten, müssen wir unsere Überzeugung neu zum Ausdruck bringen, dass das Leben überall ein und dasselbe ist; mit anderen Worten, die Menschen bilden ein Leben oder ein Selbst, d.h. unsere Vorfahren in der Vergangenheit haben das Leben der Menschen in der Vergangenheit geformt. Wir selbst formen nun das gegenwärtige Leben, und unsere Nachkommen formen das zukünftige Leben. Es ist über jeden Zweifel erhaben, dass die Taten der Menschen in der Vergangenheit ihre Früchte in den gegenwärtigen Umständen der Menschen finden, und alle Taten der gegenwärtigen Menschen beeinflussen ganz gewiss die Bedingungen der zukünftigen Menschen. Oder anders gesagt: Wir ernten nun die Früchte dessen, was wir in vergangenen Leben gesät haben (als wir als unsere Väter gelebt haben), und werden die Früchte dessen, was wir jetzt säen, im zukünftigen Dasein erneut ernten (wenn wir als unsere Nachkommen leben).

Es gibt keine Ausnahmen von diesem strengen Gesetz der Vergeltung, und wir erkennen es als den Willen des Buddha an, dass keine Handlung ohne ihre Vergeltung bleibt. Somit ist es der Buddha selbst, der unser inneres Feuer entzündet, um uns selbst vor Sünde und Verbrechen zu bewahren. Wir müssen alle Befleckungen unserer Herzen tilgen und Buddhas Anweisungen Folge leisten, welche wir in unserem innersten Selbst vernehmen können. Es ist seine große Gnade, dass wir, egal wie sündig, abergläubisch, launisch und gedankenlos wir sind, immer noch ein Licht in uns tragen, welches von göttlicher Natur ist. Wenn dieses Licht weiterbrennt, werden alle Arten von Sünden auf einmal zerstört. Worin besteht dann noch unsere Sünde? Es handelt sich um nichts weiter als eine Illusion oder einen Irrtum aufgrund von Unwissenheit und Torheit. Wie wahr ist doch der Ausruf eines indischen Mahayana-Anhängers,

[205] Die Vergeltung kann nicht mit der Lehre von der Seelenwanderung erklärt werden, da diese unvereinbar mit der grundlegenden Lehre des Nicht-Selbst ist. Siehe *Abhidharma-mahavibhasa-Sastra*, Kap. CXIV.

dass „aller Frost und alle Tautropfen der Sünde im Sonnenschein der Weisheit verschwinden!“[206] Selbst wenn wir in den tiefsten Tiefen der Hölle eingekerkert wären, würde ein Strahl des Lichtes des Buddha diese in den Himmel verwandeln. Darum sagt der Autor des *Mahakarunika-Sutra*: „Wenn ich den aus Schwertern gebildeten Berg erklimme, würden sie unter meinem Tritt zerbrechen. Wenn ich auf der See des Blutes segeln würde, würde sie austrocknen. Wenn ich die Unterwelt erreichen würde, wäre sie sofort aufgelöst.“[207]

7.10 DAS EWIGE LEBEN NACH DER LEHRE VON PROFESSOR MÜNSTERBERG

Manche philosophischen Pessimisten unterbewerten das Leben nur aus dem Grund, weil es Begrenzungen hat. Sie schreiben alles Schlechte diesen Umständen zu, wobei sie vergessen, dass das Leben ohne Beschränkungen gänzlich leer wäre. Stellen wir uns einmal vor, wir könnten alle Dinge auf einmal sehen – das Sehen hätte dann keinen Wert oder Nutzen mehr für uns, denn es ist die Aufgabe des Lebens, auszuwählen, welche Dinge man sieht und welche nicht. Wenn alle Dinge auf einmal und gleichzeitig für unsere Sicht präsent wären, hätte das Sehen keinen Sinn. Dasselbe gilt hinsichtlich des Denkens, Hörens, Riechens, Berührens, Schmeckens, Fühlens und des Willens. Wenn sie unbegrenzt wären, hätten sie keinen Nutzen mehr für uns. Individualität bedingt notwendigerweise Begrenzungen, denn wenn es in der Welt keine Begrenzungen gäbe, wäre dort auch kein Platz mehr für Individualität. Ein Leben ohne Tod ist überhaupt kein Leben mehr.

Professor Hugo Münsterberg sieht, so scheint es mir, keinen Wert in „einem Leben, welches mit der Geburt beginnt und mit dem Tod endet“.[208] Er sagt (*The Eternal Life*, S. 26):

> „Mein Leben als ein kausales System physischer und psychischer Prozesse, welches sich zwischen den Zeitpunkten von Geburt und

[206] *Samantabhadra-dhyana-Sutra*.

[207] Katalog von Bunyu Nanjô, Nr. 117.

[208] Hugo Münsterberg, 1863-1916, geboren in Danzig und gestorben in Cambridge. Psychologe und Philosoph, Mitbegründer der Angewandten Psychologie. *[Anm. des Übers.]*

Tod erstreckt, wird mit meinem letzten Atemzug ein Ende haben. Es fortzusetzen, es so lange weiterzuführen, bis die Erde in die Sonne stürzt oder noch eine Millionen mal länger, wäre ohne jeglichen Wert, da ein solches Leben, welches nicht mehr ist als das mechanische Auftreten physiologischer und psychologischer Phänomene, an und für sich keinen absoluten Wert für mich, Sie oder irgendjemanden besitzt, zu keiner Zeit. Aber mein wahres Leben, als ein System aufeinander bezogener Willenseinstellungen, hat nichts vor oder nach sich, da es jenseits der Zeit ist. Es ist unabhängig von Geburt und Tod, weil es nicht auf biologische Ereignisse bezogen ist; es ist nicht geboren und wird nicht sterben; es ist unsterblich; alle nur denkbare Zeit ist darin enthalten; es ist ewig."

Professor Münsterberg versucht das Leben als kausales System physiologischer/physischer und psychologischer Prozesse scharf von einem Leben als System aufeinander bezogener Willenseinstellungen zu unterscheiden, wobei er Ersteres als flüchtig und wertlos herabwürdigt, um Letzteres als ewig und absolut wertzuschätzen. Aber wie könnte er mit seiner Aufgabe erfolgreich sein, wenn er nicht wenigstens zwei oder drei Leben zur Verfügung hätte, so wie man es von manchen Tieren glaubt? Ist es nicht ein und dasselbe Leben, welches auf der einen Seite von der Wissenschaft als ein System physischer und psychologischer Prozesse behandelt und auf der anderen Seite vom Professor selbst als ein System aufeinander bezogener Willenseinstellungen wahrgenommen wird? Es ist wahr, dass die Wissenschaft das Leben so behandelt, wie es in Zeit, Raum und Kausalität beobachtet wird, und sie misst ihm tatsächlich keinen Wert bei, da es nicht Aufgabe der Wissenschaften ist, die Dinge zu bewerten. Dasselbe Leben, als System aufeinander bezogener Willenseinstellungen beobachtet, ist aber unabhängig von Zeit, Raum und Kausalität, wie er einräumt. Ein und dasselbe Leben enthält beide Seiten, der Unterschied liegt nur im Standpunkt des Beobachters.

Das Leben unter einem rein wissenschaftlichen Gesichtspunkt aus betrachtet ist bloße Abstraktion, es ist kein konkretes Leben; ebenso ist ein rein als aufeinander bezogene Willensakte verstandenes Leben nicht das gesamte Leben. Beides sind Abstraktionen. Das konkrete Leben umfasst beide Seiten. Darüber hinaus versteht Professor Münsterberg das Leben in seiner Beziehung völlig unabhängig von Zeit, Raum und Kausalität, wenn er sagt:

> „Wenn Sie mit dem letzten Zaren von Russland einer Meinung sind oder nicht, hat die einzig bedeutsame Beziehung zwischen Ihnen und ihm nichts mit der natürlichen Tatsache zu tun, dass geographisch ein ganzer Ozean zwischen ihnen beiden liegt; und wenn Sie wirklich ein Anhänger Platos sind, hat Ihre einzig relevante Beziehung zu dem griechischen Philosophen keinen Bezug zu dem realen Umstand, dass biologisch gesehen zweitausend Jahre zwischen ihnen beiden liegen."

Damit erklärt er das Leben (aus dieser Sicht) als unsterblich und ewig. Das ist das Gleiche, wie zu sagen, dass das Leben, unabhängig von Raum und Zeit betrachtet, unabhängig von Raum und Zeit ist, d.h. unsterblich und ewig. Ist das nicht eine bloße Tautologie? Er hat Recht, darauf zu bestehen, dass das Leben von einem wissenschaftlichen Standpunkt aus als ein System physikalischer und psychologischer Prozesse betrachtet werden kann und zur gleichen Zeit als ein System aufeinander bezogener, von Zeit und Raum unabhängiger Willenseinstellungen. Aber er kann auf diesem Wege nicht die Existenz eines konkreten individuellen Lebens beweisen, welches ewig und unsterblich sein soll, denn das, was unabhängig von Zeit und Raum ist, ist die Beziehung, aus welcher heraus er das Leben betrachtet, aber nicht das Leben selbst. Darum müssen wir festhalten, dass das ewige und unsterbliche Leben im Verständnis von Professor Münsterberg gänzlich verschieden ist vom ewigen Leben oder der Unsterblichkeit der Seele, wie sie sich der gesunde Menschenverstand vorstellt.

7. 11 LEBEN IM KONKRETEN

Das konkrete Leben, welches wir leben, unterscheidet sich stark vom abstrakten Leben, welches nur im Klassenzimmer existiert. Es ist nicht ewig, es ist vergänglich; es ist voller Sorgen, Schmerzen, Mühsal, Gewalt, Enttäuschungen und Unglück. Wir lieben das Leben jedoch nicht nur für seine Sanftheit, sondern auch für seine Härte; nicht nur für seine Freuden, sondern auch für seine Leiden; nicht nur für seine Hoffnungen, sondern auch für seine Ängste; nicht nur für seine Blumen, sondern auch für Frost und Schnee. Satô Issai hat es treffend ausgedrückt:[209]

> „Erfolg ist wie der Frühling, in dem wir, wohin wir auch gehen, grüne Blätter und blühende Blumen antreffen; Elend hingegen ist wie der Winter, mit Schnee und Eis. Der Frühling gefällt uns natürlich, und auch der Winter missfällt uns nicht."

Widrigkeiten sind das Salz in unserem Leben, indem es uns vor der Verderbnis bewahrt, egal wie bitter es auch schmecken mag. Sie sind der beste Anreiz für Geist und Körper, da sie ungenutzt schlafende Energien wecken. Die meisten Menschen jagen dem Vergnügen nach, sehnen sich nach Glück, hungern nach Erfolg und beklagen sich über Schmerzen, Pech und Versagen. Es kommt ihnen nicht in den Sinn, dass „diejenigen, welche Glück zu einem Gott erheben, allesamt unglücklich sind", wie es George Eliot weise bemerkt hat. Vergnügen hört auf, ein Vergnügen zu sein, nachdem wir es erlangt haben; eine andere Form des Vergnügens tritt dann auf, um uns zu verführen. Wie ein Wunder winkt es uns zu, um uns vom Weg abzubringen. Aber wenn uns ein überwältigendes Unglück direkt ins Gesicht blickt, wird unsere latente Kraft ohne Zweifel erwachen, um sich ihm entgegen zu stellen. Selbst zarte Frauen zeigen in Notfällen die Kraft von Riesen; und selbst Räuber oder Mörder erweisen sich als freundlich und großzügig, wenn man ein gemeinsames Unglück erleidet. Mühen und Schwierigkeiten rufen unsere göttliche Kraft hervor, welche tiefer liegt als unsere gewöhnlichen Fähigkeiten und von der wir nicht mal im Traum zu glauben gewagt hätten, dass wir sie besitzen.

7. 12 SCHWIERIGKEITEN SIND KEIN GEGNER FÜR OPTIMISTEN

Wie können wir glauben, dass wir, die Kinder des Buddha, der Gnade kleinlicher Unbill ausgeliefert sind oder dazu bestimmt, durch Schwierigkeiten niedergeschlagen zu werden? Sind wir nicht mit der inneren Kraft ausgestattet, Hindernisse und Schwierigkeiten erfolgreich zu bekämpfen und Trophäen des Ruhms aus der Mühsal zu erringen? Sind wir denn

---

[209] Ein renommierter Gelehrter (1772-1859) und Schriftsteller, Anhänger der Wang-Schulrichtung des Konfuzianismus. Siehe *Genshi-roku.*

Sklaven der Veränderungen des Schicksals? Sind wir dazu verdammt, Opfer der Klauen unserer Umwelt zu sein? Es sind nicht die äußeren Schwierigkeiten selbst, sondern unsere innere Angst und Zweifel, welche sich als Hemmschuhe auf dem Weg des Erfolgs erweisen; nicht materieller Verlust, sondern Zagheit und Zögern, welche uns für immer ruinieren.

Schwierigkeiten sind kein Gegner für den Optimisten, der sie nicht flieht, sondern willkommen heißt. Er hat ein geistiges Prisma, welches das fade weiße Licht des gewöhnlichen Daseins in strahlende Farben aufspaltet. Er verfügt über eine geistige Alchemie, durch welche er aus dem Schrott des Versagens wertvolle Unterweisungen schafft. Er besitzt eine spirituelle Magie, welche den Nektar der Freude aus den Tränen der Sorgen destilliert. Er hat ein hellsichtiges Auge, welches das Vorhandensein von Hoffnung hinter den eisernen Wällen der Verzweiflung erkennt.

Wohlstand bringt die Neigung mit sich, die Gnade Buddhas zu vergessen; Widrigkeiten jedoch rufen in einem die religiöse Überzeugung wach. Christus am Kreuz war mehr Christus als Jesus an der Tafel. Luther im Krieg mit dem Papst war mehr Luther als in Frieden. Nichiren legte den Grundstein seiner Kirche, als Schwert und Krone ihn mit dem Tod bedrohten.[210] Shinran[211] und Hônen[212] etablierten ihren jeweiligen Glauben, als sie ins Exil geschickt wurden. Dabei beklagten sie sich nicht, verzweifelten nicht, bedauerten nichts, bereuten nichts, jammerten nicht, sondern stellten sich den unvermeidlichen Härten entgegen und bezwangen sie. Hônen soll sogar noch freudig und zufrieden gewesen sein, als er an einer schweren Krankheit litt, da er der Überzeugung war, dass sein gewünschtes Ende bevorstand.

Ein chinesischer Mönch namens E Kwai setzte sich einmal an einer ruhigen Stelle am Fuße der Berge nieder und praktizierte *dhyana*. Niemand war in der Nähe, der seine ruhige Freude an der Meditation hätte stören können. Der Geist des Berges jedoch wurde so sehr von Neid ergriffen, dass er sich entschied, die heitere Gelassenheit des Mönchs abrupt zu

---

[210] Der Begründer (1222-1282) der Nichiren-Sekte, der 1271 ins Exil auf die Insel Sado verwiesen wurde. Zur Geschichte und Lehre der Sekte siehe *A Short History of the Twelve Japanese Buddhist Sects* von B. Nanjô, S. 132-147.

[211] Der Begründer (1173-1262) der Shin-Sekte, der 1207 in die Provinz Echigo verbannt wurde. Siehe Nanjô, S. 122-131.

[212] Der Begründer (1131-1212) der Jôdo-Sekte, der 1207 auf die Insel Tosa ins Exil geschickt wurde. Siehe Nanjô, S. 104-113.

durchbrechen. Da er vermutete, dass nichts Gewöhnliches effektiv genug wäre, erschien er urplötzlich vor dem Mönch in Form eines kopflosen Monsters. E Kwai war kein Deut gestört, betrachtete gelassen das Monster und bemerkte mit einem Lächeln: „Ihr habt keinen Kopf, Monster! Wie glücklich müsst Ihr sein, da Ihr Euch keine Sorgen machen müsst, ihn zu verlieren oder an Kopfschmerzen zu leiden!"

Wären wir kopflos geboren, sollten wir dann nicht glücklich darüber sein, dass wir nicht an Kopfschmerzen leiden können? Wären wir ohne Augen geboren, sollten wir dann nicht froh sein, da für uns nicht die Gefahr einer schlimmen Augenkrankheit besteht? Ho Ki Ichi,[213] ein großer, aber blinder Gelehrter, gab einmal eine Vorlesung, ohne zu wissen, dass der Wind das Licht ausgeblasen hatte. Als ihn seine Schüler baten, für einen Moment zu unterbrechen, bemerkte er mit einem Lächeln: „Was nun, wie umständlich eure Augen sind!" Wo Zufriedenheit ist, da befindet sich das Paradies.

7.13 GIB DEIN BESTES UND ÜBERLASSE DEN REST DER VORSEHUNG

Es gibt noch einen anderen Standpunkt, der es uns ermöglicht, uns am Dasein zu erfreuen. Es ist einfach die Sichtweise, dass sich alles in den bestmöglichen Umständen befindet, da es sich um die Summe aller Konsequenzen von Aktionen und Reaktionen seit Anbeginn der Zeit handelt. Nehmen wir zum Beispiel die winzigen Körnchen Staub, welche wir als niedrig, wertlos, leblos, geistlos und reine Materie betrachten. Sie befinden sich in ihren bestmöglichen Umständen, egal wie arm und wertlos sie erscheinen mögen. Sie können niemals etwas Niedrigeres oder Höheres werden. Staubkörner zu sein ist das Beste für sie. Aber ohne diese winzigen Welten, welche in der Luft herumwirbeln und die Sonnenstrahlen reflektieren, hätten wir keinen azurblauen Himmel. Sie sind es, welche die Strahlen der Sonne in der Luft zerstreuen und sie dann in unsere Zimmer schicken. Es sind auch diese winzigen Staubpartikel, welche den Kern der Regentropfen ausmachen und fruchtbaren Regen ermöglichen. Sie sind also keineswegs wertlos und zu nichts nütze, sondern haben eine

[213] Hanawa (1746-1821), der Verfasser des *Gunsho ruizû* im Jahr 1782.

verborgene Bedeutung und Aufgabe in ihrem Dasein. Besäßen sie Geist zum Denken, eine Seele zum Empfinden, wären sie glücklich und zufrieden mit ihrem Zustand.

Nehmen wir als ein anderes Beispiel die Blumen der Prunkwinde (*morning glory*). Sie blühen und lächeln jeden Morgen, welken und sterben jedoch innerhalb von ein paar Stunden dahin. Wie flüchtig und vergänglich ihr Dasein doch ist! Aber es ist dieses kurze Dasein selbst, welches sie zart, besonders und liebenswert macht. Sie erscheinen alle auf einmal so strahlend und wunderschön wie ein Regenbogen oder das Nordlicht und verschwinden wie ein Traum. Dies ist die beste Verfassung für sie, denn wenn sie für Tage bestehen würden, dann wäre die Prunkwinde nicht mehr die Prunkwinde. Ebenso ist es mit dem Kirschbaum, der die lieblichsten Blüten, aber bittere Früchte trägt.[214] Oder mit dem Apfelbaum, der die süßesten Früchte, aber hässliche Blüten hat. So steht es auch mit Tieren und Menschen. Jeder und jedes befindet sich in der für sie optimalen Verfassung.

Das neugeborene Baby säugt, schläft und schreit. Es kann nicht mehr oder weniger tun. Ist es nicht das Beste für das Baby, dass es dies tut? Wenn es die Kindheit erreicht hat, geht es zur Schule und wird für die erste Klasse zugelassen. Das Kind kann nicht in eine höhere oder niedrigere Klasse gehen. Es ist das Beste für den Jungen oder das Mädchen, ein Erstklässler zu sein. Wenn die schulische Ausbildung vorüber ist, kann er entsprechend seinen Fähigkeiten eine Stellung in der Gesellschaft einnehmen oder ein erbärmliches Leben aufgrund seines eigenen Scheiterns oder dergleichen führen. In jedem Fall befindet er sich in der besten Position für seinen besonderen Auftrag, der ihm von der Vorsehung oder der Summe aller seiner Aktionen und Reaktionen seit Anfang der Zeit zugewiesen ist. Er sollte zufrieden und glücklich sein und mit allen Kräften versuchen, das Richtige zu tun. Unzufriedenheit und Ärger rechtfertigen nur umso mehr seinen Ruin. Darum sollten wir über unsere Position fröhlich sein, egal wie hoch oder niedrig, egal wie günstig oder ungünstig die Umstände sind. „Gib dein Bestes, und überlasse den Rest der Vorsehung“, so lautet ein chinesisches Sprichwort. Ebenso heißt es bei Longfellow: „Gib dein Bestes, das ist das Beste. Überlasse Gott den Rest.“

---

[214] Gemeint ist wohl die Japanische Blütenkirsche (*prunus serrulata*), welche eine Zierpflanze ohne essbare, süße Früchte ist. *[Anm. des Übers.]*

8. DIE SCHULUNG DES GEISTES UND DIE PRAXIS DER MEDITATION

8.1 DIE LEHRMETHODE DER ZEN-MEISTER

Bisher haben wir die Lehren des Zen geschildert, wie sie von chinesischen und japanischen Meistern eingeschärft werden. In diesem Kapitel wollen wir nun die Praxis der geistigen Schulung und die Methode der Meditation bzw. *dhyana* skizzieren. Zen-Lehrer unterweisen ihre Schüler niemals durch Erklärungen oder Argumente, sondern drängen sie dazu, mittels Meditation selbst solche Probleme zu lösen wie „Was ist der Buddha?“, „Was ist das Selbst?“, „Was ist der Geist von Bodhidharma?“, „Was sind Leben und Tod?“, „Was ist die wahre Natur des Geistes?“ und so weiter. Teu Shwai (Tosotsu) zum Beispiel pflegte für gewöhnlich folgende drei Fragen zu stellen:[215] (1) Dein Lernen und Üben zielen darauf, die wahre Natur des Geistes zu verstehen. Wo existiert die wahre Natur des Geistes? (2) Wenn du die wahre Natur des Geistes verstehst, bist du frei von Geburt und Tod. Wie kannst du gerettet werden, wenn du dich an der Klippe des Todes befindest? (3) Wenn du frei bist von Geburt und Tod, weißt du, wohin du nach dem Tod gelangst. Wohin gehst du, wenn sich die vier Elemente deines Körpers zersetzen? Die Schüler sollen ihre Lösungsvorschläge für diese Fragen nicht in Form von Theorien oder Argumenten darbringen, sondern zeigen, wie tiefgründig sie die in diesen Problemen enthaltene Bedeutung verstanden haben, wie sie ihre Überzeugung gewonnen haben und wie sie das, was sie erfasst haben, im täglichen Leben anwenden können.

Ein chinesischer Zen-Meister (Wu Tsu bzw. Goso, der Lehrer von Yuen Wu bzw. Engo) berichtet, dass die Methode der Unterweisung im Zen sich ziemlich gut mit der Art und Weise vergleichen lässt, wie ein Dieb seinem Sohn die Diebeskunst beibringt. Der Dieb fragte eines Abends seinen Sohn, ob er nicht selber gerne einmal ein großer Dieb werden würde. „Natürlich, Vater“, antwortete der vielversprechende Junge. „Dann komm mit mir! Ich werde dich die Kunst lehren.“ Mit diesen

[215] Diese drei berühmten Fragen sind bekannt als die „Drei Tore von Teu Shwai (Tosotsu Sankan)“, der 1091 verstarb. Siehe *Mumonkan*, Kap. 47.

Worten ging der Vater los, gefolgt von seinem Sohn. Sie kamen zu einem reichen Haus in einem gewissen Dorf, und der erfahrene Dieb machte ein Loch in den Zaun, der das Haus umgab. Durch dieses Loch krochen sie auf das Grundstück und gelangten durch ein Fenster, welches der Vater mühelos aufbrach, ins Innere des Hauses. Dort fanden sie eine große Truhe, die so verschlossen war, dass sie den Anschein erweckte, voller wertvoller Gegenstände zu sein. Der alte Mann schlug auf das Schloss, welches wunderbarerweise aufging. Er öffnete den Deckel und befahl seinem Sohn, schnell in die Truhe hineinzuschlüpfen und so viele Schätze wie möglich zusammenzuklauben. Aber sobald der Sohn hineingeschlüpft war, schloss der Vater den Deckel wieder. Dann rief er mit lauter Stimme: „Ein Dieb! Ein Dieb! Ein Dieb!“ Nachdem er so die Bewohner geweckt hatte, verließ er geschwind das Haus, ohne irgendetwas mitzunehmen. Das ganze Haus war für einige Zeit in ziemlicher Aufregung; aber da sie merkten, dass nichts gestohlen worden war, gingen sie wieder zu Bett. Der Junge befand sich in der Truhe und hielt, so gut es ging, den Atem an. In seinem Nachsinnen darüber, wie er aus seinem engen Gefängnis entkommen könnte, begann er bald mit den Fingernägeln an der Innenseite des Deckels zu kratzen. Eine Dienerin des Hauses hörte das Geräusch und vermutete, es handle sich um eine Maus in der Truhe. Also holte sie sich eine Lampe, und als sie den Deckel öffnete, war sie nicht wenig überrascht, darin einen Jungen anstelle einer Maus vorzufinden, und schlug Alarm. Währenddessen schlüpfte der Junge aus der Truhe und rannte auf das Grundstück, verfolgt von den Bewohnern des Hauses. Er rannte so schnell wie möglich zu einem Brunnen, nahm einen großen Stein, warf ihn in den Brunnen und versteckte sich selbst zwischen den Büschen. Die Verfolger dachten, der Dieb sei in den Brunnen gefallen, versammelten sich darum und starrten hinunter, während der Junge sich unbemerkt davonschlich und durch das Loch im Zaun entkam. So lehrte der Dieb seinen Sohn, wie er durch eigene Bemühungen überwältigenden Schwierigkeiten entkommen konnte. Und so lehren auch Zen-Lehrer ihre Schüler, Schwierigkeiten, die sie von allen Seiten bedrängen, durch ihre eigenen Anstrengungen zu überwinden.[216]

---

[216] Die Geschichte wird bereits im *Bansenshûkai* erzählt, einem der klassischen Texte zur Kunst der *shinobi* bzw. *ninja;* sie wird auch von D. T. Suzuki in *Za-Zen – Die Übung*

8.2 DER ERSTE SCHRITT IN DER GEISTIGEN SCHULUNG

Von einigen der alten Zen-Meister heißt es, dass sie die höchste Erleuchtung nach einer Woche Meditation erreicht hätten, manche nach einem Tag, manche nach zwanzig Jahren und wieder andere nach einigen Monaten. Die Praxis der Meditation ist jedoch nicht nur ein Mittel, um Erleuchtung zu erlangen, wie man es für gewöhnlich annimmt, sondern ist auch das Vergnügen des Nirwana oder die Seligkeit des Zen. Es ist natürlich klar, dass wir die Lehre des Zen vollständig verstehen müssen und dass wir die besondere geistige Schulung des Zen durchlaufen müssen, um Erleuchtung zu erlangen.

Der erste Schritt in der geistigen Schulung besteht darin, der Herr der äußeren Dinge zu werden. Wer von weltlichen Freuden abhängig ist, ist nicht mehr als ein Sklave der Dinge, egal wie gelehrt oder unwissend, wie hochstehend oder niedrig sein Rang in der Gesellschaft ist. Er vermag die äußere Welt nicht für sich selbst zu gebrauchen, sondern passt sich ihr an. Er ist ständig beschäftigt, angezogen und bewegt von den Sinnesobjekten. Anstatt den Wohlstand zu besitzen, besitzt der Wohlstand ihn. Anstatt alkoholische Getränke zu trinken, wird er von ihnen getrunken. Bälle und Musik verleiten ihn dazu, sich selbst zu vergessen. Spiele und Vorführungen verführen ihn dazu, nicht zu Hause zu bleiben. Häuser, Möbel, Bilder, Uhren, Schmuck, Hüte, Armreifen, Schuhe und so weiter – alles hat die Macht, ihm zu befehlen. Wie könnte so ein Mensch der Herr der Dinge sein? Tôju (Nakae) hat gesagt: „Es gibt ein großes Gefängnis, nicht für Kriminelle, welches die ganze Welt enthält. Ruhm, Gewinn, Stolz und Heuchelei bilden seine vier Wände. Diejenigen, welche sich darin befinden, fallen der Klage zum Opfer und seufzen auf ewig."

Um zum Herrn der Dinge zu werden, müssen wir zuerst unsere Sinne abschließen und den Lauf der Gedanken nach innen wenden, uns selbst im Zentrum der Welt sehen und darüber meditieren, dass wir Wesen von höchster Fähigkeit sind; dass Buddha uns niemals einfach den Kräften der Natur überlässt; dass die Erde sich in unserem Besitz befindet; dass

des Zen (S. 126) angeführt. Siehe *Bunbu-ryôdô. Philosophie und Ethik japanischer Kriegskunst der Tokugawa-Zeit* (Angkor Verlag 2016), S. 142. *[Anm. des Übers.]*

alles auf Erden dazu da ist, uns für unsere hehren Ziele zu dienen; dass Feuer, Wasser, Luft, Bäume, Gräser, Flüsse, Berge, Donner, Wolken, Sterne, der Mond, die Sonne und so weiter unserer Herrschaft unterliegen; dass wir die Gesetzgeber der natürlichen Phänomene sind; dass wir die Schöpfer der phänomenalen Welt sind; dass wir es sind, die zu einer Mission durch das Dasein berufen sind und das Schicksal des Menschen bestimmen.

8.3 DER ZWEITE SCHRITT IN DER GEISTIGEN SCHULUNG

Als nächstes müssen wir uns darum bemühen, die Herren unserer Körper zu werden. Bei den meisten Unerleuchteten hat der Körper die absolute Herrschaft über das Selbst. Jede Forderung vom Körper muss vom Selbst gehorsam erfüllt werden. Sogar wenn das Selbst sich gegen die Tyrannei des Körpers auflehnt, wird es leichthin unter den brutalen Hufen der körperlichen Leidenschaften niedergetrampelt. Zum Beispiel will das Selbst zum Zwecke der Gesundheit sich mäßigen und wäre bereit, an einer Gaststätte zum Zwecke des Trinkens [alkoholischer Getränke] vorüberzugehen, aber der Körper zwingt das Selbst hinein. Das Selbst erlegt sich zuweilen eine strenge Diät auf, aber der Körper drängt es, gegen den Geist und das Wort der Regeln zu verstoßen. Nun bemüht sich das Selbst um einen höheren Platz unter den Weisen, aber der Körper zieht es herab in die Niederungen der Massen. Das Selbst möchte ein wenig Geld den Armen geben, aber der Körper hält die Börse fest verschlossen. Das Selbst bewundert himmlische Schönheit, aber der Körper nötigt es zum Sinnlichen. Das Selbst mag spirituelle Freiheit, aber der Körper hält es in seinem Kerker gefangen.

Um daher zur Erleuchtung zu gelangen, müssen wir die Herrschaft des Selbst über den gesamten Körper errichten. Wir müssen unsere Körper so benutzen, wie wir Kleidung benutzen, um unsere edlen Aufgaben zu verrichten. Befehlen wir dem Körper, während eines kalten Schauers bei rauem Wetter nicht zu frösteln, nicht durch schlaflose Nächte in Aufregung zu geraten, durch irgendwelche Arten der Nahrung nicht krank zu werden, unter dem Messer des Chirurgen nicht zu stöhnen, nicht zusammenzusacken, selbst wenn wir einen ganzen Tag lang in der Sonne stehen, unter keiner Form von Krankheit zusammenzubrechen, im Dschungel des Schlachtfelds nicht in Aufregung zu geraten. Kurzum: Wir müssen den Körper mit unserem Willen kontrollieren.

Setz dich an einen ruhigen Ort und meditiere mit der Vorstellung, dass der Körper keine Fessel mehr für dich darstellt, dass er die Maschine zur Verrichtung der Arbeit deines Lebens ist, dass du nicht das Fleisch bist, sondern der Verwalter des Fleischs; dass du ihn zu deinem Vergnügen verwenden kannst, und dass er deinen Anweisungen stets treu gehorchen wird. Stelle dir den Körper als getrennt von dir vor. Wenn er zu schreien anfängt, unterbreche ihn sofort, so wie es eine Mutter mit ihrem Baby tut. Wenn er dir nicht gehorcht, korrigiere ihn mit Disziplin, so wie ein Lehrer seinen Schüler. Wenn er übermütig ist, zähme ihn, so wie ein Pferdebändiger es mit Wildpferden macht. Wenn er krank ist, verordne ihm eine Arznei, so wie ein Arzt seinem Patienten. Stelle dir vor, dass du kein bisschen verletzt bist, selbst wenn Blut fließt; dass du gänzlich gesund bist, selbst wenn du in Wasser ertrinkst oder Feuer verbrennst.

Eshun, eine Schülerin und Schwester von Ryôan, einem berühmten japanischen Meister, verbrannte sich selbst, mit gekreuzten Beinen auf einem Haufen von Feuerholz sitzend.[217] Sie erlangte die vollständige Meisterschaft über ihren Körper. Sokrates selbst wurde nie vergiftet, selbst wenn er äußerlich durch das von ihm eingenommene Gift zerstört wurde. Abraham Lincoln blieb unversehrt, obwohl sein Körper durch den Attentäter niedergestreckt war. [Kusunoki] Masashige blieb stets ruhig, selbst als sein Körper von den Schwertern der Verräter zerhackt wurde. Die Märtyrer, welche auf den Scheiterhaufen zum Lobe Gottes sangen, konnten nie wirklich verbrannt werden, selbst wenn ihre Körper auf Asche reduziert wurden, ebenso wenig die Sucher nach der Wahrheit, welche durch Unwissenheit und Aberglaube getötet worden sind. Ist es nicht ein großes Übel, einen Menschen, der mit dem göttlichen Geist und himmlischer Macht ausgestattet ist, durch eine einfache Erkältung in Unruhe geraten zu sehen; oder weinend wie ein Baby, wenn er unter das Messer des Chirurgen kommt; oder bereit, den Geist im Angesicht von nur ein wenig Gefahr aufzugeben; oder fröstelnd bei ein wenig Kälte;

[217] Ryôan (Emyô, gestorben 1411), Begründer des Saijôji-Klosters nahe Odawara. Siehe *Tôjô rentô roku*.

oder niedergeschlagen durch ein paar Widrigkeiten; oder trivialen Versuchungen nachgebend?

Es ist keine leichte Aufgabe, der Diktator des Körpers zu sein. Es ist keine theoretische Angelegenheit, sondern eine Sache der Praxis. Man muss seinen Körper so trainieren, dass er jede Art von Entbehrung ertragen kann und unerschrocken bleibt im Angesicht der Mühsal. Aus diesem Grund bettete sich Ôgyu Sorai selbst in den kältesten Winternächten nur auf eine dünne Strohmatte am Boden oder ging auf dem Dach seines Hauses in schwerer Rüstung umher.[218] Es ist aus diesem Grund, dass japanische Soldaten ein extrem einfaches Leben führten und häufig Treffen für die Beharrlichkeit abhielten, bei denen sie sich im Winter dem kältesten Wetter aussetzten oder im Sommer der größten Hitze.[219] Aus diesem Grund übte Katsu Awa in der Mitte der Nacht in einem tiefen Wald die Schwertkunst.[220]

Kisaburô, obwohl fast schon ein Gesetzloser, verletzte seinen linken Arm in einem Streit schwer und befahl seinem Diener, ihm den Arm mit einer Säge abzusägen, während er dabei ruhig mit seinen Freunden zusammensaß und lachte. Hikokurô (Takayama), ein japanischer Loyalist von hohem Ansehen, kam eines Abends an eine Brücke, an der ihm zwei Banditen auflauerten.[221] Sie legten sich in voller Länge auf der Brücke nieder, damit er nicht darüber gelangen konnte, ohne sie zu berühren. Hikokurô war weder überrascht noch entmutigt, sondern schritt über ihre Köpfe hinweg, was die Räuber so erschreckte, dass sie die Füße in die Hand nahmen und flüchteten, ohne ihn weiter zu bedrängen.[222]

Die Geschichte des Zen ist voll von Anekdoten über Zen-Priester, welche die Herren ihrer Körper waren. Hier führen wir nur ein einziges Beispiel zur Verdeutlichung an: Ta Hwui (Daiye) hatte einst ein Geschwür an seiner Hüfte und sandte nach einem Arzt. Dieser sagte ihm, es sei tödlich und er dürfe nicht wie üblich in Meditation sitzen. Daraufhin sagte Ta Hwui zu dem Arzt: „Ich muss mit aller Macht die mir verbleibenden Tage in Meditation sitzen, denn wenn Eure Diagnose nicht falsch ist,

---

[218] Einer der größten Gelehrten der Tokugawa-Zeit, gestorben 1728. Siehe *Etsuwa bunko*.

[219] Die Soldaten der Tokugawa-Zeit hielten regelmäßig solche Treffen ab.

[220] *Kaishû genkô roku*.

[221] Ein bekannter japanischer Loyalist, gestorben 1793.

[222] *Etsuwa bunko*.

sterbe ich in Kürze." Er saß Tag und Nacht beständig in Meditation und vergaß darüber das Geschwür, welches aufbrach und sich von selbst auflöste.[223]

8.4 DER DRITTE SCHRITT IN DER GEISTIGEN SCHULUNG

Herr seines Geistes zu sein ist wesentlich für die Erleuchtung, welche in gewisser Weise das Auflösen von Illusionen ist, das Auslöschen von mittelmäßigen Begierden und Leidenschaften und das Erwachen der inneren Weisheit. Nur derjenige kann wahre Glückseligkeit erlangen, der vollständige Kontrolle über seine Leidenschaften erlangt hat, welche dazu neigen, den Gleichmut seines Geistes zu stören. Solche Leidenschaften wie Ärger, Hass, Neid, Trauer, Gram, Groll oder Angst verstören immer das Gemüt und brechen die Harmonie des Geistes. Sie vergiften den Körper, nicht nur in einem übertragenen Sinne, sondern wortwörtlich. Anstößige Leidenschaften, die einmal entstanden sind, führen immer auch zu physiologischen Veränderungen im endokrinen System, in Organen und schließlich in der gesamten Konstitution, und hinterlassen schädliche Eindrücke, die einen noch anfälliger für ähnliche Leidenschaften machen.

Wir meinen damit jedoch nicht, dass wir gefühlskalt und leidenschaftslos sein sollten, wonach die ältesten Anhänger des Hinayana trachteten. Solch eine Haltung wird von den Zen-Meistern abgelehnt. „Was ist der beste Weg, als Mönch zu leben?", fragte ein Mönch Yun Kü (Ungo), welcher antwortete: „Du solltest besser in den Bergen leben." Der Mönch verbeugte sich höflich gegenüber seinem Lehrer, der ihn fragte: „Wie hast du mich verstanden?" – „Mönche", antwortete der Schüler, „sollten ihre Herzen unbeweglich wie die Berge halten, durch Gutes und Böses nicht in Bewegung zu versetzen sein, weder durch Geburt noch Tod, noch durch Wohlstand oder Armut." Daraufhin schlug Yun Kü den Schüler mit seinem Stock und sprach: „Du verlässt den Weg der alten Weisen und bringst meinen Anhängern Verderben!" Dann drehte er sich zu einem anderen Schüler um und fragte ihn: „Wie hast du mich verstanden?" – „Mönche", antwortete der Schüler, „sollten ihre Augen vor attraktiven

[223] *Shôbôgenzô zuimonki* von Dôgen.

Objekten geschlossen halten und ihre Ohren gegenüber betörenden Klängen." – „Auch du", rief Yun Kü aus, „irrst ab vom Weg der alten Weisen und bringst meinen Anhängern Verderben!" Eine alte Frau, um ein anderes von Zen-Meistern häufig angeführtes Beispiel zu geben, war es gewohnt, einem Mönch über Jahre hinweg Nahrung und Kleidung zu spenden. Eines Tages instruierte sie ein junges Mädchen, den Mönch zu umarmen und ihn zu fragen: „Wie fühlt Ihr Euch jetzt?" – „Wie ein toter Baum", antwortete der Mönch gelassen, „auf einem kalten Felsen stehend. Dort gibt es keine Wärme, wie in der kältesten Jahreszeit." Als ihr dies berichtet wurde, merkte die Matrone dazu an: „O, dass ich meine Gaben zwanzig Jahre lang solch einem gewöhnlichen Burschen gegeben habe!" Sie drängte den Mönch, den Tempel zu verlassen und brannte ihn nieder.[224]

Wenn du *dhyana* sichern willst, lass deine Sorgen und Verfehlungen der Vergangenheit los; lass Vergangenes vergangen sein; wirf Feindseligkeit, Schande und Unruhe beiseite, lass sie niemals in deinen Kopf Einzug halten; lass die Vorstellung und Vorwegnahme künftiger Mühsal und Leiden an dir vorbeiziehen; lass all deinen Ärger, deinen Verdruss, Zweifel und Trübsal los, welche deine Geschwindigkeit im Rennen beim Kampf ums Dasein behindern. So wie der Geizhals sein Herz an wertlosen Müll hängt und ihn ansammelt, so haftet eine unerleuchtete Person an wertlosen geistigen Schlacken und spirituellem Abfall und macht aus ihrem Geist einen Misthaufen. Manche Menschen kreisen ununterbrochen um die kleinsten Details ihrer unglücklichen Umstände, um sich noch unglücklicher zu machen, als sie tatsächlich sind; manche gehen wieder und wieder die Symptome ihrer Krankheit durch, um sich zu vergewissern, wie schwerkrank sie sind; und manche bringen tatsächlich Unglück über sich, in dem sie ständig danach Ausschau halten und es erwarten. Ein Mann fragte Poh Chang (Hyakujô): „Wie soll ich das Gesetz [die buddhistische Lehre] lernen?" – „Iss, wenn du hungrig bist", antwortete der Lehrer, „und schlafe, wenn du müde bist. Die Menschen essen nicht einfach, wenn sie am Esstisch sitzen, sondern denken über hundert andere Sachen nach; sie schlafen nicht einfach, wenn sie im Bett liegen, sondern denken an zehntausend andere Dinge."[225]

---

[224] Diese Beispiele stammen aus dem *Zenrin ruishû*.
[225] *Egen* und *Dentô roku*.

Es ist lächerlich, dass Männer und Frauen, welche mit der gleichen Natur wie der Buddha ausgestattet sind, geboren, um die Herren aller materiellen Dinge zu sein, von kleinlichen Sorgen aufgewühlt, von selbstgeschaffenen, furchteinflößenden Phantomen gejagt werden, ihre Energie in einem Anfall von Leidenschaft verschwenden, ihre Vitalität zum Zwecke dümmlicher und unbedeutender Dinge aufbrauchen.

Ein Mann ist jemand, der die Balance seines Geistes unter allen Umständen bewahren kann, der heiter und ruhig im heißesten Kampf ums Leben bleibt. So jemand ist des Erfolges, der Belohnung, des Respektes und der Reputation würdig, denn er ist der Herr des Menschen. Es war im Alter von 47 Jahren, dass Wang Yangming (Ô Yômei) einen großartigen Sieg über die Rebellenarmee erlangte, welche den Thron der Ming-Dynastie bedrohte.[226] Während dieses Kriegszuges gab Wang eine Reihe von Vorlesungen vor einer Gruppe von Studenten im Hauptquartier der Armee, deren oberster Befehlshaber er war. Kurz nach Beginn der Kampfhandlungen brachte ihm ein Bote die Neuigkeiten von der Niederschlagung seiner vordersten Reihen. Alle Studenten waren vor Entsetzen gelähmt und erblassten ob der unglücklichen Ereignisse, aber ihr Lehrer wurde kein bisschen aufgeregt. Einige Zeit später brachte ein weiterer Bote die Nachricht von der vollständigen Niederlage des Feindes. Alle Studenten waren völlig verzückt, standen auf und jubelten, aber ihr Lehrer blieb ruhig wie zuvor und unterbrach nicht einmal seinen Vortrag. Auf diese Weise besitzt der Adept des Zen eine perfekte Kontrolle über sein Gemüt und vermag seine Geistesgegenwart sogar unter drohender Gefahr zu bewahren, ja selbst im Angesicht des Todes.

Es war im Alter von 23 Jahren, dass Hakuin an Bord eines Schiffes mit Richtung in die Östlichen Provinzen ging, welches in einen Sturm geriet und auf Grund lief. Alle Passagiere waren von Angst und Erschöpfung niedergedrückt, aber Hakuin erfreute sich während des Sturms eines ruhigen Schlafes, als ob er in einem bequemen Bett liegen würde. Es war im fünften Jahr der Meiji-Ära, dass Dokuon einige Zeit in Tokio lebte

---

[226] Der Begründer der Wang-Schulrichtung des Konfuzianismus, der Zen praktizierte, geboren 1472 und 1529 im Alter von 75 Jahren gestorben. [Zu einer kritischen Einschätzung siehe den kurzen Artikel *How Buddhistic is Wang Yang-Ming* von Wing-Tsit Chan.]

und einige christliche Eiferer versuchten, ihn zu ermorden.[227] Eines Tages traf er mit ein paar jungen Männern zusammen, die mit Schwertern ausgestattet am Tor seines Tempels erschienen. „Wir wollen Dokuon sehen, geht und holt ihn!“, riefen sie dem Priester zu. „Ich bin der Dokuon“, erwiderte er ruhig, „den ihr sehen wollt. Was kann ich für euch tun?“ – „Wir sind gekommen, Euch um einen Gefallen zu bitten, wir sind Christen, wir wollen Euren altersgrauen Kopf.“ Mit diesen Worten machten sie sich bereit, ihn anzugreifen, aber er antwortete ihnen lächelnd: „Einverstanden, die Herren. Enthauptet mich sogleich, wenn ihr mögt!“ Durch diesen unerwarteten Mut des Priesters überrascht, kehrten sie ihm den Rücken und krümmten ihm kein Haar.[228]

Diese Lehrer konnten durch lange Praxis ihren Geist konstant aufnahmefähig halten und die nutzlose Last eitler Gedanken beiseite werfen; strahlend, die dunkle Wolke der Melancholie vertreibend; ruhig, die stürmischen Wellen der Leidenschaften abflauend; rein, den Schmutz und die Schlacke der Illusionen hinwegfegend; und heiter, die Spinnennetze von Zweifel und Furcht beiseite fegend. Das einzige Mittel, um all dies zu erlangen, ist, die bewusste Einheit mit dem Universellen Leben durch das Erleuchtete Bewusstsein zu erlangen, welches mithilfe von *dhyana* erweckt wird.

8.5 ZAZEN, DIE MEDITATION IM SITZEN

Gewohnheit bildet sich durch Praxis, formt den Charakter und bestimmt schließlich unser Schicksal. Darum müssen wir praktisch Optimismus aussäen und ihn gewohnheitsmäßig nähren, um die selige Frucht der Erleuchtung ernten zu können. Das einzige Mittel, um geistige Ruhe sicherzustellen, ist die Praxis des Zazen, das Sitzen in Meditation. Diese Methode war in Indien als Yoga bereits zur Zeit der Upanischaden bekannt und wurde von den Anhängern des Yoga-Systems entwickelt.[229] Die

[227] Doku On (Ogino), ein bedeutender Zen-Lehrer und Abt des Sôkoku-ji, geboren 1818 und gestorben 1895.

[228] Siehe *Kinsei zenrin genkô roku* von D. Mori.

[229] Siehe das *Yoga-Sutra* mit dem Kommentar von Bhoja Raja (Übersetzung von Rajendralala Mitra), S. 102-104.

Buddhisten unterscheiden jedoch Yoga strikt vom Zazen und haben ihre eigene Methode. Keizan beschreibt sie mit folgenden Worten:[230]

„Beschaffe dir einen ruhigen Raum, nicht zu hell und nicht zu dunkel, nicht zu warm und nicht zu kalt; einen Raum, wenn möglich, in einem buddhistischen Tempel in einer schönen Berggegend. Du solltest Zazen nicht an einem Ort praktizieren, wo eine Flut, ein Brand oder Räuber dich stören könnten. Auch solltest du nicht an einem Ort sitzen, der nahe beim Ufer gelegen ist, oder in der Umgebung von Kneipen oder Bordellen, den Häusern von Witwen oder Jungfrauen oder Musikveranstaltungen. Auch sollte man nicht in der Nähe von Plätzen leben, welche häufig von Königen, Ministern, einflussreichen Staatsmännern, ehrgeizigen oder unaufrichtigen Personen besucht werden. Man soll nicht in an einem sehr hohen oder windigen Ort in Meditation sitzen, da man sonst krank wird. Versichere dich, dass kein Rauch oder Wind in dein Zimmer gerät und dass du nicht Regen oder Sturm ausgesetzt bist. Halte dein Zimmer sauber. Halte es bei Tag nicht zu hell und bei Nacht nicht zu dunkel. Halte es im Winter warm und im Sommer kühl. Sitze nicht gegen eine Wand gelehnt, auf einem Stuhl oder gegen einen Wandschirm. Du sollst weder verdreckte noch besonders hübsche Kleidung tragen, denn Erstere kann Krankheiten verursachen und Letztere ist die Ursache für Verhaftungen. Vermeide die drei Unzulänglichkeiten, d.h. unzulängliche Kleidung, unzulängliche Nahrung und unzulänglichen Schlaf. Stehe ab von allen Arten ungekochter oder hartgekochter oder verschmutzter oder dreckiger Nahrung, und ebenso von besonders schmackhaften Gerichten. Denn Erstere verursacht Unruhe im Verdauungstrakt, und Letztere lassen dich nach mehr davon verlangen. Esse und trinke gerade so, dass Hunger und Durst gestillt sind, egal ob das Essen schmeckt oder nicht. Nimm deine Mahlzeiten regelmäßig und zur gleichen Zeit ein und setze dich nicht direkt nach dem Essen zur Meditation hin. Praktiziere *dhyana* nicht kurz nach einem schweren Mahl, sonst kannst du erkranken. Sesam, Gerste,

[230] Keizan (Jôkin), der Begründer des Sôji-ji, des Haupttempels der Sôtô-Sekte des Zen, gestorben 1325 im Alter von fünfundachtzig Jahren. Er erläutert die Lehre des Zen und die Methode der Praxis des Zen in seinem berühmten Werk *Zazen yôjin ki*.

Getreide, Kartoffeln, Milch und dergleichen sind die besten Zutaten für deine Mahlzeiten. Wasche dir häufig Augen, Gesicht, Hände und Füße und halte sie sauber und kühl.

Es gibt zwei Positionen im Zazen, nämlich die mit gekreuzten Beinen [vollständiger Lotossitz] und die mit halb-gekreuzten Beinen [halber Lotossitz]. Bringe ein dickes Kissen direkt unter dein Gesäß. Halte deinen Körper so aufrecht, dass die Spitze der Nase und der Nabel sich in einer lotrechten Linie befinden, und Ohren und Schultern in einer Ebene. Dann platziere den rechten Fuß auf dem linken Oberschenkel und den linken Fuß auf dem rechten Oberschenkel, so dass die Beine gekreuzt sind. Dann bringe deine rechte Hand mit der Handfläche nach oben auf den linken Fuß, und deine linke Hand auf die rechte Handfläche, wobei sich beide Daumen berühren. Du kannst auch nur den linken Fuß auf dem rechten Oberschenkel platzieren, mit der gleichen Handhaltung wie bei vollständig gekreuzten Beinen. Diese Haltung wird halbgekreuzter Sitz genannt.

Schließe nicht deine Augen, halte sie während der gesamten Meditation geöffnet. Atme nicht durch den Mund; drücke deine Zunge nach oben gegen den Gaumen, wobei die Oberlippen und die oberen Zähne auf der Unterlippe und den unteren Zähnen liegen. Weite deinen Bauch, um so den Atem im Bauchraum zu halten; atme gleichmäßig durch die Nase, mit einer festgesetzten Zeit für Einatmung und Ausatmung. Zähle eine Zeit lang das Einatmen oder das Ausatmen von eins bis zehn, dann beginne wieder mit eins. Richte deine Aufmerksamkeit auf den ein- und ausströmenden Atem, so als ob du ein an den Nasenflügeln stehender Wächter wärst. Wenn du dich verzählst oder das Zählen vergisst, ist offensichtlich, dass dein Geist zerstreut ist."

Zhuangzi scheint bemerkt zu haben, dass die Harmonie der Atmung mit der Harmonie des Geistes korrespondiert, denn er sagt:

„Die wahren Menschen des Altertums träumten nicht, wenn sie schliefen. Ihr Atem kam und ging tief und still. Der Atem der wahren Menschen kommt von den Fersen, während die gewöhnlichen Menschen nur mit ihrer Kehle atmen."

In jedem Fall ist das Zählen der Atemzüge ein Hilfsmittel, um den Geist zu beruhigen, und es finden sich dazu ausführliche Anweisungen im Zen-Sutra;[231] doch die chinesischen und japanischen Zen-Meister legen nicht so viel Wert auf diesen Punkt wie die indischen Lehrer.

8.6 DIE ATEMÜBUNG DER YOGIS

Atemübungen sind ein Bestandteil der Übungspraxis des Yoga und in mancher Hinsicht in ihrer Methode und ihrem Ziel denjenigen des Zen ähnlich. Wir zitieren hier Yogi Ramacharaka, um zu zeigen, wie moderne Yogis sie praktizieren:[232]

> (1) Stehe oder sitze aufrecht. Atme durch die Nase, atme kontinuierlich ein, fülle zuerst den unteren Teil der Lungen, was durch Einbeziehung des Zwerchfells ermöglicht wird, welches beim Absenken nach unten einen leichten Druck auf die inneren Organe ausübt und die Vorderseite des Bauchs nach vorne drückt. Dann fülle den mittleren Teil der Lunge, wobei die unteren Rippen, das Brustbein und der Brustkorb nach außen gedrückt werden. Dann fülle den oberen Bereich der Lunge, wobei der obere Brustbereich sich hervorhebt und die Brust einschließlich der sechs oberen von den sieben Rippenpaaren angehoben wird. In der letzten Phase der Bewegung wird der untere Teil des Bauches leicht eingezogen, was die Lungen unterstützt und auch dazu beiträgt, die obersten Bereiche der Lungen zu befüllen. Beim erstmaligen Lesen könnte es so scheinen, als ob diese Atmung aus drei getrennten Bewegungen besteht. Das ist jedoch nicht die richtige Vorstellung. Die Einatmung ist kontinuierlich, der gesamte Brustraum vom unteren Zwerchfell bis zum höchsten Punkt der Brust im Bereich des Schlüsselbeins werden in einer einheitlichen Bewegung ausgedehnt. Man vermeide eine ruckweise Abfolge von Einatmungen und bemühe sich um eine gleichmäßige, kontinuierliche Handlung. Die Praxis wird schnell die Tendenz überwinden, die Atmung in

[231] *Dharmatara-dhyana-Sutra.*

[232] *Hatha-Yoga*, S. 112-113. [„Yogi Ramacharaka“ ist wie „Swami Panchadasi“ ein Pseudonym von William Walker Atkinson, 1862-1932, einem Vertreter der Neu-Geist- bzw. *New Thought*-Bewegung.]

drei Bewegungen aufzuteilen, und zu einer gleichmäßigen, kontinuierlichen Atmung führen. Mit ein wenig Übung wird man dazu in der Lage sein, die Einatmung in wenigen Sekunden zu vollenden.

(2) Halte den Atem für ein paar Sekunden.

(3) Atme langsam aus, halte die Brust in einer festen Position und ziehe den Bauch ein wenig ein und nach oben, während die Luft die Lungen verlässt. Wenn die Luft vollständig ausgeatmet ist, entspanne die Brust und den Bauch. Mit ein wenig Übung wird auch dieser Teil der Übung leichtfallen, und die einmal angeeignete Bewegung wird sich fast automatisch vollziehen.

8.7 DIE RUHE DES GEISTES

Die im vorherigen Abschnitt angeführte Yogi-Atmung ist eher für körperliche Übungen geeignet denn für geistige Ausgeglichenheit; es wird hilfreich sein, diese Übung vor oder nach der Meditation auszuführen. Die japanischen Meister halten es größtenteils für sehr wichtig, den unteren Bauch während des Zazen nach vorne zu drücken, und sie haben Recht damit, soweit es meine eigene Erfahrung betrifft.

> „Wenn du das Gefühl hast, dass dein Geist sich zerstreut, richte den Blick auf die Nasenspitze. Lasse sie keinen Moment aus den Augen; oder blicke auf deine eigene Handfläche und lass deinen Geist nicht davon abwandern, oder blicke auf einen festen Punkt vor dir.“

Das wird sehr helfen, das Gleichgewicht des Geistes wiederzugewinnen. Zhuangzi dachte, dass Ruhe des Geistes für die Weisen des Altertums wesentlich war und sagte:

> „Die Ruhe der Weisen war ihnen nicht als Folge ihrer besonderen Fähigkeiten zu eigen; nichts vermag ihren Geist zu stören; daher sind sie ruhig. Wenn Wasser ruhig ist, zeigt seine Klarheit die Augenbrauen und den Bart desjenigen, der hineinblickt. Es ist ein vollkommener Zustand, und die größten Künstler nehmen ihn als Gesetz. Derart ist die Klarheit des stillen Wassers, um wie viel mehr also die des menschlichen Geistes? Der ruhige Geist des

Weisen ist ein Spiegel für Himmel und Erde, ein Spiegel aller Dinge."

Vergesst alle weltlichen Belange, vertreibt alle Sorgen und Bedenken, lasst die Leidenschaften und Wünsche los, gebt Gedanken und Vorstellungen auf, macht den Geist vollkommen frei und klar wie einen polierten Spiegel. So lasst die unerschöpfliche Quelle der Reinheit fließen, eröffnet die unermesslichen Schätze der Tugend, bringt die im Inneren verborgene Natur der Gottheit hervor, eröffnet die innerste göttliche Weisheit, erweckt das Erleuchtete Bewusstsein, um das Universelle Leben in euch selbst zu erkennen. „Zazen befähigt seinen Adepten", sagt Keizan im *Zazen yôjin ki*, „seinen Geist zu öffnen, seine eigene Natur zu sehen, sich des geheimnisvollen, reinen und strahlenden Geistes bewusst zu werden, des ewigen Lichts in einem selbst."

Einmal des göttlichen Lebens in einem selbst bewusst geworden, kann man es im anderen ebenfalls erkennen, egal wie unterschiedlich Umstände, Fähigkeiten, Charakter, Nationalität, Sprache, Religion und Rasse auch sein mögen. Man erkennt es in Tieren, Pflanzen und Gestein, egal wie verschieden ihre Form, egal wie wild und grimmig manche in der Natur erscheinen, egal wie gefühlskalt manche erscheinen, wie frei von Intelligenz sie wirken, wie schlicht sie uns ihrer Beschaffenheit nach vorkommen, ja, egal wie leblos sie auf uns wirken. Man erkennt, dass das gesamte Universum vom göttlichen Leben erleuchtet und durchdrungen ist.

8.8 ZAZEN UND DAS VERGESSEN DES SELBST

Zazen ist ein höchst effektives Mittel, um Egoismus zu zerstören, die Wurzel aller Verfehlungen, Tollheit, Bösartigkeit und Laster, denn es ermöglicht uns zu erkennen, dass jedes Lebewesen mit dem gleichen göttlichen Geist ausgestattet ist wie der Mensch. Es ist der Egoismus, der dunkle Schatten auf das Leben wirft, so wie es auch nicht die Sonne, sondern der Körper ist, der seinen Schatten vor uns wirft. Es ist derselbe Egoismus, der den Glauben an die Unsterblichkeit der Seele hervorgebracht hat, ungeachtet seiner Irrationalität und Unsinnigkeit. Das individuelle Selbst wäre eine erbärmliche Angelegenheit, wären wir nicht mit dem Universellen Leben verbunden. Wir können immer reine Freude genießen, wenn wir mit der Natur vereint sind und dabei unser armes Selbst gänzlich vergessen. Wenn man zum Beispiel in das lächelnde Gesicht eines Babys blickt und mit ihm lächelt oder der süßen Melodie eines Liedes lauscht und mitsingt, vergisst man sich in diesem bezaubernden Moment völlig selbst. Doch diese Empfindungen von Schönheit und Freude verschwinden komplett, sobald das Selbst wiedererscheint und beginnt, seine eigenen egoistischen Ideen zu verhandeln. Sich selbst vergessen und sich mit der Natur identifizieren bedeutet, seine Grenzen niederzureißen und sich frei zu machen. Kleinlichen Egoismus niederzureißen und sich zum Universellen Selbst zu erweitern bedeutet, sich von Fesseln zu befreien. Es folgt daraus, dass Erlösung nicht durch den Fortbestand der Individualität in einem späteren Leben erreicht werden kann, sondern durch die Verwirklichung der Einheit mit dem Universellen Leben, welches unsterblich, frei, grenzenlos, ewig und glückselig in sich selbst ist. Dies wird leichthin ermöglicht durch Zen.

8.9 ZEN UND ÜBERNATÜRLICHE KRÄFTE

Yoga nimmt für sich in Anspruch, dass durch Meditation zahlreiche übernatürliche Kräfte erlangt werden können;[233] Zen erhebt solche absurden Ansprüche nicht. Es verschmäht vielmehr Leute, von denen angenommen wird, sie hätten durch Entbehrungen übernatürliche Kräfte erlangt. Die folgenden Überlieferungen zeigen dies deutlich:

> „Als Fah Yung (Hôyû) in den Niu Teu-Bergen (Gozusan)[234] lebte, war er daran gewöhnt, jeden Morgen die Darbringung von Blumen durch Hunderte von Vögeln zu empfangen, und man glaubte, dass er übernatürliche Kräfte besäße. Doch nach seiner Erleuchtung infolge der Unterweisungen des vierten Patriarchen hörten die Vögel mit ihren Darbringungen auf, da er zu einem Wesen wurde, welches zu göttlich war, als dass es von niederen Tieren erkannt worden wäre.“

[233] *Yoga-Sutra des Patanjali*, Kap. III.

[234] Ein berühmter Schüler des vierten Patriarchen, der Begründer der Niu Teu-Schule (Gozu-zen) des Zen, gestorben 675.

„Hwang Pah (Ôbaku) ging eines Tages in die Tendai-Berge, von denen man dachte, dass sie von Arhats mit übernatürlichen Kräften bewohnt werden, und traf einen Mönch, dessen Augen ein seltsames Licht ausstrahlten. Sie gingen den Pass entlang und sprachen eine Weile miteinander, bis sie an einen reißenden Gebirgsstrom gelangten. Da es keine Brücke gab, hielt Hwang Pah an, aber sein Gefährte ging über das Wasser auf die andere Seite und winkte Hwang Pah, ihm zu folgen. Daraufhin sagte Hwang Pah: ‚Wenn ich gewusst hätte, dass du ein Arhat bist, hätte ich dich ausgelacht, bevor du hinübergegangen bist!' Der Mönch erkannte die spirituelle Verwirklichung von Hwang Pah und lobte ihn als wahren Anhänger des Mahayana."

„Einmal sah Yang Shan (Kyôzan) einen fremden Mönch durch die Luft fliegen. Als der Mönch wieder auf dem Boden landete, näherte er sich ihm mit einem respektvollen Gruß und fragte: ‚Woher kommst du?' – ‚Ich bin heute früh am Morgen von Indien aufgebrochen', antwortete der andere. ‚Und warum bist du so spät', fragte Yang Shan. ‚Ich habe mehrmals angehalten, um die schöne Landschaft zu bewundern', antwortete der andere. ‚Du musst übernatürliche Kräfte haben', rief Yang Shan aus, ‚daher musst du mir den Geist Buddhas zurückgeben.' Der fremde Mönch lobte Yang Shang und sagte: ‚Ich bin nach China gekommen, um Manjushri zu verehren,[235] und habe – ohne damit zu rechnen – den kleinen Shakyamuni getroffen.' Dann gab er Yang Shan einige aus Indien mitgebrachte Palmblätter und kehrte nach Indien zurück."[236]

Es ist sehr vernünftig, dass die Anhänger des Zen übernatürliche Kräfte von spiritueller Erbauung unterscheiden, sind doch Erstere eine Erlangung von *devas*, *asuras*, Arhats oder sogar von Tieren, Letztere jedoch eine edle Leistung, welche nur von den Anhängern des Mahayana erbracht wird. Mehr noch, sie verwenden den Begriff der übernatürlichen

---

[235] Manjushri ist ein legendärer Bodhisattva, der zum Objekt der Verehrung einiger Mahayana-Anhänger wurde. Er gilt als die Verkörperung der transzendentalen Weisheit (*prajna-paramita*).

[236] *Hwui Yuen* (*Egen*) und *Shôbôgenzô*.

Kräfte in einem gänzlich entgegengesetzten Sinn seiner ursprünglichen Bedeutung. Lin Tsi (Rinzai) zum Beispiel sagt:

> „Es gibt sechs übernatürliche Kräfte des Buddha: Er ist frei von den Verführungen der Formen, aber lebt in der Welt der Formen; er ist frei von den Verführungen der Töne, aber lebt in der Welt der Töne; er ist frei von den Versuchungen der Gerüche, aber lebt in der Welt der Gerüche; er ist frei von den Versuchungen der Geschmäcker, aber lebt in der Welt der Geschmäcker; er ist frei von den Verführungen des Dharma, aber lebt in der Welt des Dharma. Dies sind seine sechs übernatürlichen Kräfte."[237]

Manchmal verwenden Zen-Anhänger den Begriff so, als ob er für das steht, was wir Zen-Aktivität nennen: die freie Darstellung des Zen im Handeln, so wie in den folgenden Beispielen. Tüng Shan (Tôzan) wartete einmal auf seinen Lehrer Yun Yen (Ungan), der ihn fragte: „Was sind deine übernatürlichen Kräfte?" Tüng Shan sagte nichts, verschränkte die Arme vor der Brust und stand vor Yun Yen. „Wie zeigst du deine übernatürlichen Kräfte?", fragte der Lehrer erneut. Daraufhin verabschiedete sich Tüng Shan und ging davon. Wei Shan (Esan) machte eines Tages ein Nickerchen, als er seinen Schüler Yang Shan (Kyôzan) den Raum betreten sah, und drehte sein Gesicht zur Wand. „Herr", sagte Yang Shan, „Ihr müsst nicht auf Förmlichkeiten bestehen, ich bin doch Euer Schüler." Wei Shan schien im Begriff aufzustehen, daher verließ Yang Shan den Raum; aber Wei Shan rief ihm hinterher: „Ich erzähle dir von einem Traum, den ich hatte." Daraufhin griff Yang Shan eine Schale Wasser und ein Handtuch und gab sie dem Meister, der sich das Gesicht wusch. Bald kam Hiang Yen (Kyôgen) herein, und Wei Shan sagte zu ihm: „Wir haben gerade übernatürliche Kräfte vorgeführt. Es waren nicht solche Kräfte, wie sie die Anhänger des Hinayana kennen." – „Ich weiß, Herr", antwortete der andere, „ich war in der Nähe." – „Dann sag, was für Kräfte es waren", verlangte der Meister. Hiang Yen bereitete Tee und gab Wei Shan eine Tasse, der die beiden Schüler lobte und sagte: „Ihr übertrefft Shariputra[238] und Maudgalyayana[239] in eurer Weisheit und euren übernatürlichen Kräften."[240]

---

[237] *Lin Tsi Luh* (*Rinzai-roku*). Nukariya zitiert allerdings nur fünf dieser Kräfte.

[238] Ein berühmter Schüler von Shakyamuni, bekannt für seine Weisheit.

Die alten Zen-Anhänger behaupteten also nicht, dass es irgendein geheimnisvolles Element in ihrer spirituellen Erlangung gäbe, genau wie es Dôgen unmissverständlich bezüglich seiner Erleuchtung sagt:

> „Ich erkannte nur, dass sich meine Augen links und rechts über der Nase befinden, welche senkrecht steht, und dass ich nicht von anderen getäuscht wurde. Ich kehrte von China zurück mit nichts in der Hand. Es gibt nichts Geheimnisvolles im Buddhismus. Die Zeit vergeht wie gewöhnlich, die Sonne geht im Osten auf und der Mond im Westen nieder."

8.10 WAHRE VERSENKUNG

In Meditation zu sitzen ist nicht die einzige Möglichkeit, Zen zu praktizieren. „Wir praktizieren *dhyana* im Sitzen, Stehen und im Gehen", sagt ein japanischer Vertreter des Zen. Lin Tsi (Rinzai) meint ebenfalls: „Seinen Geist zu sammeln, laute Orte zu meiden und nur nach Ruhe zu streben ist ein Kennzeichen irrtümlicher Meditation." Es ist leicht, an einem ruhigen Ort die Selbstbeherrschung zu bewahren; aber es ist alles andere als einfach, den Geist inmitten des täglichen Lebens von Aufregung frei zu halten. Es ist wahres *dhyana*, welches unseren Geist heiter bewahrt, selbst wenn die Stürme des Lebens um uns herum tosen. Es ist wahres *dhyana*, welches die Harmonie des Herzens sichert, während die Wellen des Kampfes uns gewaltsam umherwerfen. Es ist wahres *dhyana*, welches uns blühen und lächeln lässt, während der Winter des Lebens uns mit Frost und Schnee bedeckt.

„Eitle Gedanken kommen und gehen in einem unerleuchtetem Geist sechshundertfünfzig Mal im Zeitraum eines einzigen Fingerschnippens", schreibt ein indischer Lehrer,[241] „und hundertdreißig Millionen mal alle vierundzwanzig Stunden." Das mag eine Übertreibung sein; dennoch können wir nicht leugnen, dass ein unnützer Gedanke nach dem anderen endlos im Strom des Bewusstseins aufsteigt. „*Dhyana* ist Loslassen", fährt der Schreiber fort, „das heißt: Loslassen der hundertdreißig Millio-

---

[239] Ein berühmter Schüler von Shakyamuni, bekannt für seine übernatürlichen Kräfte.

[240] *Zenrin-ruiksu.*

[241] Einleitung in das *Anapan-Sutra* von Khan San Hwui, der im Jahr 241 nach China gekommen war.

nen unnützen Gedanken". Die eigentliche Wurzel dieser Gedanken ist die Illusion das eigene Selbst betreffend. Tatsächlich ist derjenige die bedauernswerteste Kreatur, der selbst wenn er sich im Himmel befindet meint, er wäre arm. Im Gegensatz dazu ist derjenige ein Engel, der sich glücklich und voller Hoffnung fühlt, selbst wenn er in der Hölle weilt. „Bitte befreit mich", sagt ein Sünder zu Sang Tsung (Sôsan), dem dritten Patriarchen. „Wer hält dich fest?", war die Antwort. Wir halten uns selbst Tag und Nacht fest durch den feinen Strom eitler Gedanken und spinnen damit eine Hülle um uns, aus der wir nicht mehr entkommen. „Es gibt kein Seil, dennoch hält man sich für gefesselt." Wer könnte dem Geist Fesseln anlegen, außer dem Geist selbst? Wer könnte den Willen in Ketten legen, außer dem eigenen Willen? Wer könnte unser spirituelles Auge blenden, wenn wir es nicht selbst verschließen? Wer könnte uns daran hindern, uns an moralischen Taten zu erfreuen, außer uns selbst? „Es gibt viele", sagte Süeh Fung (Seppô) bei einer Gelegenheit, „welche verhungern, obgleich sie vor einem großen Korb mit Speisen sitzen. Es gibt viele, welche verdursten, obwohl sie sich am Rande eines Teichs mit erfrischendem Wasser befinden." – „Ja, Herr", erwiderte Hüen Sha (Gensha), „es verhungern viele, anstatt ihren Kopf in den Korb mit Speisen zu stecken. Und es verdursten viele, anstatt ihren Kopf in das Wasser des Sees zu tauchen."[242] Wer könnte einen Menschen aufheitern, der sich in seinem selbstgeschaffenen Leiden aufgegeben hat? Wer könnte einen Menschen retten, der seine eigene Erlösung nicht will?

8.11 LASS DEINE UNNÜTZEN GEDANKEN LOS[243]

Ein Brahmane, der sich lange mit dem Problem des Lebens und der Welt herumgeschlagen hatte, ging von dannen, um sich von Shakyamuni unterweisen zu lassen. Er besorgte ein paar schöne Blumen als Geschenk und begab sich an den Ort, wo sich der Meister mit seinen Schülern und Anhängern traf. Kaum war er in Sichtweite des Meisters, als dieser die ihn umtreibenden Sorgen erkannte. „Lass los!", sagte Shakyamuni zu dem Brahmanen, der ihm mit beiden Händen die Blumen überreichen

[242] *Hwui Yen (Egen).*

[243] Ein berühmter Zen-Meister, Mugô Kokushi, soll zu jedem Fragesteller gesagt haben: „Lass deine unnützen Gedanken los!"

wollte. Ihm fielen die Blumen aus der rechten Hand auf den Boden, aber die in der linken Hand hielt er weiterhin fest. „Lass los!“, sagte der Meister erneut, und der Brahmane ließ widerstrebend auch die Blumen in seiner linken Hand zu Boden fallen. „Lass los, habe ich gesagt!“, befahl Shakyamuni erneut; aber der Brahmane, der nichts mehr zum Loslassen hatte, fragte: „Was soll ich loslassen, verehrter Herr? Ich habe nichts mehr in meinen Händen, wie Ihr doch seht.“ – „Lass das los, was du weder in der rechten Hand noch in der linken Hand hältst, sondern in der Mitte.“ Mit diesen Worten erschien ein Licht im Geiste des Leidenden, und er ging befriedigt und erfreut nach Hause.[244] „An keiner Sache zu haften ist Meditation“, schreibt ein alter Zen-Anhänger, „und wenn man dies versteht, sind Ausgehen, im Haus bleiben, Sitzen und Liegen allesamt Meditation.“ Darum soll man seinem Geist nicht erlauben, ein Behältnis für den Schmutz der Gesellschaft oder die Überreste des Daseins zu werden, oder ein Lumpen und Abfallpapier für die Welt. Man trägt zu viel Last auf den Schultern, mit der man nichts zu tun hat.

Lerne die Lektion der Vergesslichkeit und vergiss alles, was dich umtreibt, dich eines ruhigen Schlafs beraubt und Sorgenfalten in deine Stirn eingräbt. Wang Yang Ming soll im Alter von siebzehn Jahren den Tag vergessen haben, an dem er mit einer hübschen jungen Frau getraut werden sollte, die Tochter eines Mannes in hoher Position. Am Nachmittag eben jenes Tages, als sie getraut werden sollten, ging er für einen Spaziergang nach draußen. Ohne ein bestimmtes Ziel kam er zu dem Tempel in seiner Nachbarschaft, wo er einen offensichtlich sehr alten Einsiedler mit weißen Haaren antraf, der das Gesicht eines Kindes hatte. Der Mann saß versunken in Meditation. Es war etwas außergewöhnlich Ruhiges und Heiteres in der Erscheinung und dem Betragen des alten Mannes, dass die Aufmerksamkeit des jungen Gelehrten fesselte. Wang fragte ihn nach seinem Namen und Alter und woher er kam und fand heraus, dass der ehrwürdige Mann ein so außergewöhnlich langes Leben genossen hatte, dass er seinen Namen und sein Alter vergessen hatte, aber so voller jugendlicher Energie war, mit einer Stimme wie eine klingende Glocke sprechen zu können. Als er von Wang nach dem Geheimnis seiner Langlebigkeit gefragt wurde, antwortete er: „Es gibt kein Geheimnis dahinter;

---

[244] *Sutra des Brahmacarin Schwarze-Familie*, Übersetzung ins Chinesische von K'Khien der Wu-Dynastie (222-280).

ich habe lediglich meinen Geist ruhig und friedlich gehalten." Weiterhin erklärte er die Methode der Meditation gemäß dem Taoismus und Buddhismus. Daraufhin saß Wang dem alten Mann gegenüber und begann mit der Übung der Meditation, worüber er seine Braut und die Hochzeit völlig vergaß. Die Sonne sandte ihre letzten Strahlen auf die Tempelwände, und sie saßen bewegungslos; die Dämmerung senkte sich auf sie herab, die Nacht umhüllte sie mit ihrem schwarzen Mantel, und sie saßen weiterhin so still wie zwei Marmorstatuen. Mitternacht, Morgendämmerung, und als die Sonne aufsteigt, sitzen sie immer noch in ihrer Versenkung. Der Vater der Braut, der noch während der Nacht eine Suche gestartet hatte, fand zu seiner Überraschung am folgenden Tag den Bräutigam in tiefer Meditation versunken.[245]

Es war im Alter von 47 Jahren, dass Wang einen großen Sieg über eine Rebellenarmee erlangte und einem Freund Folgendes schrieb: „Es ist so leicht, einen Sieg über Rebellen zu erlangen, welche sich in den Bergen verschanzen; ganz anders verhält es sich mit den Rebellen, welche in unserem Geist leben." Tsai Kiün Mu (Saikunbo) soll einen außergewöhnlich langen und gepflegten Bart getragen haben. Als er sich in einer Audienz beim Kaiser befand, fragte dieser ihn, ob er mit dem Bart auf oder unter der Decke schlafen würde; doch Tsai konnte ihm keine Antwort geben, da er noch nie darüber nachgedacht hatte. Durch die Frage aufgewühlt, ging er nach Hause und versuchte herauszufinden, wie er sich für gewöhnlich mit seinem Bart in sein Bett zum Schlafen legte. Zuerst legte er den Bart auf die Decke und versuchte vergeblich, einzuschlafen; dann legte er den Bart unter die Decke und dachte, so wäre es korrekt. Nichtsdestotrotz war er nur noch mehr durch den Bart gestört. Nachdem er den Bart nun einmal auf und einmal unter die Decke gelegt hatte, mühte er sich die ganze Nacht erfolglos ab, zur Ruhe zu kommen. Man muss daher seinen geistigen Bart vergessen, der einen die ganze Zeit stört.

Langlebige Menschen nehmen ihre Sorgen niemals mit ins Bett. Es ist eine wohlbekannte Tatsache, dass Zuiô (Shiga) sich mit über hundert Jahren noch bester Gesundheit erfreute.[246] Eines Tages wurde er gefragt, ob es irgendein Geheimnis für sein langes Leben gäbe, und er bejahte dies und antwortete dem Fragesteller: „Halte deinen Geist und Körper für

---

[245] *Ôyômei-shutsushin-seiran-roku.*
[246] Dieser berühmte alte Mann starb 1730.

zwei Wochen rein, indem du dich von jeder Art von Unreinheit fernhältst, dann erzähle ich dir von meinem Geheimnis." Der Mann tat, was ihm aufgetragen wurde, und kam wieder, um in das Geheimnis eingewiesen zu werden. Zuiô sagte: „Ich könnte dir davon berichten, aber achte darauf, dass du dich noch eine weitere Woche rein hältst, damit du dich als würdig erweist." Nachdem die Woche vorüber war, sagte der alte Mann zu ihm: „Nun könnte ich dir wirklich schon davon erzählen; aber willst du so sorgsam sein, dich noch drei weitere Tage rein zu halten, um dich so zu qualifizieren?" Der Mann tat, wie von ihm verlangt wurde, und bat dann um die Unterweisung. Daraufhin nahm Zuiô den Mann mit in sein privates Zimmer und flüsterte ihm mit dem Mund dicht an seinem Ohr zu: „Bewahre das Geheimnis, welches ich dir jetzt verrate, sogar wenn es dich das Leben kostet. Es ist dies: Gib dich nicht deinen Leidenschaften hin! Das ist alles."[247]

8.12 DIE „FÜNF RÄNGE DES VERDIENSTES"

Bisher haben wir dargelegt, wie Körper und Geist entsprechend den allgemeinen Vorschriften und Gewohnheiten der Zen-Anhänger geübt werden. Hier beschreiben wir nun die verschiedenen Ebenen geistiger Erbauung, welche die Studenten des Zen zu durchlaufen haben. Sie werden technisch die „Fünf Ränge des Verdienstes" genannt (*kôkun-goi*; siehe *Sôto nishi roku*). Die erste Stufe ist die Ebene der Umwendung (*kô*), auf welcher der Adept seinen Geist von den äußeren Sinnesobjekten auf das innere Erleuchtete Bewusstsein hin umwendet. Er gibt alle mittelmäßigen Wünsche auf und strebt nach spiritueller Erhöhung. Er wird sich darüber klar, dass er nicht dazu verdammt ist, ein Sklave der materiellen Objekte zu sein, und bemüht sich darum, sie zu überwinden. Das Erleuchtete Bewusstsein wird mit einem König verglichen und als Geist-König bezeichnet, während der Adept, der sich nun dem König zuwendet, wie das gewöhnliche Volk angesehen wird. Daher ist der Adept auf dieser ersten Stufe im Range eines gewöhnlichen Menschen.

Die zweite Stufe wird die Ebene des Dienstes genannt (*bu*), auf welcher der Adept sich durch seine Loyalität zum Geist-König hervorhebt und ein

---

[247] *Seiji hyaku dan.*

Höfling wird, um ihm zu dienen. Er steht ständig im Dienst des Königs, erwartet ihn mit Gehorsam und Liebe und ist stets besorgt, er könne ihn verärgern. Auf diese Weise ist der Adept auf dieser Ebene stets darum bemüht, die Regeln und Vorschriften, welche von den Weisen vorgegeben wurden, nicht zu verletzen, und sich selbst durch seinen Glauben in der Geistigkeit zu erhöhen.

Die dritte Ebene heißt die Ebene des Verdienstes (*kô*), auf welche der Adept sich durch seine verdienstvollen Taten bezüglich der Niederschlagung der rebellischen Armee der Leidenschaften hervortut, welche sich gegen den Geist-König erhebt. Sein Rang ist nun nicht mehr der eines Höflings, sondern der eines Generals. Mit anderen Worten, seine Pflicht ist es nicht mehr nur, die Regeln und Anweisungen der Weisen zu bewahren, sondern auch seine eigene Leidenschaft zu unterwerfen und moralische Ordnung im geistigen Königreich zu errichten.

Die vierte Stufe wird Ebene des kooperativen Verdienstes genannt (*gu-kô*), auf welcher der Adept mit anderen Menschen zusammenwirkt, um seinen Verdienst zu vollenden. Jetzt wird er nicht mehr mit einem General verglichen, der seinen Feind bezwingt, sondern mit dem Premierminister, der mit anderen hohen Beamten zusammen handelt, um den Menschen zu helfen. Auf dieser Ebene ist der Adept daher nicht mehr mit der Bezwingung seiner eigenen Leidenschaften zu befriedigen, sondern sucht spirituelle Erhöhung dadurch, dass er seine Güte und Hilfsbereitschaft auf seine Mitmenschen ausweitet.

Die fünfte Stufe wird die „Ebene der Verdienste über Verdienste" genannt (*kô-kô*), was eine Ebene des verdienstlosen Verdienstes bezeichnet. Dies ist der Rang des Königs selbst. Der König tut nichts Verdienstvolles, denn alle Regierungsarbeiten werden von seinen Ministern und Untergebenen ausgeführt. Alles, was er tun muss, ist, seine angeborene Würde zu bewahren und hoch auf seinem Thron zu sitzen. Daher ist sein Betragen verdienstlos, doch alle verdienstvollen Handlungen seiner Untertanen geschehen aufgrund seiner Autorität. Ohne etwas zu tun, tut er doch alles. Ohne jeden Verdienst verdient er alles. Auf dieser Ebene strebt der Adept daher nicht mehr danach, die Regeln einzuhalten, sondern sein Handeln stimmt auf natürliche Weise damit überein. Er bemüht sich auch nicht mehr um spirituelle Erhöhung, sein Herz ist ganz von selbst rein und frei von materiellen Wünschen. Er unternimmt keine Anstrengungen mehr, seine Leidenschaften zu bezwingen, denn keine Leidenschaft wühlt ihn mehr auf. Er empfindet es nicht mehr als Pflicht, anderen zu helfen, sondern ist von sich aus gut und hilfsbereit. Er sitzt nicht mehr in Meditation, doch lebt ganz natürlich zu jeder Zeit in Meditation. Auf dieser fünften Ebene wird der Adept fähig, die Identität seines Selbst mit dem Geist-König bzw. dem Erleuchteten Bewusstsein zu erkennen, und er verweilt in vollkommener Seligkeit.

8.13 DIE „ZEHN OCHSENBILDER"[248]

Neben den fünf Rängen des Verdienstes gebrauchen die Anhänger des Zen auch die zehn Ochsenbilder, um die verschiedenen Stadien des geistigen Trainings zu illustrieren, welche ein Adept des Zen durchlaufen wird. Von chinesischen und japanischen Zen-Meistern wurden einige Gedichte zur Erläuterung jedes der Bilder verfasst, doch sind diese zu vieldeutig, um sie ins Englische zu übersetzen, weshalb wir uns mit der Übersetzung eines japanischen Gedichts zu jedem der zehn Bilder zufrieden geben. Die Bilder sind wie folgt:[249]

Das erste Bild, „die Suche nach dem Ochsen", zeigt den Ochsenhirten, wie er die Wildnis durchstreift mit einer vagen Hoffnung, den entflohenen Ochsen zu finden, der frei herumlaufend aus seinem Blickfeld entschwunden ist. Der Leser erkennt, dass der Ochse für den Geist des Adepten steht und der Hirte für den Adepten selbst.

Ich sehe meinen Ochsen nicht,
nur Bäume und Gras,
und höre die leeren Rufe der Zikaden.

[248] Die Bilder stammen von Kwoh Ngan (Kakuan), einem chinesischen Zen-Meister. Für Einzelheiten siehe *Zengaku-hôten.*

[249] Im engl. Text steht *cow*, „Kuh, Rind". Die Bilder (im Buch von Nukariya nicht vorhanden) zeigen einen Wasserbüffel, das chinesische Schriftzeichen *niu* (牛) bedeutet Kuh oder Rind. Im Deutschen ist die Bezeichnung „Ochse" bzw. „Ochsenbilder" gängig. *[Anm. des Übers.]*

Das zweite Bild, das „Erblicken der Spuren des Ochsen“, steht für den Hirten mit der sicheren Hoffnung, den Ochsen wiederzufinden, nachdem er seine Spuren auf dem Boden entdeckt hat.

Das Gehölz ist dicht,
ebenso wie mein Verlangen.
Wie glücklich bin ich doch,
ich sehe seine Spuren!

Das dritte Bild, das „Erblicken des Ochsen“, steht für den Ochsenhirten, der sich dem Ochsen langsam aus der Entfernung nähert.

Sein wildes und lautes Brüllen
hat mich hierher geführt;
ich sehe ihn in der Ferne,
wie einen dunklen Schatten.

Das vierte Bild, das „Einfangen des Ochsen“, zeigt den Hirten, wie er den Ochsen fängt, der zerrt, um sich loszureißen.

Ach! Es ist schwer,
den gefangenen Ochsen festzuhalten.
Er versucht sich loszureißen
und zerrt an seinem Seil.

Das fünfte Bild, die „Bändigung des Ochsen“, steht für den Hirten, der den Ochsen gezähmt hat und ihm Gras und Wasser gibt.

Ich bin so glücklich,
dass der wilde Ochse zahm und sanft ist.
Er folgt mir,
als ob er mein Schatten wäre.

Das sechste Bild, die „Heimkehr auf dem Ochsen reitend“, zeigt den Hirten, wie er auf dem Ochsen reitend eine Flöte spielt.

Langsam kehren die Wolken
zu ihren eigenen Bergen zurück,
am Himmel entlang treibend,
so ruhig und still.

Das siebte Bild, „der Ochse ist vergessen, der Mensch bleibt in Erinnerung“, zeigt den Hirten, wie er aus seiner Hütte heraus in eine schöne Landschaft blickt.

Der Ochse geht los am Tag
und kommt zurück in der Nacht.
Ich kümmere mich in keiner Weise um ihn,
und doch ist alles in Ordnung.

Das achte Bild, „Ochse und Mensch sind vergessen“, zeigt einen großen leeren Kreis.

Da ist kein Hirte und kein Ochse
innerhalb des Geländes,
kein Mond der Wahrheit
noch Wolken des Zweifels im Menschen.

Das neunte Bild, die „Rückkehr zur Wurzel und Quelle“, zeigt eine schöne Szenerie von lieblichen Bäumen in voller Blüte.

Niemand färbt die [Gräser der] Hügel ein,
und doch sind sie grün;
ebenso lächeln Blumen und fließen Bäche
nach ihrem eigenen Willen.

Das zehnte Bild, das „Betreten des Marktes mit offenen Händen“, zeigt einen lächelnden Mönch mit einer Kürbisflasche in der Hand, der sich mit einem Mann unterhält, der wie ein Hausierer aussieht.

Die Sorge um den Körper
lässt diesen Körper dahinwelken.
Lass deine Sorgen und Gedanken los,
mein Sohn!

Diese zehn Bilder des Ochsenhirten korrespondieren ihrer Bedeutung nach in folgender Weise mit den fünf Rängen des Verdienstes, wie wir sie oben angeführt haben, wenn auch mit kleinen Unterschieden:

Die fünf Ränge des Verdienstes	Die zehn Ochsenbilder
1. Ebene der Umwendung	1. Das Suchen nach dem Ochsen
	2. Das Erblicken der Ochsenspuren
2. Ebene des Dienens	3. Das Entdecken des Ochsen
	4. Das Fangen des Ochsen
3. Ebene des Verdienstes	5. Das Zähmen des Ochsen
	6. Das Heimführen des Ochsen
4. Ebene des Mit-Verdienstes	9. Rückkehr zur Wurzel und Quelle
	10. Betreten des Marktes
5. Ebene der Verdienste-über-Verdienste	7. Vergessen des Ochsen, Erinnern des Menschen
	8. Vergessen des Ochsen und des Menschen

8.14 ZEN UND NIRWANA

Die Seligkeit des Zen ist Nirwana, aber nicht im Sinne des Hinayana, sondern im besonderen Glaubensverständnis. Nirwana bedeutet wörtlich „Auslöschung" oder „Vernichtung", d.h. die Auslöschung des Lebens oder die Vernichtung der Individualität. Für Zen jedoch bedeutet es den Zustand der Auslöschung von Schmerzen und die Aufhebung von Sünde bzw. Verfehlung. Zen strebt niemals nach der Verwirklichung von Seligkeit im Sinne eines Ortes wie dem Himmel, noch glaubt es an ein transzendentales Reich jenseits der phänomenalen Welt. Es verleiht dem Aberglauben der Unsterblichkeit keinen Halt und sieht diese Welt auch nicht als die beste aller möglichen Welten an, es hält das Leben auch nicht einfach für einen Segen. Inmitten dieses Daseins mit all seinen Unzulänglichkeiten, Leiden und Tragödien versucht Zen seine Seligkeit zu verwirklichen, in dieser unvollkommenen, sich wandelnden und in Bewegung befindlichen Welt das verehrte Göttliche Licht zu finden, in diesem phänomenalen Universum der Begrenztheit und Relativität das höchste Nirwana zu erlangen. „Wir sprechen", sagt der Autor des *Vimalakirtti-nirdesa-Sutra*, „von der Vergänglichkeit des Körpers, aber nicht vom Verlangen nach dem Nirwana oder seiner Zerstörung." – „Parinirwana ist", gemäß dem Verfasser des *Lankavatara-Sutra*, „weder Tod noch Zerstörung, sondern Seligkeit, Freiheit und Reinheit." – „Nirwana", sagt Kiai Hwan,[250] „bedeutet die Auslöschung von Schmerz oder das Überqueren des Meeres von Leben und Tod. Es bezeichnet den wahren und beständigen Zustand spiritueller Verwirklichung. Es bezeichnet keine Zerstörung oder Auslöschung. Es bezeichnet den Glauben an die große Wurzel des Lebens und des Geistes." Es ist das Nirwana des Zen, Freude trotz aller Leiden des Daseins zu empfinden. Es ist das Nirwana des Zen, heiter im Geist zu bleiben im Angesicht aller Unruhen des Lebens. Es ist das Nirwana des Zen, sich durch Erleuchtung in bewusster Einheit mit dem Universellen Leben bzw. Buddha zu befinden.

8.15 NATUR UND IHRE LEKTIONEN

Die Natur bietet uns jeden Tag Nektar und Ambrosia an, und überall, wo wir hingehen, erwarten uns Rosen und Lilien. „Der Frühling besucht uns Menschen", sagt Gu-dô,[251] „seine Gnade ist groß. Jede Blüte trägt das Bildnis des Tathagata." – „Was ist der geistige Körper des Buddha, der unsterblich und göttlich ist?", fragte jemand Ta Lun (Dairyû), der sofort antwortete: „Die Blumen bedecken die Berge mit goldenem Brokat. Die Wässer färben die Bäche mit himmlischen Blau." – „Das Universum ist vollständig der Körper des Tathagata", bemerkte Dôgen. „Die Welten in den zehn Richtungen, die Erde, die Gräser, die Bäume, die Mauern und Zäune, Ziegel, Kieselsteine – mit einem Wort: alle belebten und unbelebten Objekte – haben Teil an der Buddha-Natur. Daher wird all denjenigen, welche am Nutzen von Wind und Wasser teilhaben, der daraus entsteht, durch den geheimnisvollen Einfluss des Buddha geholfen, und sie zeigen so die Erleuchtung." (*Shôbôgenzô*)

Auf diese Weise kann man höchste Seligkeit durch die bewusste Einheit mit dem Buddha erlangen. Nichts kann deinen Frieden stören, wenn du den Frieden inmitten der Unruhen genießen kannst; nichts kann einen leiden lassen, wenn man Unglück und Mühsal willkommen heißt, um seinen Charakter zu stärken und zu bilden; nichts kann einen dazu verleiten, eine Verfehlung zu begehen, wenn man ständig bereit ist, der Predigt zu lauschen, welche von allen Dingen um uns herum ständig vorgetragen

[250] Ein Kommentator des *Saddharma-pundarika-Sutra*.
[251] Einer der berühmten Zen-Lehrer der Tokugawa-Zeit, gestorben 1661.

wird; nichts kann einen aufregen, wenn man die Welt zum heiligen Tempel des Buddha macht. Dies ist der Zustand von Nirwana, den jeder, der an den Buddha glaubt, sich sichern kann.

8.16 DIE SELIGKEIT DES ZEN

Wie die vorherigen Kapitel gezeigt haben, sind wir weit davon entfernt, die Existenz von Mühen, Schmerzen, Krankheiten, Sorgen und Tod in diesem Dasein zu leugnen. Unsere Seligkeit besteht darin, die zarte Rose göttlicher Gnade inmitten der Dornen des weltlichen Lebens zu erkennen, im Finden der Oase von Buddhas Weisheit in der Wüste des Unglücks, im Erlangen des heilsamen Balsams seiner Liebe, im scheinbaren Gift des Schmerzes, im Sammeln des süßen Honigs seines Geistes, selbst im schrecklichen Stachel des Todes.

Die Geschichte bestätigt die Wahrheit, dass Leiden die Menschen mehr lehrt als Freude, dass Armut sie mehr stärkt als Wohlstand, dass Ungemach ihren Charakter besser formt als Überfluss, dass Krankheit und Tod das innere Leben mehr anregen als Gesundheit und langes Leben. Zumindest kann niemand gegenüber der Tatsache blind sein, dass gut und böse gleichermaßen ihren Anteil daran haben, den Charakter eines Menschen zu Formen und sein Schicksal zu gestalten. Selbst ein so großer Pessimist wie Schopenhauer sagt: „So wie unser Körper auseinandergerissen würde, wenn der Druck der Atmosphäre nicht vorhanden wäre, so würden die Menschen vor Arroganz anschwellen, wären alle Bedürfnisse, Unbill und Ungemach aus ihrem Leben entfernt und wäre alles erfolgreich, was sie versuchten ... Sie würden ein Spektrum grenzenloser Dummheit zeigen. Ein Schiff ohne Ballast ist instabil und fährt nicht gerade.“ Lasst uns darum dafür sorgen, dass unser Schiff des Lebens mit dem Ballast der Leiden und Mühen geradeaus fährt und wir Kontrolle darüber erlangen.

Der Anhänger Buddhas ist ihm gegenüber dankbar, nicht nur für den Sonnenschein im Leben, sondern auch für Wind, Regen, Schnee, Donner und Blitz, denn das Leben gibt uns nichts, was nicht einen Wert hätte. Hisanobu (Koyama) war vermutlich einer der glücklichsten Menschen, die Japan je hervorgebracht hat, einfach aus dem Grund, weil er stets dem Gnadenvollen Einen gegenüber dankbar war. Eines Tages ging er ohne einen Regenschirm nach draußen und geriet in einen Schauer. Er eilte nach Hause, wobei er stolperte, hinfiel und sich beide Beine verletzte. Als er aufstand, hörte man ihn sagen: „Dem Himmel sei Dank!“ Als er gefragt wurde, warum er so dankbar sei, antwortete er: „Ich habe mir die Beine verletzt, aber dem Himmel sei Dank sind sie nicht gebrochen.“ Ein anderes Mal wurde er von einem Pferd so stark getreten, dass er das Bewusstsein verlor. Als er wieder zu sich kam, sagte er voller Freude: „Dem Himmel sein Dank!“ Auf die Frage nach dem Grund für seine Freude antwortete er: „Ich war tatsächlich bewusstlos, aber dem Himmel sei Dank bin ich dem Tode entkommen!“[252] Ein Mensch von solcher Gemütsart kann alles voller Freude tun. Was immer er tut ist ein Akt der Dankbarkeit gegenüber der Gnade Buddhas, und er tut es nicht als eine Pflicht, sondern aus einem überströmenden Gefühl der Dankbarkeit heraus, welches er nicht unter Kontrolle bringen kann. Hier zeigt sich die Formung des Charakters. Hier existieren wahres Glück und wahre Freude. Hier existiert die Verwirklichung des Nirwana.

Die meisten Menschen halten den Tod nur deshalb für das größte aller Übel, weil sie ihn fürchten. Sie fürchten den Tod nur, weil sie den Instinkt der Selbsterhaltung haben. Hierauf schlagen pessimistische Philosophien und Religionen vor, das Nirwana auf dem Wege der Auslöschung des Lebenswillens zu erlangen oder durch die totale Annihilation des Daseins. Aber dies ist gleichbedeutend damit, einem Kranken den Tod als finales Rettungsmittel vorzuschlagen. Elie Metchnikoff schlägt in seinem Buch *Die Natur des Menschen* eine andere Lösung vor und sagt:[253] „Wenn es dem Menschen nur gelingen würde, lang genug zu leben – sagen wir einhundertvierzig Jahre –, würde ein natürliches Verlangen nach Auslöschung an die Stelle des Triebes nach Selbsterhaltung treten, und der Ruf des Todes würde in harmonischer Weise sein legitimes Verlangen am Ende eines reifen und langen Lebens erfüllen.“ Warum, müssen wir uns fragen, belasten wir uns so sehr mit dem Gedanken des Todes? Gibt es auch nur einen einzigen Fall in der Geschichte der Menschheit, in dem ihm ein Individuum entgangen ist? Wenn es keinen Weg

---

[252] *Kijinden.*

[253] Ilja Iljitsch Metschnikow (Elias Metschnikoff), russischer Zoologe und Immunologe; erhielt 1908 gemeinsam mit Paul Ehrlich den Nobelpreis für Physiologie oder Medizin. *[Anm. des Übers.]*

gibt, ihm zu entkommen, warum sich dann so sehr darüber sorgen? Kann man Dinge dazu bringen, dass sie entgegen dem Gesetz der Schwerkraft von der Erde wegfallen? Gibt es irgendein Beispiel für einen Menschen, welcher der Geltung dieses universellen Gesetzes entkommen wäre? Warum sich dann darum Gedanken machen? Es macht nicht mehr Sinn, sich über den Tod zu bekümmern, als über das Gesetz der Schwerkraft. Wie kannst du erkennen, dass der Tod, von dem man jetzt noch keine unmittelbare Erfahrung hat, das größte aller Übel ist? Wir wagen zu behaupten, dass der Tod ein Segen ist, für den wir dankbar sein sollten. Tod ist der Straßenkehrer dieser Welt; er fegt alle Nutzlosigkeit, Schalheit und Korruption von der Welt und hält das Leben rein und immer frisch. Wenn man von keinem Nutzen mehr für die Welt ist, kommt der Tod zu dir und trägt dich in die Vergessenheit, um das Leben von nutzloser Last zu befreien. Der Strom des Daseins muss am Fließen bleiben, andernfalls würde er faulig. Wenn altes Leben den Strom am Fließen hindern würde, würde er irgendwann stillstehen und in der Folge schmutzig, giftig und wertlos werden. Stelle dir vor, es gäbe nur noch Geburten, aber keinen Tod. Die Erde wäre überladen mit Männern und Frauen, welche dazu verdammt sind, in alle Ewigkeit zu leben, drängelnd, kollidierend, zusammenstoßend, übereinander trampelnd und sich vergeblich mühend, aus dem Schwarzen Loch genannt Erde zu entkommen. Dank dem Tod sind wir nicht in einem solchen Schwarzen Loch gefangen!

Nur Geburt und kein Tod ist weitaus schlimmer als nur Tod und keine Geburt. „Die Toten“, sagt Zhuangzi, „haben keinen tyrannischen König über sich und keine sklavischen Personen, die sie treffen; sie laufen nicht Gefahr, von den Jahreszeiten dahingerafft zu werden. Himmel und Erde nehmen den Platz von Frühling und Herbst ein. Kein König oder Herrscher einer großen Nation könnte glücklicher sein als sie.“ Wie wäre es, wenn wir nicht sterben könnten, aber hässlicher Aussatz uns blind und taub machte, geistig und körperlich, und uns aller möglichen Freuden beraubte? Wie wäre es wohl, wenn wir nicht sterben würden, da unser Körper durch einen schrecklichen Unfall zerrissen oder verbrannt würde, z. B. bei einem großen Erdbeben und einer Feuersbrunst? Stellen wir uns Satan vor, den unsterblichen Satan, vom Zorn Gottes in das hungrige Feuer der Hölle geworfen und sich bis zum Ende aller Zeiten in schmerzhafter Qual in den Flammen hin und her wälzend. Man kann gar nicht anders, als daraus zu schließen, dass der Tod einen von diesen extremen Leiden befreit, von unheilbaren Krankheiten, und er ein Segen ist, für den wir dankbar sein sollten.

Die Anhänger des Buddha sind für den Tod selbst dankbar, der das einzige Mittel darstellt, den Tod zu überwinden. Wenn sie sogar für den Tod dankbar sind, um wie viel mehr dann für den Rest des Daseins! Sie finden in jeder Form des Daseins einen Sinn. Sie entdecken einen Segen in jedem Wandel der Umstände. Sie erkennen eine Aufgabe in jedem einzelnen Leben. Sie können in allen Umständen in Zufriedenheit und Freude leben. Daher sagt Lin Tsi (Rinzai):

> Alle Buddhas könnten vor mir erscheinen, und ich wäre nicht glücklich. Alle drei Bereiche[254] und Höllen könnten plötzlich vor mir auftauchen, und ich würde mich nicht fürchten ... Ein Erleuchteter könnte ins Feuer fallen und würde nicht verbrennen. Er könnte ins Wasser stürzen und würde nicht ertrinken. Er könnte in der Hölle wiedergeboren werden und wäre ebenso glücklich wie in einem schönen Garten. Er könnte unter Hungergeistern und wilden Tieren wiedergeboren werden, und ihm würde von ihnen kein Leid zugefügt. Warum ist das so? Weil er sich an allem erfreuen kann.[255]

***

[254] (1) Naraka oder Hölle; (2) Preta oder Hungergeister; (3) Tiere.

[255] *Lin Tsi Luk* (*Rinzai-roku*).

Weitere Veröffentlichungen/Übersetzungen von Dr. Julian Braun

Bunyu Nanjô: Eine kurze Geschichte der japanischen buddhistischen Schulen. (Angkor Verlag 2014)

Junjirô Takakusu: Grundzüge buddhistischer Philososphie (Angkor Verlag 2014)

William McGovern: Buddhistische Philosophie und Kosmologie (Angkor Verlag 2016)

Nyanatiloka: Führer durch den Abhidhamma-Pitaka (Michael Zeh Verlag 2013)

Karate als Lebensweg. Selbstkultivierung auf der Grundlage der 20 Leitsätze (*shôtô nijûkun*) des Shôtokan Karate. (Tengu Publishing 2011)

Samurai und Kriegskunst. Kompendium aus klassischen Texten der Tokugawa-Zeit. (Tengu Publishing 2012)

Kaibara Ekiken: Regeln zur Lebenspflege (Yôjôkun). (Iudicium 2010, zusammen mit Andreas Niehaus)

Texte aus der ‚Schule der anhaltenden Feindlosigkeit' (Heijô muteki-ryû): Ein Beitrag zum ‚gemeinsamen Weg von Schwert und Pinsel' der Samurai im Japan der Tokugawa-Zeit (Grin 2013)

Manase Gensaku (1549-1631): „Wesentliche Punkte für ein langes Leben" (Enju satsuyô): Ein Beitrag zur Tradition der Lebenspflege im Japan der Tokugawa-Zeit (Grin 2013)

www.selbtschmiede.de